中国高等教育学会"2022年度高等教育科学研究规划课题":
协同学视域下教师教育协同提质的路径研究,项目编号:22JS0207

协同提质背景下
乡村教师核心素养培养研究

胡巧红　蔡潇怡　著

天津社会科学院出版社

图书在版编目（CIP）数据

协同提质背景下乡村教师核心素养培养研究 / 胡巧红，蔡潇怡著. -- 天津 : 天津社会科学院出版社，2023.8
ISBN 978-7-5563-0906-1

Ⅰ. ①协… Ⅱ. ①胡… ②蔡… Ⅲ. ①农村学校—师资培养—研究—中国 Ⅳ. ①G451.2

中国国家版本馆 CIP 数据核字(2023)第 150258 号

协同提质背景下乡村教师核心素养培养研究
XIETONG TIZHI BEIJINGXIA XIANGCUN JIAOSHI HEXIN SUYANG PEIYANG YANJIU
选题策划：韩　鹏
责任编辑：柳　晔
责任校对：李思文
装帧设计：高馨月
出版发行：天津社会科学院出版社
地　　址：天津市南开区迎水道 7 号
邮　　编：300191
电　　话：（022）23360165
印　　刷：北京建宏印刷有限公司
开　　本：787×1092　　1/16
印　　张：17.5
字　　数：251 千字
版　　次：2023 年 8 月第 1 版　　2023 年 8 月第 1 次印刷
定　　价：78.00 元

序 言

核心素养(core competencies)是个体适应信息化时代和知识社会的发展需要,解决复杂问题和适应不可预测情境的高级能力与人性能力,是我国教育改革的中心理念,规约着学校教育发展的方向、学校人才培养方案的目标和教师课堂教学的方法。教师核心素养的培养旨在塑造新时代教师的形象。新时代教师是人类灵魂的工程师,是人类文明的传承者,要以立德树人为根本任务,提高教师的责任感、使命感、荣誉感;新时代教师要明确师德底线,努力成为有理想信念、有道德情操、有扎实学识、有仁爱之心的“四有”好老师;新时代教师不仅要做到“经师”与“人师”合一,精通专业知识与涵养师德,更需要具有审辩式逻辑思维能力、创新能力、判断能力、管理能力、化解冲突能力、沟通合作能力、表达力和数字素养,保证在未来教育中具有解决复杂问题和适应社会的能力。

乡村教师核心素养是乡村教师的关键能力和必备品格,具有整体性和综合性,要求乡村教师能够依据乡村儿童身心发展特点、根据乡村教育发展规律、契合乡土文化教育场域开展有效的教育教学活动等。乡村教师核心素养的培养是乡村教育振兴发展的需要,是我国强师计划的核心内容,是促进教育公平,实现共同富裕的重要途径。在协同提质背景下,建立以地方师范院校为主体、高水平师范大学扶持、地方政府支持、优质乡村中小学与幼儿园参与的开放、协同、联动的教师教育体系是培养乡村教师核心素养的重要方向。

本书是一本研究协同提质背景下乡村教师核心素养培养的著作,共分为六章。第一章,详细阐述了乡村教师核心素养发展的时代背景,乡村教师核心素养培养的必要性、重要性和研究设计。第二章,通过文献分析对核心素养和乡村教师核心素养的概念进行界定;分析国内外乡村教师核心素养的研究现状和研究理论基础。第三章,通过对教师教育和乡村教师等教育政策文件的梳理,结合对乡村教师的访谈,构建乡村教师核心素养体系框架,并对体系框架内容进行具体阐述。第四章,运用编制的乡村教师核心素养问卷对乡村教师核心素养现状进行调查和分析。第五章,根据乡村教师核心素养的调查和访谈,分析乡村教师核心素养发展中存在的问题及影响因素。第六章,通过前期的调查和访谈结果,在协同提质大背景下,从具体性和实效性角度出发,提出乡村教师核心素养的培养策略。

本书由邢台学院胡巧红老师和邯郸学院蔡潇怡老师合作完成,共计 255 千字。其中胡巧红老师负责全书统稿和第一、三、五章的撰写工作,合计 129 千字;蔡潇怡老师负责第二、四、六章的撰写工作,合计 126 千字。

全书以乡村教师核心素养为主题,分析和论述了乡村教师核心素养发展的重要性和国内外研究现状,构建了乡村教师核心素养体系框架,并根据乡村教师核心素养的框架内容和乡村教师核心素养的实际情况,结合协同提质的时代背景,提出乡村教师核心素养的培养策略。本书语言通俗易懂,有利于不同学习阶段的学习者进行参阅。在书写过程中,我们查阅了许多国内外文献,引用和借鉴了前人研究的最新研究成果。在完成本研究的过程中,许多人给予我们无私的帮助,在此对他们致以崇高的敬意和真诚的感谢。

目 录

第一章 绪论

2015年6月1日,《国务院办公厅关于印发乡村教师支持计划(2015—2020年)的通知》要求,采取切实措施加强对边远贫困地区乡村教师队伍建设,不断缩小城乡师资的能力和教学水平,使得每个乡村孩子都能接受同等质量的教育。2018年1月2日,《中共中央、国务院关于实施乡村振兴战略的意见》全面部署了乡村振兴计划,强调必须把优先发展农村教育事业作为振兴乡村的重要内容。时任教育部部长陈宝生在2018年全国教育工作会议上提出,加快城乡义务教育一体化发展步伐,教育工作的任务就是要全面振兴乡村教育。2020年7月31日,教育部等六部门在《关于加强新时代乡村教师队伍建设的意见》中明确指出,要更加重视新时代乡村教师队伍建设,努力造就一支具有高素质、充满活力,同时对乡村充满热爱的乡村教师队伍。2022年2月,为深入贯彻落实习近平总书记关于教育的重要论述,落实《中共中央、国务院关于全面深化新时代教师队伍建设改革的意见》,推进实施新时代基础教育强师计划,构建高质量师范大学体系,整体提升师范院校和师范专业的办学水平,提高教师培养质量,教育部决定实施师范教育协同提质计划(以下简称提质计划),即在"十四五"期间教育部重点支持一批中西部欠发达地区薄弱的师范院校,加强学校人才队伍、学科专业等建设,整体提高师范教育办学水平,为欠发达地区培养高质量基础教育教师,为乡村教育发展和乡村振兴提供坚强人才支撑。

振兴乡村教育关键在教师。当前我国的城乡教育水平发展不均衡,体现在乡村教师队伍不稳定,乡村师资力量严重不足,没有高素质的教师补充到乡村学校。同时师范院校在为培养农村教师时，没有为乡村教师量身定制培养目标，师范生不但对家乡知之甚少，还对家乡缺少情感，离农意识较强。因此，需要加强师范生核心素养的培养，培养一支甘于在乡村奉献，又具有高水平教学能力的乡村教师队伍。

第一节　乡村教师核心素养发展的时代背景

当前，我国的教师教育体制已经转变，乡村振兴已经是国家的发展战略，城乡教育融合已经深入，核心素质已经由教学观念进入教学实际，所有这些都构成了乡村教师核心素养培养的时代背景。

2014 年，教育部发布《关于全面深化课程改革落实立德树人根本任务的意见》，明确指出："建构各学段学生发展核心素养指标体系，明确各学段学生应具备的适应终身发展和社会发展需要的必备品格和关键能力。"《意见》的颁布为我国推进素质教育和学生全面发展提供了可靠的支撑点，为进一步培育乡村教师核心素养提供了土壤。在推进乡村教师核心素养养成的过程中需要明确核心素养的概念，深入理解其内涵，把握其特性，这样才能探索出乡村教师核心素养培养的正确方法以及科学的评价体系，使乡村教师核心素养的培养真正落实，为教育课程改革提供有利条件。

一、教师教育体系的转型变化

教师教育体系是由各个相关部门构成的一个教育系统，它体现着内部和外部的结构、秩序以及各种可能的关系，体现了各个部门和各个阶段的制度、政策、理论和实践。从教师教育体系发展的历程来看，培养乡村教师的核心素养，为乡村教育培育高质量、创新型的教师队伍是教师教育改革发展的最终目标。

（一）新民主主义革命时期：在苏区、边区与解放区创建人民师范教育

半殖民地半封建的旧中国时期，许多劳动人民被剥夺了接受教育的权利。在这一时期，我国存在许多文盲现象，摆脱文盲就是该阶段我国急需解决的教育核心问题。中国共产党成立后，教育纲领确定为：为广大工农群众争取接受教育的权利，开展工农教育，提高工农群众的政治觉悟。这一时期，中国共产党在普及教育知识工作上做了许多大胆的创新与尝试。1923 年，中国共产党第三次全国代表大会提出实行义务教育，并保证全国教育经费。1927 年，中国共产党第五次全国代表大会通过《职工运动的决议案》，提出积极、主动发展工人教育。1928 年党内工作的一个重要任务就是加强党员同志的教育工作。1931 年，中华苏维埃共和国在中央苏区成立后，开始全面实行义务教育，努力扫除我国文盲现象。①

大规模教育普及对教师数量与质量提出了新要求，是我国教师核心素养培养发展的萌芽。在中央苏区，党员同志大力开办教员训练班、列宁初小、列宁师范学校、女子职业学校等，有计划、有步骤地培养教师的整体素养，提高教师的思想政治觉悟，为我国解放战争的全面胜利提供了有力的教育智力支撑。

（二）社会主义革命与建设时期：建立独立的社会主义师范教育体系

中华人民共和国成立以后，人民成为国家的主人。经历了长期的革命战争，我国的教育工作遇到了一系列难题：正常的教学工作停滞，学校教育体制混乱，教师数量和层次不足，教育人才与社会脱节等，教育工作已经不能满足人民群众对优质人民教师的需求。面对我国这样的教育形势，党中央决定学习苏联的师范教育体制。建设基于中国国情的具有中国特色的师范教育体

① 高慧斌. 中央苏区教师队伍建设的历史考察[J]. 教师发展研究，2021(2).

系,为我国社会主义事业发展培养优质的教师人才成为当时教育工作的当务之急。[①] 1950 年 5 月,我国颁布第一个有关高等师范教育的正式法令性文件:《北京师范大学暂行规程》,为我国初期高等师范教育工作的恢复和重建指明了方向,对师范生应该具备的专业素养提出了明确要求。[②] 该文件具体阐明了我国第一所师范大学的办学方案和办学目标,指出师范生必须拥有为人民教育事业服务的专业精神,必须掌握马列主义和毛泽东思想的基本内容;必须具有先进的教育科学技术及专业知识。[③] 1951 年 8 月,第一次全国教育大会制定了全国各地区设立师范学校的章程,即每一大行政区至少建立一个师范学院用于培养高中教师,各省和各大城市设立师范专科学校用于培养初中教师,恢复和重建中等师范学校,用于培养小学教师和幼儿园教师。第一次全国教育大会通过了《关于高等师范学校的规定(草案)》,明确指出高等师范学校办学目标是培养合格的中等学校师资。1953 年,召开全国高等师范教育会议,会议强调"高等师范教育是办好和发展好我国中等教育的关键,能够直接影响青年一代的教育发展"。到 1953 年,我国已建立 31 所独立设置的师范学院,师范专科学校和中等师范学校也快速发展,我国三级师范教育体系在全国范围内已初具规模。[④]

《北京师范大学暂行规程》对社会主义革命与建设时期构建独立的三级师范教育体系起到促进作用,推动了我国教师教育的发展。从梳理中我们可以看出,高等师范院校的正式法令文件提出了明确的专业素养培养目标,包含政治方向、专业精神、教师职业认同和科学精神。从我国的三级师范教育体系中,我们了解到师范院校和师范大学对应的师资培养目标是中师师资或

① 李琼,孙晓红,赵江山. 百年来中国共产党领导教师教育发展的逻辑与经验[J]. 教育研究,2021,42(9):4-13.

② 葛军,陈剑昆. 我国教师教育政策的历史透视[J]. 黑龙江高教研究,2005(7).

③ 刘捷,谢维和. 栅栏内外——中国高等师范教育百年反思[M],北京:北京师范大学出版社,2002:119.

④ 王炳照. 中国师资培养与师范教育——纪念中国师范教育 100 周年[J]. 高等师范教育研究,1997(6).

师范院校的师资,所以,在当时的师范院校和中师的教师都具有较高的核心素养,如专业素养、科学精神、道德修养等。但是面对乡村师资培养的中等师范学校,对师范生没有明确的专业素养培养目标,目标定位只是合格教师,这也为新时代提高乡村教师核心素养培育埋下了伏笔。

(三)改革开放初期(20 世纪 70 年代末到 80 年代中期):教师教育体系趋于完善

1978 年,随着文化大革命的结束和十一届三中全会的胜利召开,我国开始了改革开放,加快了迈向现代化的步伐。全国各条战线开始全面恢复、整顿和发展,教育事业也处于百废待兴之际。据统计,当时全国乡村小学教师,具有中等师范或普通高中毕业学历的,只占 47%;全国乡村初中教师,具有高等院校毕业和肄业的,只占 10. 6%;高中教师,具有高等院校毕业学历的,只占 50. 8%。整个乡村教师队伍中不合格的教师占三分之一以上。小学毕业教小学,中师、中学毕业教中学的现象相当普遍,而且老的老、小的小,“青黄不接”。面临这样的教育现状,国家根据我国情况进行了一系列教育改革措施,提升教师的整体素养水平。

1. 建立独立、定向的师范教育体系

1978 年 10 月,教育部发布《关于加强和发展师范教育的意见》,提出要大力发展和办好师范教育,加强教师队伍建设,使初中和高中教师在所教学科方面分别达到师专和师范学院毕业程度。一方面,师范院校对教学工作进行全面整顿,加强师资队伍建设,努力提高办学教学质量;另一方面,恢复和增设一批师范院校。1978 年恢复和增设师范院校 77 所,1980 年又增设了 15 所,师范院校总数为 172 所,是 1977 年师范院校总数的 3 倍。1980 年 6 月,第四次全国师范教育会议召开,会议认真、详细地总结了师范教育发展的历史经验,详细分析了当前师范教育所面临的问题和发展形势,明确了师范教育的地位、性质和发展方针,确定了师范教育的根本任务和各级师范院校的培养定位和培养目标,为建立中国特色的师范教育体系奠定了基础,对中国

特色师范教育的发展起了重要的推动作用。1982 年，党的十二大制定了全面开创社会主义现代化建设新局面的宏伟蓝图，把教育和科技发展列为现代化建设的三大重点之一，强调了教育事业发展的重要地位，为我国特色师范教育发展创造了条件。1985 年，为了提高教师的政治地位和社会地位，在社会上形成尊师重教的社会风气，第六届全国人大常委会第九次会议决定将每年的 9 月 10 日定为教师节。1985 年 5 月，《中共中央关于教育体制改革的决定》提出，把发展师范教育和培训在职教师作为发展教师教育事业的战略措施。

改革开放以来，经过近十年对各级各类师范学校的调整、整顿和改革，我国师范教育工作全面恢复，师范教育体系渐趋完善，形成了中等师范教育、高等师范专科教育、高等师范本科教育和研究生教育的四级师范生培养体系，以及师范院校负责职前培养、教育学院负责职后培训的分工制。

这一时期的师范教育基本上是独立、定向的教育体系，实行封闭的教师培养模式，符合我国当时的国情。

(1)顺延了原有的培养模式

改革开放前后，经过大规模的教育改革，独立设置的师范院校大幅增加，逐渐形成了我国特色的独立、定向的师范教育体系。“文革”中，虽然师范教育体系遭到破坏，但这种培养模式未有太多改变。“文革”后，师范教育的恢复发展并没有脱离原有师范教育基础，只是对原有师范教育体制的顺延、恢复、创新和发展。

(2)符合了当时的经济制度

改革开放前，我国实行的是集中的计划经济制度，师范教育的招生、培养、分配等都需要在严格的计划指标下进行。改革开放后，计划经济慢慢转向市场经济，但在改革开放初期，封闭的教师教育培养模式还是当时的主要培养方式。

(3)解决了当时的师资矛盾

改革开放时期，我国经济发展水平不高，教育总体投入不足，教师待遇普遍偏低,教师社会地位不高,教师职业缺乏足够的吸引力。随着改革开放,社会发展带动基础教育发展,基础教育急需大量师资,根据我国当时国情,只有实行政府管理的封闭、定向的教师教育培养模式,才能解决这一矛盾,确保师资培养的数量和质量。

2. 开放性师范教育体系初现萌芽

总体上这一时期的师范教育一方面实行的是独立定向的教师教育体系,另一方面也开始探索尝试开放性的师范教育体系。从国家的宏观政策和学界的理论探讨可以看出开放性师范教育体系初现萌芽。

(1)国家的宏观政策

尽管当时的教师教育体系以独立、定向为主,但为了满足对各类师资数量和质量的需求,政府及教育部门仍鼓励其他非师范院校毕业生担任教师。例如,1980 年,第四次全国师范教育会议上,有专家指出:根据教育改革的需要,建议某些学院增设师范系,为技工学校、职业技术学校或本部门的子弟中小学校培养师资。1985 年发布的《中共中央关于教育体制改革的决定》指出,"师范院校要坚持为基础教育服务的办学宗旨,毕业生都要分配到各个学校任教,其他高等学校毕业生也要有部分分配到各个学校任教。"这些政策鼓励非师范院校的毕业生充实到基础教育的教师队伍中,出现了开放性师范教育体系的萌芽。

(2)学界的理论研讨

学界的理论研讨主要存在"学术性"与"师范性"和师范教育体制之争。20 世纪 50 年代末 60 年代初,当时理论探讨的焦点是坚持还是取消高师教育的独立体制,主要有合并和存在两派。合并派认为:师范院校应加入综合性大学,综合性大学虽无教师教育类课程,但能者为师,综合性大学毕业生也可以当教师;存在派认为:综合大学与师范院校有本质区别,师范院校具有不可替代性。1980 年,第四次全国师范教育工作会议上,主张把重点师范大学和综合大学全面"打通",主张打破"师范框框",将师范教育变定向型为非定向型。靳宏斌、李继之从中国教师教育改革的前景出发,提出打破现行教师教育体制的局限性，把“定向型”和“非定向型”两种类型的教师教育长处“兼收并蓄结合起来”，“明确一般的高等学校在完成原定培养任务的前提下都要承担培养师资的任务。[①] 1984 年 3 月，在西北师范学院教育系召开“国外师范教育”学术研讨会，专家讨论我国师范教育体系应是“开放型”还是“闭锁型”？师资培养应不应当“定向”？代表们根据我国国情和今后基础教育发展的需要认为：师范院校的师范性应当加强而不是削弱或取消，师资还是应当定向培养，但由于科学技术的发展对教师质量提出更高的要求，师范院校人才培养应当加强“学术性”和“师范性”，可以采用“大学+师范”的模式。代表们认为由于我国各地区教育发展不平衡，基础教育师资培养应当采取多层次、多途径，建议采用“开放性”师范教育体系。一方面，应加强师范院校的培育质量，鼓励综合大学培养不同规格的教师；另一方面，变师资培养“一次性”为“回归性”，把教师的职后进修和职前培养结合起来。

（四）社会主义现代化建设时期（20 世纪 80 年代末到 90 年代中期）：教师教育从封闭走向开放

随着我国义务教育的实施和中小学教育改革的推进，师范教育的重要性日益凸显，对教师培养质量的要求也不断提高。

1. 教师教育的迅速发展

1986 年国家教委发布的《关于加强和发展师范教育的意见》和《中华人民共和国义务教育法》指出，普及九年制义务教育，师范教育必须先行，要求师范院校必须把培养基础教育教师作为主要职责，牢固树立为基础教育服务的思想。1989 年 1 月召开的全国师范专科学校工作会议和 1990 年召开的全国加速师范院校标准化建设座谈会指出，要适当扩大师范院校的规模，充实师范院校教师队伍，改善师范院校的教学和办学条件，推动师范教育研究工作。1993 年，中共中央、国务院颁布的《中国教育改革和发展纲要》明确指

---

① 靳宏斌. 对我国高等师范教育教育体制改革的建议[J]. 教育科学研究，1981(1)；李继之. 改革高等师范教育的几点意见[N]. 光明日报，1983-9-9.

出，振兴民族的希望在于教育，振兴教育的希望在于教师，建设一支拥有优良政治业务素养、结构合理、稳定的教师队伍，是我国教育发展与改革的根本大计。1995 年 3 月，颁布《中华人民共和国教育法》，同年 12 月，颁布《教师资格条例》，对中小学教师资格作了明确规定。中小学教师资格制度是国家法定的教师职业许可制度，对规范教师职业标准，提高教师职业的荣誉感，提高教师素养具有十分重要的意义。

以上措施为师范教育的快速发展提供了政策支持、法律保障和有利的外部条件，基础教育的大力发展（普及九年义务教育和素质教育）也为师范教育的快速发展提供了动力。师范教育得到快速发展，主要表现在师范教育规模、师资培训和教师数量三方面。第一，师范教育规模不断扩大。1995 年，我国高等师范学校共有 236 所，高师本科院校共有 76 所，在校学生有 32 万人；高等师范专科学校共有 160 所，在校生有 26 万人；中等师范学校共有 897 所，在校生有 85 万人；教育学院共有 242 所，在校生有 21.4 万人。第二，在职教师培训范围日益健全。据 1995 年统计，在校本专科系统进修学员有 21.37 万人。第三，教师数量和学历大幅上升。从 1985 年到 1996 年，基础教育教师总数量由 802.9 万人增加到 924 万人，小学专任教师从 537.7 万人增加到 573.6 万人，初中教师从 215.99 万人增加到 293.19 万人，高中教师从 49.17 万人增加到 57.21 万人，其他教师进修院校共接受大约 400 多万基础教育教师参加学历培训，中小学教师学历达标的比例渐渐上升，小学、初中和高中教师学历达标率分别从 1985 年的 62.8%、60.58%、39.3%提高到 1995 年的 88.9%、69.1%、55.2%。①

2. 教师教育从封闭走向开放

（1）教师教育从封闭走向开放的原因

第一，封闭、定向型教师教育制的弊端凸显。改革开放以来，随着我国市场经济的快速发展，封闭、定向型的教师教育体系日益显露出许多弊端，主要

① 徐建华. 从封闭走向开放[D]. 浙江师范大学，2009.

表现在:①与自由发展的市场经济体制不相适应。改革开放以来,我国从计划经济向市场经济转轨,而市场经济的最大特征就是公平竞争,独立设置的师范院校采取的是定向招生、定向培养、定向分配等制度,无形中形成了教育行业垄断,使师范院校缺乏良性竞争意识和办学动力与活力,与市场经济的自由竞争相去甚远。②导致了师范院校的封闭与落后。独立设置的师范院校数量少、培养模式标准单一,不利于学科融合和科研发展,不利于形成科学研究的良好氛围。缺少与外界的交流和沟通,导致我国教育学术水平低、科学研究能力弱,不利于高等教育的自主办学和高等教育的多元化发展,其培养的师资质量难以满足基础教育全面推进素质教育对教师的高质量、创新性要求,也难以适应信息化、高科技飞速发展和国际教育竞争激烈的时代要求。③限制了我国师范院校的发展。一直以来,我国教师经济和社会地位普遍不高,以及固有的对师范教育的不良偏见,导致师范院校的地位低于同级别其他高等院校,特别是在科研经费、政府建设投入、师范教育设备更新等方面存在明显差距,导致我国师范院校急于通过综合化办学甩掉师范帽子来增加办学动力和活力,以争取更多的办学资源,获得更高的社会认可度,提高其社会竞争力。④不能满足实施九年制义务教育对基础教育教师数量和质量的要求,等等。

第二,我国区域经济发展的不平衡。我国各省份、各地区的经济发展不平衡,也直接造成了基础教育发展的不平衡。我国东部沿海地区经济富裕,基础教育发展已经日益成熟,很好地促进和提高了师范院校的办学积极性,但是中西部地区经济落后,在个别地方基础教育师资力量还远远没有得到满足。因而允许各地区各层次的师范院校在改革开放的热潮中采取不同方式适度推进教育改革,鼓励其打破独立与非独立、定向与非定向、师范与非师范之间的壁垒。

第三,世界教师教育潮流的影响。世界教师教育潮流总体上是趋于开放的,美、英、法、德、日等国家已经相继进行了师范教育模式改革,鼓励师资的培养由师范大学和综合大学采取开放式、非定向型模式,将基础教育教师的学历水平提高到大学本科以上。

第四,培养高素质教师的需求。改革开放后,合格学历的教师数量大幅增加,但是乡村教师的整体素质没有提升。究其原因,兼有师范院校职前培养、在职教师职后培训的问题。一方面,虽然当时我国师范大学和师范院校对师范生的培养具有明确的专业素养和核心素养要求,但是师范大学和师范院校的主要办学定位为城市基础教育师资。而乡村基础教育师资力量主要是师范专科学校和中师学校,师范专业学校和中师学校的人才培养目标是合格师资力量,对教师的教育观念、创新意识、知识更新和实践技能培养重视不够,而且一直存在着师范性与学术性的矛盾,导致师范生的学术能力和教育理念、教育技能双重落后。另一方面,大量在职教师通过在职培训的形式获取合格学历,但是由于当时在职培训很多流于形式,培训质量普遍不高,所以很多乡村教师的学历并没有真正达到要求的学历水平。随着改革开放的发展,乡村人民对日益发展的教育表现出了更高的期望值,需要大量高素质、创新型的教师,这就要求改革教师教育的培育模式、培育体制、培育课程和培育方式等。

(2)国家鼓励教师教育从封闭走向开放

这一时期,国家在相当大程度上鼓励综合性大学和有条件的高等院校培养基础教育师资,鼓励教师教育从封闭走向开放。

1986 年 3 月,国家教育委员会发布《关于基础教育师资和师范教育规划的意见》,明确指出:综合大学和有条件的其他高等院校要把为基础教育培养师资作为重要任务之一。1986 年发布的《国务院办公厅转发国家教育委员会等部门关于实施义务教育法若干问题意见的通知》明确提出:有条件的高校应挖掘潜力,积极主动地承担培训基础教育师资任务。国家教育委员会发布的《关于加强和发展师范教育的意见》明确提出:要积极组织其他高等院校的力量,采取指令性计划或委托培养的方法,举办两年制师范专科班级;选拔一批成绩优良的电大、夜大优秀毕业生进行短期的教师教育类课程和教育实习后,分配到乡村学校做教师;承认自学考试,要有计划、有步骤地开足高师本科和专科的相关教学科目，成绩合格者，承认其自学学历，并鼓励当地教育部门安排到乡村基础学校任教。

1999 年 6 月，中共中央、国务院发布《关于深化教育改革全面推进素质教育的决定》，明确提出要大力提升教师培养质量的师范教育改革，明确“鼓励综合性高等院校和非师范类高等学校参与培养、培训基础教育教师的工作”，并“在有条件的综合性高等院校中试办师范学院”。从此，我国师范教育体系开始进行大规模的开放性的结构调整，三级师范教育体系慢慢开始转型。2001 年 5 月，《国务院关于基础教育改革和发展的决定》明确提出：建立开放的教师教育体系，以师范院校为主体、非师范高等院校参与、教师培养培训相衔接。这是首次在我国教育文件中使用“教师教育”这一词汇。《国家中长期教育改革和发展规划纲要（2010—2020 年）》明确强调，加强教师教育发展，构建开放灵活的教师教育新体系。从师范教育到教师教育的转型，反映了我国教师教育开始从封闭走向多元开放，从职前职后分离趋向一体化衔接，从重视教师数量转向重视教师培养质量。同时这也体现出我国逐渐建立起开放多元的现代教师教育体系。

（3）教师教育从封闭走向开放的学术理论研讨

20 世纪 80 年代后期，关于师范教育体系开放型问题的讨论开始向纵深发展，讨论主要集中在是建立以“定向型”为主体的教师教育体制，还是“定向型”和“非定向型”相结合的教师教育体制，相当于“混合型”。唐玉光、薛天祥、谢安邦认为，目前我国教育事业，尤其是基础教育教育，正处于快速发展时期，高等师范院校仍然是我国培养教师的主要机构，“定向”培养模式仍然是我国培养教师的主要培养方式。而所谓的开放型主要是指扩大教师培养的渠道和来源，主要是把“定向培养”与“非定向培养”两种方式结合起来。实行这种开放型教师教育体制，旨在改变我国高等师范教师教育体制单一性有余，多样性不够，“定向”有余和“非定向”不足的历史弊端，使高等师范教育能更好地适应基础教育事业的发展需求。① 有些研究者认为“定向型”师

① 唐玉光. 试论我国高等师范教育体制改革[J]. 高等教育研究，1988(1)：92-94+98.

范培养模式是计划经济、产品经济的产物,在实行自由的社会主义商品经济和新技术革命的挑战下,"定向型"师范培养模式弊端已日益明显。如果我们一直坚持这种僵硬的培养模式不放,就会使师范教育在泥潭中越陷越深,最终必将阻碍我园教育事业的发展。因此,教师教育培养模式必须建立"大师范"模式,实行定向型和非定向型相结合方式,既保留师范院校,又让综合大学和有条件的高等学院承担培养师资的部分任务,并慢慢的从以定向型为主向以非定向型为主过渡。还有研究者认为,我国应遵循师范教育发展规律进行师范教育改革,改封闭式师范教育模式为开放式师范教育模式。当然,我国的国情与其他国家不同,因此我国教师教育要在办好定向型师范教育发展的同时,还可以走普通师范教育、职业技术师范教育、非师范高校的师范教育、在职师范教育"四结合"的道路。这种开放式的、多样化的师范教育体制,可以使各类型师范教育互相配合,互相补充,良性竞争,互相促进,共同培养高质量的基础教育师资力量。还有学者主张中国高等师范教育的改革要向着综合化方向发展。巩其庄提出了这个观点,并指出其所谈的综合化,其中主要的一个方面是指高等师范院校的专业结构、课程结构以及培养目标的调整或者改革,使之能够向着适应基础教育发展要求的方向发展。他认为高等教育朝着综合化的方向发展是一种历史的必然选择和现实的必然要求。① 同时,在"师范教育世纪末的思考"座谈会上,专家们纷纷提出了开放型教师教育体制的观点。如杨光主张综合、开放的师资培训体制,"所谓综合、开放的师资培训体制是指从拓展功能的角度将师范院校与综合院校、理工科院校'打通',即师范院校在培养师资的同时,可以培养社会需要的各类人才,其他院校也要承担培养师资的任务。"②

---

① 巩其庄.我国高等师范教育改革的方向:综合化[J].辽宁师范大学学报,1990(2):10-14.

② 杨光,高荒,史静寰,等.解放思想 深化师范教育改革——"师范教育世纪末的思考"座谈会发言摘登[J].高等师范教育研究,1992(4):24-34+23.

(五)高等教育大众化时期(21 世纪前后):教师教育合并与提升时期

1. 教育和教师教育有了良好的外部环境

国家出台系列政策支持优先发展教育工作。1996 年的“九五”规划,进一步提出把实施科教兴国战略确定为我国经济和社会发展的重要方针。1997 年党的十五大提出将教育摆在优先发展的战略地位。1998 年朱镕基总理宣布国家要把实施科教兴国作为本届政府的最大任务。2002 年党的十六大提出,教育工作是发展科学技术和培养全方面人才的基础,在现代化建设中具有先导性和全局性作用,必须把教育摆在优先发展的战略地位。2007 年党的十七大提出,教育是民族振兴的基石,要优先发展教育。为了全面实施科教兴国战略,国家精心设计了教育改革与发展的宏伟蓝图,出台了一系列政策和措施落实教育优先发展的战略。1999 年,国务院转批了《面向 21 世纪教育振兴行动计划》,实行了一系列振兴教育工作发展的重大举措。同年 6 月,国务院召开了改革开放以来第三次全国教育工作大会,发布《中共中央、国务院关于深化教育改革全面推进素质教育的决定》,这标志着我国教育发展从注重数量规模增长向注重质量提升方向转变,预示着在 21 世纪我国教育事业进入新的发展阶段。

这一时期,教育事业得到社会和人民群众前所未有的期待。我国要实现全面建设小康社会的伟大目标,要参与范围更大、层次更高、领域更广的国际经济技术合作与良性竞争,都需要优秀的人力资源。如何将我国沉重的人口负担转化为我国人力资源优势是 21 世纪现代化建设的迫切要求,也是我国教育事业和教师教育事业发展的迫切任务。由此,教育和教师教育的发展更加受到全社会和全体人民前所未有的关注,国家和教育部门对教育投入了大力支持,教育和教师教育发展有了良好的外部支持条件。

2. 教师教育发展的新形势(合并与提升)

1999 年,党中央、国务院全面分析当时国际国内社会经济发展的新形势,做出了高校扩招的重大决策,我国高等教育跨入大众化阶段。

(1)教师教育合并和提升的原因

第一,市场经济的挑战。我国教师教育改革的20年时间,教师供求关系慢慢从供小于需发展到供需平衡。当前,我国基础教育教师在总量上大体满足当前基础教育学校对教师的需求,教师供求关系从绝对的卖方市场逐渐转变为买方市场,教育部门录用新教师时有了一定的选择余地。截至2007年,我国小学专任教师有561.26万人,初中专任教师有347.3万人,高中专任教师有144.31万人。随着义务教育阶段学龄人口的逐步减少,如果按照现行较高的班额、班师比和生师比标准即低水平的师资需求计算,有些地区将有部分义务教育阶段教师富余;如果按照较低的班额、班师比和生师比标准即较高水平的师资需求计算,义务教育阶段教师还将有一定缺口,因此,教师数量补充与质量提高的矛盾并存,但主要矛盾将是教师质量问题。教师供求由总量不足开始转变为结构性矛盾,教师质量问题逐渐凸显。提升教师学历是提升教师质量的重要途径,所以总体上提升教师学历水平显得十分迫切。这说明了教师教育要满足人们对教师的质量需求,符合时代对教师的要求,就必须提高办学层次。

第二,实施素质教育的要求。我国基础教育改革经过前两个阶段近20年的不懈努力有了较大发展。随着九年义务教育的普及和对教育质量的不断提高,对师资需求已经从数量上的需求转向质量上的需求,特别是素质教育的全面推进和课程改革的深入,对高素质、创新型的师资需求越来越迫切,对教师的学历层次和专业素养要求越来越高。首先,从学历提升要求来说,虽然《中华人民共和国教师法》等文件对教师的合格学历层次规定没有改变,但是在城市,很多幼儿园、小学、中学教师本科化已经成为事实,这种变化使中等师范学校招生人数大幅减少,很多中师甚至难以招到学生,中师学校面临前所未有的生存压力。其次,从专业发展要求来说,我国师范教育实行的是学科教学与教师教育类课程教育简单混合相加的培养模式,学科教育水平低没有体现实践性,教师教育类课程单一、内容陈旧、观念滞后、脱离学科实际,存在学术性与师范性的长期争论。随着全面推进素质教育和我国新一轮基础教育课程改革的发展,要求教师拓宽学术视野、构建综合性知识结构和加强教育教学研究能力,所以教师教育必须革新人才培养模式,重构课程体系和教学内容,提高教师的学术研究能力和教师的专业化发展水平,这些目标的实现都促使教师教育需要进行开放与改革。

第三,国家政策的支持。1993 年发布的《中国教育改革与发展纲要》提出:到 20 世纪末,通过师资培育和在职培训,我国绝大多数小学教师学历要达到国家规定的合格学历标准,义务教育阶段教师拥有专科和本科学历者的比重要逐年提高。1999 年发布的《面向 21 世纪教育振兴行动计划》再次明确指出提高义务教育阶段教师培养层次的要求:到 2010 年左右,具备条件的地区要力争使义务教育阶段专任教师的学历提升到专科层次或本科层次,经济发达地区的高中专任教师和义务教育阶段学校校长获取硕士学位者应达到一定比例。《教育部关于“十五”期间教师教育改革与发展的意见》明确提出:到 2005 年,我国大中城市和经济发达地区新补充的小学教师具有专科学历者、新补充的初中教师具有本科学历者应平均力争达到 80%以上;新补充的高中教师研究生学历者应达到一定比例。①

2002 年 2 月教育部颁布的《关于“十五”期间教师教育改革与发展的意见》明确指出“十五”期间的主要任务之一是:初步形成以现有师范院校为主体,其他高等院校共同参与,教师职前培养和职后培训相衔接,体现终身学习教育思想的开放型的教师教育体系。其主要政策措施是继续推进教师教育结构战略性调整,高效益重组教师教育资源配置。具体而言,就是推动各级各类师范高校的布局、层次和类型等方面的整体结构调整,实现省、自治区或直辖市师范院校和其他承担教师教育培训机构的合理整合,使教师教育整体机构的办学层次从“三级”向“二级”逐步过渡;要努力办好一批不同层次的示范性师范高校;国家和地方政府共同支持若干所师范大学建设,各省、自治

① 国家教育发展研究中心. 中国教育绿皮书(2003)[M],北京:教育科学山版社,2003:32.

区或直辖市要重点建设好至少一所师范大学；各地要持续办好一批师范高等专科院校；各地的中师学校（含幼儿师范学校）要根据实际需要和可能情况升格为师范高等专科学校，或者选择并入高等师范学校建立初等教育学院（或学前教育学院），或者改名为教师培训机构或其他中等学校。①

（2）教师教育的合并与提升形式

第一，调整中等师范学校。将原有师范学校、师范专科学校、师范学院（大学）三级并为师范专科学校、师范学院（大学）两级，培养小学师资的工作逐渐由师范专科学校代替，原有中师或并入高师，或组建师专，或改为中学。以河北省为例。河北泊头师范学校，2009 年 4 月改建为泊头职业学院；河北玉田师范学校，2001 年升格为唐山师范学院玉田分校；河北定州师范学校，2002 年与河北定州市计算机师范学校合并升格为保定师范专科学校定州分校，2006 年 7 月经教育部和省政府批准，升格改建为冀中职业学院；河北元氏师范学校，2001 年 1 月改建为石家庄师范专科学校元氏分校，2004 年 7 月更名为石家庄学院元氏分院，2011 年 1 月改制为普通高中，更名为石家庄第二实验中学；河北威县师范学校，2001 年 3 月并入邢台师范高等专科学校，2002 年邢台师范高等专科学校升格为邢台学院；河北武安师范学校，2000 年 12 月 28 日更名为“邯郸师范专科学校武安分校”，2004 年 7 月 12 日更名为“邯郸学院武安分院”；河北曲周师范学校，2003 年改建为邯郸师范专科学校曲周分校，2004 年更名为邯郸学院曲周分院；河北大名师范学校，2003 年 3 月改称邯郸师范专科学校大名分校，2004 年 7 月邯郸师专升格为邯郸学院，学校随之改名为邯郸学院大名分院。

第二，许多师范院校先后更名，提升学校办学层次。从 1992 年始，我国高等教育按照“共建、合作、调整、合并”的方针进行学校管理体制改革。至 2000 年，在这八年中合并或升格为本科师范大学（学院）的高校共有 38 所，师范院校参与合作组建成新的综合学校或综合大学的共有 30 所，师范院校

① 中华人民共和国重要教育文献（1998—2002）[M]. 海南：海南出版社，2003：887-891.

并入综合大学的共有 7 所。据统计,高师本科院校 1998 年共有 75 所,2001 年增至 104 所。2000 年左右,各省师范院校和师范专科学校更名、升格或者是并入综合性高校的具体情况如表 1-1 所示。

表 1-1　各省师范院校和师范专科学校更名、升格或者是并入综合性高校的情况表

省份	更名并升格院校
安徽	2002 年,巢湖师范专科学校升格为巢湖学院
	2002 年,徽州师范专科学校升格为黄山学院
	2004 年,宿州师范专科学校升格为宿州宁院
	2005 年,安徽技术师范学院更名为安徽科技学院
	2005 年,池州师范专科学校升格为池州学院
福建	2004 年,龙岩师范高等专科学校升格为龙岩学院
	2005 年,南平师范专科学校升格为武夷学院
甘肃	2009 年,合作民族师范专科学校筹建甘肃民族学院
	2006 年,兰州师范高等专科学校更名为兰州城市学院
贵州	2004 年,贵阳师范高等专科学校与贵阳金筑大学合并升格为贵阳学院
	2005 年,毕节师范高等专科学校、毕节教育学院、毕节师范学校合并升格为毕节学院
	2005 年,黔西南民族师范高等专科学校升格为义兴学院
贵州	2006 年,铜仁师范高等专科学校升格为铜仁学院
	2006 年,于 1992 年合并的安顺教育学院与安顺师范专科学校升格为安顺学院
	2006 年,黔东南民族师范高等专科学校和贵州师范大学(凯里学院)合并升格为凯里学院
河北	2001 年,沧州师范专科学校筹建沧州学院
	2002 年,邢台师范专科学校升格为邢台学院
	2004 年,石家庄师范专科学校升格为石家庄学院
	2004 年,邯郸师范专科学校升格为邯郸学院
	2004 年,衡水师范专科学校升格为衡水学院
	2006 年,承德民族师范高等专科学校筹备升格为河北民族学院
	2007 年,保定师范专科学校升格为保定学院

续表

省份	更名并升格院校
河南	2002 年,许昌师范高等专科学校升格为许昌学院
	2004 年,平顶山师范高等专科学校更名为平顶山学院
	2004 年,驻马店师范高等专科学校、中原职业技术学院合并升格黄淮学院
	2007 年,新乡师范高等专科学校、平原大学、新乡市教育学院三校合并组建为新乡学院
黑龙江	2004 年,绥化师范专科学校升格为绥化学院
湖南	2004 年,娄底师范高等专科学校更名为湖南人文科技学院
	2006 年,株洲师范高等专科学校、株洲工学院、湖南冶金职业技术学院合并组建湖南工业大学
江苏	2000 年,南京市师范专科学校、南京教育学院、南京市晓庄师范学校组合新建南京晓庄学院
	2002 年,南京特殊教育师范学校升格为南京特殊教育职业技术学院
江西	2003 年,井冈山师范学院、井冈山医学高等专科学校和井冈山职业技术学院合并组建井冈山学院
辽宁	2003 年,锦州师范学院更名为渤海大学
青海	2000 年,青海师范高等专科学校合并到青海民族学院
山东	1998 年,淄博示范专科学校、淄博市职工大学、淄博教育学院、山东省广播电视人学淄博分校、山东建材学院淄博分校合并升格为淄博学院,2002 年,与山东工程学院合并更名为山东理工大学
	2000 年吕潍师范高等专科学校、潍坊高等专科学校、山东渤海进修学院合并升格为潍坊学院
	2001 年,泰安师范专科学校、泰安教育学院、泰山乡镇企业职工大学、山东省广播电视人学(泰安分校)、泰安师范宁校合并升格为泰山学院
	2002 年,聊城师范学院更名为聊城学院
	2004 年,滨州师范专科学校升格为滨州学院
	2004 年,荷泽师范专科学校升格为荷泽学院
	2004 年,枣庄师范高等专科学校更名为枣庄学院
	2005 年,济宁师范专科学校更名为济宁学院
	2006 年,烟台师范学院更名为鲁东大学

续表

省份	更名并升格院校
山西	2004 年,晋东南师范专科学校、山西师范大学(晋东南学院)合并组建长治学院
	2004 年,晋中师范高等专科学校升格为晋中学院
陕西	2006 年,安康师范专科学校、安康教育学院、安康农业学校合并升格为安康学院
	2006 年,商洛师范专科学校升格为商洛学院
四川	2001 年,宜宾师范高等专科学校、四川教育学院(分院)合并升格为宜宾学院
	2003 年,西昌师范高等专科学校、西昌农业高等专科学校、凉山大学(专科)、凉山教育学院合并升格为西昌学院
	2006 年,达县师范高等专科学校升格为四川文理学院
云南	2001 年,大理师范高等专科学校、大理医学院、大理工业学校(含大理经济管理干部学校)、云南省广播电视人学(人理分校)合并组建大理学院
	2003 年,思茅师范高等专科学校筹备升格为晋洱学院
	2003 年,蒙自师范高等专科学校、云南广播电视大学(红河分校)合并升格为红河学院
	2007 年,昆明师范高等专科学校、昆明大学(专科)合并升格为昆明学院
浙江	1998 年,舟山师范专科学校与浙江水产学院合并成立浙江海洋学院
	2002 年,台州师范专科学校升格为台州学院
	2004 年,丽水师范专科学校升格为丽水学院
	2006 年,温州师范学院、温州大学(专科)合并组建温州大学
重庆	2001 年,重庆师范高等专科学校、渝州教育学院合并升格为渝西学院,2005 年,渝西学院更名为重庆文理学院
广西	2005 年,柳州师范高等专科学校准备升格为来宾学院
	2006 年,右江民族师范高等专科学校升格为百色学院
	2006 年,梧州师范高等专科学校升格为贺州学院
	2006 年,梧州师范学校、广西大学(梧州分校)合并升格为梧州学院
	2006 年,钦州师范高等专科学校升格为钦州学院
新疆	2001 年,昌吉师范高等专科学校、新疆吕吉回族自治州教育学院合并升格为吕吉学院

续表

省份	更名并升格院校
内蒙古	2000 年,集宁师范高等专科学校、内蒙古师范大学(集宁学院)筹备升格集宁学院
	2000 年,呼伦贝尔盟商业学校、呼伦贝尔盟城建职工中专学校、海拉尔蒙古族师范学校并入呼伦贝尔学院(专科),2003 年,升格为本科
	2000 年,内蒙古蒙文专科学校、内蒙古民族师范学校合并组建内蒙古民族高等专科学校
	2003 年,赤峰民族师范高等专科学校、赤峰教育学院、内蒙古电视大学赤峰分校三所专科层次的学校合并成立赤峰学院

资料来源:地方高等师范院校的转型与发展[M],北京:中国社会科学出版社,2008:233-293. 徐建华. 从封闭走向开放——历史视野下的中国教师教育改革研究(1978—2008)[D]. 浙江师范大学,2009.

第三,开始教育硕士培养工作。2006 年 3 月,时任教育部吴启迪副部长在全国教育硕士专业学位教育指导委员会换届大会上作题为《积极发展教育硕士专业学位教育培养大批适应基础教育改革和发展需要的优秀教师队伍》的讲话,宣布:宣布教育硕士在我国的试点工作顺利结束,转入正式实施阶段。试点单位需要不断扩大,招生对象需要不断扩展,招生人数也需要不断增加。教育硕士招生由 1997 年的不足 200 人,到 2001 年达到 6262 人;2004 年突破万人大关,有 10422 人,在 2005 年和 2006 年稳定在 1. 1 万余人。获得教育硕士学位人数也连年增加,从 1999 年的 100 余人到 2000 年的 1183 人,再到 2005 年的 6206 人。据统计,到 2006 年获得教育硕士的学位人数已达 2. 5 万人。从表 1-2 中可以看出 1997—2005 年在职攻读教育硕士学位的人数和录取人数都处于上升状态。

表 1-2 1997—2005 年在职攻读教育硕士学位报名、录取、学位人数情况统计表

时间	报名数	录取数	学位数	备注
1997		72		
1998	4078	1390		
1999	6066	1943	142	
2000	11355	3778	364	2001 年入学

续表

时间	报名数	录取数	学位数	备注
2001	12673	6262	1183	2002 年入学
2002	15118	6970	1709	2003 年入学
2003	16916	9043	2381	2004 年入学
2004	19208	10417	4708	2005 年入学
2005	24917		6206	2006 年入学
合计	110331	39875	16693	

说明:(1)2000 年因联考时间调整,停招 1 年。(2)报名、录取人数是在职攻读数据,学位人数是全日制和在职攻读的合计数据。(3)资料来源:张秀荣,我国教育硕士专业学位概况[J].中国教师,2006(4):18.

(六)新时代时期:协同创新高质量教师教育体系

21 世纪以来,高等教育大众化与教师教育由三级教育向二级教育转型发展,使得传统教师教育格局已完全被打破。高校教师教育地位弱化、边缘化的形势十分严峻,教师教育资源分散流失严重。

进入新时代,以习近平同志为核心的党中央将高质量教师队伍建设摆在突出位置。习近平总书记多次强调,党和国家事业发展需要一支宏大的师德高尚、业务精湛、结构合理、充满活力的高素质专业化教师队伍,需要一大批好老师,要坚持把教师队伍建设作为基础工作,要坚信,有高质量的教师,才会有高质量的教育。建设高素质、专业化、创新型教师队伍必然离不开高质量创新型的教师教育体系。高质量教师教育体系本着向社会输送高质量、创新型教师的实践取向,突破教师封闭式培养转向终身教育培养,基于终身教育理念和全面发展思想,以优质的教师教育机构等要素为平台,健全的教师教育相关制度做保障,教师教育多元主体协同合作,通过构建高质量、创新型职前教师培养体系、新教师入职教育培训体系和职后教师研修体系对教师进行职前、入职和职后三阶段一贯式全程培养。

习近平总书记在党的十九大报告中指出,中国特色社会主义进入新时代。新时代背景下内涵式发展理念贯穿于国家教育建设的方方面面。促进我国教育内涵式发展是实现中华民族伟大复兴这一时代重任的根基所在。

1. 国家政策

当今世界正处在大发展、大变革和大调整之中，新一轮科技与工业革命正在孕育，新的增长动力不断积聚。中国特色社会主义进入新时代，开启了全面建设社会主义现代化国家的新征程。目前，我国社会的主要矛盾已经转化成人民日益增长的美好生活需要和不平衡不充分的发展之间的矛盾，转化成人民对公平而有质量的教育的精神向往。面对新方位、新使命、新征程，教育部门对教师队伍建设还不能完全适应。有的地方对教育工作和教师队伍建设重视不够，在教育事业发展中表现出重硬件轻软件、重外延轻内涵的现象，对教师队伍建设的支持力和保障力度亟须加大；有的乡村学校的教师素质能力难以适应新时代基础教育人才培养需要，思想政治素质和师德素养需要提升，专业化水平需要提高。教师特别是乡村中小学教师职业吸引力不足，乡村教师地位待遇有待提高；教师城乡结构和学科结构分布不尽合理，教师准入、招聘、交流、退出等保障机制还不够完善，教师队伍管理体制机制亟须理顺。时代越是向前发展，知识和人才的重要性就愈发突出，教育工作和教师的地位和作用就应愈发凸显。为了提升教师教育的重要性和建设好教师队伍，我国制定了一系列的政策，努力建设高质量、创新型的教师教育体系和高素质的教师队伍。

2014 年 8 月，教育部下发《关于实施卓越教师培养计划的意见》，强调要深化教师培养模式改革，建立高校与地方政府、中小学（幼儿园、中等职业学校、特殊教育学校）协同培养新机制，“U-G-S”教师教育培养模式迎来了新的发展契机。为了培养高素养教师队伍，2018 年 1 月 20 日，国家发布了《中共中央、国务院关于全面深化新时代教师队伍建设改革的意见》，提出大力振兴教师教育事业，不断提升教师专业素质能力。希望经过 5 年左右努力，教师培养培训体系基本健全，职业发展通道比较畅通，事权、人权、财权相统一的教师管理体制普遍建立，待遇提升保障机制更加完善，教师职业吸引力明显增强。教师队伍规模、结构、素质能力基本满足各级各类教育发展需要。

到2035年,教师综合素质、专业化水平和创新能力大幅提升,培养造就数以百万计的骨干教师、数以十万计的卓越教师、数以万计的教育家型教师。教师管理体制机制科学高效,实现教师队伍治理体系和治理能力现代化。教师主动适应信息化、人工智能等新技术变革,积极有效开展教育教学。尊师重教蔚然成风,广大教师在岗位上有幸福感、事业上有成就感、社会上有荣誉感,教师成为让人羡慕的职业。①

2018年,根据《中共中央、国务院关于全面深化新时代教师队伍建设改革的意见》(中发〔2018〕4号)的决策部署,按照国民经济和社会发展第十三个五年规划纲要及国家教育事业发展"十三五"规划工作要求,采取切实措施建强做优教师教育,推动教师教育改革发展,全面提升教师素质能力,努力建设一支高素质专业化创新型教师队伍,教育部等五部门联合印发《教师教育振兴行动计划(2018—2022年)》的通知。开展教师教育改革实验区建设行动。支持建设一批由地方政府统筹,教育、发展改革、财政、人力资源社会保障、编制等部门密切配合,高校与中小学协同开展教师培养培训、职前与职后相互衔接的教师教育改革实验区,带动区域教师教育综合改革,全面提升教师培养培训质量。鼓励开展协同共同性教师教育体系,主要包括以高校(U)、地方政府(G)和中小学(S)"三位一体"的协同培养师资的"U-G-S"或"G-U-S"教师教育模式。开展教师教育质量保障体系构建行动。建设全国教师教育基本状态数据库,建立教师培养培训质量监测机制,发布《中国教师教育质量年度报告》。出台《普通高等学校师范类专业认证标准》,启动开展师范类专业认证,将认证结果作为师范类专业准入、质量评价和教师资格认定的重要依据,并向社会公布。建立高校教师教育质量自我评估制度。建立健全教育专业学位认证评估制度和动态调整机制,推动完善教育硕士培养方案,聚焦中小学教师培养,逐步实现教育硕士培养与教师资格认定相衔接。建立健全教师培训质量评估制度。高校教学、学科评估要考虑教师教育院校

① 中共中央、国务院关于全面深化新时代教师队伍建设改革的意见[EB/OL],http://www.gov.cn/zhengce/2018-01/31/content_5262659.htm.

的实际,将教师培养培训工作纳入评估体系,体现激励导向。①

2022 年 4 月 20 日,教育部等八部门印发《新时代基础教育强师计划》,着力推动教师教育振兴发展,努力造就新时代高素质专业化创新型中小学(含幼儿园、特殊教育)教师队伍,为加快实现基础教育现代化提供强有力的师资保障。《新时代基础教育强师计划》坚持以质量为重,服务教育高质量发展要求,加强高质量教师队伍建设,推动地方政府、学校、社会各方深度参与教师教育,强化师范院校在教师教育体系中的主体地位,推进职前培养和职后培训一体化,创新师范生教育实践和教师专业发展机制模式,提升教师培养培训质量。《新时代基础教育强师计划》通过建设教师教育协同创新平台措施,鼓励支持高水平师范院校建立教师教育协同创新平台,推动优质课程资源共享、学科建设经验分享、教育科研课题共同研究,整体提升我国教师教育的办学水平。充分发挥部属师范大学的引领示范作用,建立部属师范大学和地方师范院校师范人才培养协同机制,支持区域内相关院校在教育科学研究、教师教育师资队伍建设、师范人才培养和基础教育服务等领域开展合作。依托部属师范大学等高水平师范院校,为地方师范院校定向培养博士层次教师教育师资。支持部分办学历史悠久、质量优质、效益明显、地方发展急需的师范高等专科学校升格为普通本科高校。《新时代基础教育强师计划》实施高素质人才培养计划,持续实施卓越教师培养计划。推动本科和教育硕士研究生阶段整体设计、分段考核、连续培养的一体化卓越中学教师培养模式改革,推进高素质复合型硕士层次高中教师培养试点。推进部属师范大学公费师范生攻读教育硕士工作,加强履约管理。继续实施农村学校教育硕士师资培养计划。扩大教育硕士、教育博士招生计划。适应基础教育改革发展,遵循教师成长规律,改革师范院校课程教学内容,改进教学方法手段,强

---

① 中共中央、国务院关于全面深化新时代教师队伍建设改革的意见[EB/OL],http://www.gov.cn/zhengce/2018-01/31/content_5262659.htm.

化教育实践环节，提高师范生培养质量。[①]

2022 年 4 月 22 日，为深入贯彻落实习近平总书记关于教育的重要论述，落实《中共中央、国务院关于全面深化新时代教师队伍建设改革的意见》，推进实施《新时代基础教育强师计划》，构建高质量教师教育体系，整体提升师范院校和师范专业办学水平，教育部组织实施师范教育协同提质计划，整体提升教师素质。

2. 协同创新高质量教师教育体系

新时代，随着《教师教育振兴行动计划》的发布，师范院校开始对协同共生创新型教师教育体系展开探索，主要包括以高校（U）、地方政府（G）和中小学（S）“三位一体”的教师教育模式。“U-G-S”模式凸显了政府和中小学校在教师培养过程中的引导性和责任分担性。

由于传统的本科师范高校纷纷转向综合院校发展，各市鼓励以高等师范专科学校为主体相继建立地方本科综合高校，高校教师教育地位弱化和边缘化的形势变得十分严峻，教师教育资源分散流失比较严重。为了贯彻落实从教育大省向教育强省转变的宏伟发展目标，山东省整合优化区域教师教育资源，建立了新型教师教育体系。针对教师教育领域普遍存在的突出问题，创新并发展了以省级政府（G）统筹为主导，以高校（U）与地方政府（市、县两级政府）所属中小学校（S）联盟为主线的“G-U-S”教师教育模式，解决了教师教育资源不平衡、师范生生源质量普遍不高、教师培训效果不显明、教师教育课程设置单一和落后、教师教育者专业发展平台不足等问题。

广东肇庆学院积极探索“U-G-S”教师教育培养模式。2012 年 6 月 26 日，肇庆学院与怀集县人民政府签署合作协议，共建肇庆学院（怀集）教师教育改革创新试验区。根据协议，双方共建教师教育改革创新试验区，包括建立试验基地、实习生支教、教师培训、教育研究成果的实施等。确定以高校、

① 教育部等八部门印发《新时代基础教育强师计划》[EB/OL]，http://www.moe.gov.cn/srcsite/A10/s7034/202204/t20220413_616644.html.

地方政府和中小学校三位一体的“U-G-S”教师教育协同育人模式。2014—2015年，肇庆学院先后与封开县、广宁县建立了教师教育改革创新试验区，不断充实教师教育改革创新试验区的内涵，建立了60多个中小学基地、8所教师专业发展学校和4个名师工作室，以此布局包括试验区、基地学校、教师专业发展学校、教师工作室在内的建设支点，形成大学教师、中小学教师、师范实习生发展共同体，为在读师范生的学业发展和在职中小学教师的职业发展提供开放、合作、交流、学习的平台。2016年12月，肇庆学院与德庆县签订合作框架协议，成立教师教育改革创新试验区。2017年，肇庆学院与中山市、佛冈县建立教师教育改革创新试验区。2018年10月，肇庆学院与珠海市建立教师教育改革创新试验区。至此，学校已经累计建立深入推动“U-G-S”模式进一步发展的8个创新试验区。①

邢台学院深入贯彻《教师教育振兴行动计划》，以师范认证为契机，将师范教育人才培养与区域基础教育师资需求高度契合，有力引领邢台区域基础教育发展。学校建立了“三联盟一论坛”，构建了高校、地方政府、中小学三位一体的教师教育共同体，服务区域基础教育发展。截至2020年9月，邢台19个县市区中有16个县市区教育局成为邢台学院的“三联盟”成员，邢台学院与240个“三联盟”中小学（幼儿园）成员进行教育（顶岗）实习、师资交流等深度教育教学活动。②

艾兴提出，有效调动地方政府、地方院校、基础教育学校和境内外教师教育研究机构的协同联动，形成“四位一体”的教师教育体系是高水平教师教育发展的新趋势。③

---

① 朱华琴. 基于“U-G-S”模式的教师教育协同育人实践探索——以肇庆学院为例[J]. 大学教育，2019(11)：200-203.

② 邢台学院校园新闻网[EB/OL]，http://www.xttc.edu.cn/col/1565687427101/2020/09/19/1600523621070.html.

③ 艾兴，张玉，教师教育学科发展的现实基础与双重突围[J]. 教师教育学报，2021，8(1)：15-21+66.

二、乡村振兴战略的策略要求

实施乡村振兴战略,是党的十九大作出的重大决策部署,是新时代“三农”工作的总抓手。要实现乡村的全面振兴,离不开乡村教育的助力;要使乡村教育能更好地服务乡村振兴,就必须加强乡村教师队伍建设。习近平总书记强调,要从战略高度来认识乡村教师工作的重要性,把加强乡村教师队伍建设作为基础工作来抓。

实施乡村建设需要政府重视乡村师资队伍建设。如何提高乡村教师的素质是推动农村发展的重大基础性和保障性工作。乡村教师是乡村教育的骨干力量,加强乡村师资队伍的建设,有利于促进乡村师资的全面发展。加强乡村师资队伍的建设,除了要提高其物质条件,如工资、扩大人员配置、改进工作条件,还要从根本上提升教师的教育动力,提高乡村中小学教师的内在品质和综合素质。

(一)国家乡村振兴的政策

2015 年 6 月,国务院颁发《乡村教师支持计划(2015—2020 年)》,明确提出必须把乡村教师队伍建设放在优先发展的战略地位,加强边远贫困地区乡村教师队伍建设。

2017 年 10 月,在党的十九大报告中习近平总书记提出实施乡村振兴战略。2018 年 1 月,发布中央一号文件《中共中央、国务院关于实施乡村振兴战略的意见》(以下简称《意见》),《意见》中明确指出,实施乡村振兴战略是党和国家的一项重大历史使命,要切实提高农民的整体生活质量,把乡村教育放在首位,要扎实开展乡村教师队伍建设。

2018 年 9 月,中共中央、国务院发布了《乡村振兴战略规划(2018—2022 年)》(以下简称《规划》),这是指导各地推动乡村振兴的重要文件,是国家对当前和今后一个时段实施乡村振兴战略做出的阶段性规划。《规划》中明确指出要坚持乡村全面振兴，要优先发展乡村教育事业，提升乡村教育整体质量，建好建强乡村教师队伍。

2020 年农村基本全部脱贫之后，乡村发展将进入乡村振兴新时代。2020 年 12 月召开的中央农村工作会议中特别强调要把解决好“三农”问题作为我党工作的重中之重，要全面推进乡村振兴新时代发展。2021 年 4 月发布《中华人民共和国乡村振兴促进法》，为全面推进乡村振兴提供了有力的法治保障。乡村振兴战略的全面实施体现了国家对于乡村教育和乡村发展重大意义的深刻认识。准确判断并把握乡村振兴战略，是顺利推进并实现乡村振兴新时代发展战略目标的认识基础。实施乡村振兴战略和乡村教育发展的重要意义就在于维持乡村社会系统的多样性与生态平衡，实现我国乡村社会的可持续发展。从乡村发展的整体目标来看，乡村振兴新时代发展对乡村发展提出了崭新的目标要求。在新时代，乡村发展整体上不再是以解决温饱问题或者满足广大乡村人民的基本生活需要为主要目标，而是以满足乡村人民对美好生活的需要、加快推进农业农村发展现代化为目标。作为新时代乡村发展的整体目标，中国乡村社会现代化是以乡村人民为中心的新型社会现代化，其根本宗旨在于满足广大乡村人民对美好生活的需要，增进乡村人民的福祉，实现乡村居民对美好生活的需要。从乡村振兴发展的主要任务来看，新时代乡村发展的主要任务已发生转变。从 2020 年乡村实现整体脱贫之后，乡村振兴发展面临的主要任务是乡村振兴与乡村现代化建设，乡村振兴发展迎来新起点、新格局、新要求和新条件。所以，新时代乡村振兴发展的核心任务是乡村教育振兴，为乡村振兴提供精英人才支撑力量和建设现代化乡村。

（二）乡村教育对乡村振兴的意义

2020 年，我国乡村虽基本全部脱贫，但发展不均衡不充分的矛盾依然存在，解决这一矛盾的根本前提就是要补齐乡村发展的短板。如果不能补齐乡村发展中的短板，就难以达到社会发展的平衡，难以实现社会充分发展。从当前我国乡村实际情况来看,基础设施建设、经济发展和乡村教育是制约乡村发展水平的三大短板。其中,影响乡村均衡发展的教育短板常被遮蔽,不曾受到足够重视。当前乡村教育问题突出表现在三个方面:一是乡村教育资源配置不均衡、不充分;二是乡村教育机会不平衡、不平等;三是乡村教育与乡村发展相背离。优质教育资源短缺问题与现有教育资源有效需求不足问题,是当前乡村教育面临的重要两难困境。主要受教育体制及资源配置等多种复杂因素的综合影响,乡村教育实际上也存在着接受优质教育机会不均等的问题。此外,在乡村振兴、乡村转型与发展过程中,乡村学校的实际教育内容不仅越来越脱离乡村社会实际,而且越来越背离、远离乡村社会发展的需要。所以,补齐乡村教育短板对我国乡村振兴有着长远的、结构性的重要意义。乡村教育振兴补短板的关键措施就是要解决乡村教育发展不均衡不充分的问题,国家需要增加对乡村教育的投入,最终不断提升乡村教育质量。

乡村教育是我国教育的"神经末梢",也是我国教育的重要阵地。要想实施好乡村振兴战略,离不开乡村教育振兴,必须统筹好、规划好乡村教育振兴和乡村振兴等工作。要充分认识到乡村教育在乡村振兴战略中的基础性、根本性、全局性和先导性战略地位,深刻认识到乡村教育是关系到我国教育现代化发展、乡村振兴、中华民族伟大复兴的重大战略问题。当前,我国乡村教育现代化建设的重点在于如何提高乡村教育发展潜能,如何激发乡村教育发展动力和活力,如何推动乡村教育现代化发展,最终实现国家教育整体现代化发展。乡村振兴发展最终要靠人才,而人才的培养要靠教育发展。乡村教育承载着传播乡村知识、塑造文明乡风的重要功能,为乡村振兴建设提供了有力的人才支撑力量,在乡村振兴建设中具有不可替代的作用。实施乡村振兴战略,就必须优先发展乡村教育事业,需要把公共教育事业在内的基础设施建设的重点放在乡村学校,统筹规划布局乡村基础教育学校发展规划,科学推进义务教育公办学校标准化建设目标,全面改善贫困、边远地区义务教育薄弱学校基本办学条件和办学质量,加强乡村寄宿制学校建设,最终提升乡村教育质量。乡村教育发展要大力解决乡村教育中存在的优质教育资源不平衡不充分、教育质量亟待提高和教育机会不均等乡村人民普遍关注的问题，要着力改变乡村教育中存在的“不平衡不充分的发展现状”现状，要逐步缩小城乡差距，最终破除城乡教育二元结构，激发乡村教育学校办学动力和活力，用优质教育资源为乡村振兴注入更多发展潜能、机会和动能。乡村教育振兴，有利于实现并巩固拓展乡村教育脱贫攻坚成果，有利于同乡村振兴有效衔接，最终实现振兴乡村教育和教育振兴乡村“双轮驱动”效应，为乡村振兴赋能增效。

从社会整体发展上看，教育是国家发展的基石。我国要全面建成小康社会和全面建设社会主义强国，最艰巨、最重要的任务在农村，最大的潜力和后劲也在农村。乡村教育在乡村振兴战略中具有基础性和全局性战略地位。在农村，教育既是乡村发展的基础工程，也是乡村社会的民生工程。农民热切期盼办好乡村教育事业，生活再难也要让孩子上好学校。目前，乡村孩子“有学上”的问题解决了，但“上好学”和“享受公平而有质量的教育”成为广大乡村家长和党中央、国务院高度关注的乡村教育问题。乡村高质量教育问题能不能解决好，关系到我国乡村振兴的长远发展，也关系到中华民族伟大复兴能否早日实现。

从教育整体发展上看，乡村教育是教育发展的“重要大头”。我国有一半以上的适龄义务教育儿童户籍在农村，要提高我国整体教育水平，实现教育现代化发展，必须加强农村教育建设。近年来，国家陆续出台了一系列重大举措支持乡村教育发展，2011 年实现了全面普及九年义务教育。“十二五”以来，国家先后实施薄弱学校改造计划、建设计划和义务教育营养改善计划、普通高中改造计划、建设计划和教育基础薄弱县普通高中建设教学点数字教育资源全覆盖等一系列重大教育工程。近年来，农村教育发生了根本性的变化，取得了显著教育成效，2019 年，我国小学学龄儿童九年义务教育总体普及率已达世界高收入国家平均水平。

2017 年，习近平同志在党的十九大报告中明确指出，“中国特色社会主义进入新时代，我国社会主要矛盾已经转化为人民日益增长的美好生活需要和不平衡不充分的发展之间的矛盾”。“美好生活需要”由物质需要与精神需要共同构成，经过近几年的建设，乡村人民的物质需要已得到改善，农民收入增加，生活变得富裕起来，但精神需要还比较薄弱，乡风在以城市文化为代表的多元文化的冲击和挤压下日益异质化，原本静谧、清新的乡村变得喧嚣和混沌，人们的人际关系变得疏远甚至淡漠。所以发展农村教育事业，提升乡村教育质量，建好建强乡村教师队伍，发展乡村文化建设和精神建设是新时代乡村人民对美好生活的需要，是实现中国梦的重要途径。

（三）乡村教师的核心素养提升是乡村教育发展的关键

教育培基铸魂，助力乡村振兴。教育是国之大计、党之大计。国家一直都非常重视教育，把教育工作摆在优先发展的战略位置，制定了许多方针政策来指导教育的改革和发展，特别是在新时期，习近平总书记对教育工作提出了许多新论述。2017 年 10 月，习近平总书记在党的十九大报告中提出要“优先发展教育”“建设教育强国”“加快教育现代化”“办好人民满意的教育”等一系列主张。2018 年 9 月，全国教育大会在北京召开，习近平总书记出席大会并发表重要讲话，他强调：“教育是民族振兴、社会进步的重要基石，是功在当代、利在千秋的德政工程。”2019 年 7 月，中共中央、国务院印发了《关于深化教育教学改革全面提高义务教育质量的意见》，强调要办人民满意的教育，全面提高义务教育质量，建设教育强国。振兴乡村教育，乡村教师是关键之中的关键。教师是教育发展的第一资源，是国家富强、民族振兴、人民幸福的重要基石。

教师是立教之本、兴教之源。教师是教育事业发展的关键，承担着教书育人的重要使命，肩负着为社会主义现代化建设培养人才的重要责任。新时期，以习近平同志为核心的党中央非常关注教师队伍的发展，党和国家也出台了许多文件政策加强教师队伍建设。2015 年 6 月，国务院办公厅印发了《乡村教师支持计划（2015—2020 年）》，提出要建强乡村教师队伍，提高乡村教育质量。2017 年 10 月，习近平总书记在党的十九大报告中指出：“要加强师德师风建设，培养高素质教师队伍，倡导全社会尊师重教。"2018 年 1 月，中共中央、国务院印发了《关于全面深化新时代教师队伍建设改革的意见》，提出要造就党和人民满意的高素质专业化创新型教师队伍，并将教师队伍建设作为一项重大政治任务和民生工程。2018 年 9 月全国教育大会上，习近平总书记对加强教师队伍工作提出了明确要求，他强调，全党全社会要努力营造尊师重教的氛围，不断提高教师待遇；教师要珍惜热爱自己的职业，严格要求自己，执着于教书育人。

教师是教育发展的第一资源，是国家富强、民族振兴、人民幸福的重要基石。截至 2018 年底，我国共有乡村教师 290 余万人，40 岁以下的青年教师近 170 万人，占 58.3%。乡村振兴，必兴教育，乡村教师是办好乡村教育的根本保障，也是推进乡村振兴战略的重要力量。乡村教育是我国教育发展的短板，办好乡村教育，关键在教师。乡村教师队伍建设是乡村教育的核心问题，关系到让每个乡村孩子都能接受公平、有质量的教育，有利于乡村孩子的学习成才，阻止贫困现象代际传递，助推全面建成小康社会和乡村振兴的实现。作为乡村社会智库、良知与灵魂的乡村教师，对于乡村的意义，不止于乡村教育，而是关乎乡村社会、经济与文化的全面进步，具有乡村振兴的多重职能。

发展乡村教育，教师是关键。教师是乡村教育的灵魂，没有乡村教师的坚守和素质的不断提升，振兴乡村教育的目标将难以实现。着力建设素质过硬的乡村教师队伍，加大对乡村教师队伍建设的倾斜和支持力度，是振兴乡村教育、服务乡村振兴的重中之重。振兴乡村教育，290 多万乡村教师是力量所在、希望所在。2018 年 1 月，中共中央、国务院印发了《关于全面深化新时代教师队伍建设改革的意见》，对教师队伍建设作出顶层设计，勾勒了教师培养、培训与发展的蓝图，强调要"坚持兴国必先强师，深刻认识教师队伍建设的重要意义和总体要求"。2022 年 4 月，教育部等八部门印发了《新时代基础教育强师计划》，为全面深化新时代乡村教师队伍建设，推动乡村教师队伍高质量发展，提供了行动指南。当前，乡村教师队伍主要存在三个突出问题：数量不足、质量不高、结构不合理。因此，足够数量、较高质量与结构优化是乡村教师队伍建设的基本方向。乡村教师培养与发展困难是我国教师队伍建设中的突出短板。教师是立教之本、兴教之源。因此，乡村教育振兴必须把乡村教师队伍建设摆在优先发展的战略地位，倡导全社会尊师敬教，多措并举、定向施策、精准发力，加大城乡统筹力度，拓展乡村教师补充渠道，统一城乡教职工编制标准，职称（职务）评聘向乡村教师倾斜，完善乡村教师待遇保障机制，健全乡村教师工资长效联动机制，切实提高乡村教师生活待遇，不断改善乡村教师教学条件、落实提高乡村教师待遇，为乡村教师在工作、生活方面创造更加优良的环境，让他们有更多归属感、获得感与成就感，努力缔造一支素质优良、甘于奉献、扎根乡村的卓越教师队伍，以破解乡村教师“下不去”“留不住”“教不好”的现实困境。

《中国学生发展核心素养体系》的正式发布，标志着由“知识核心时代”走向“核心素养时代”，学校的任务不再是一味灌输知识，而是为学生未来的发展提供核心能力，这给教师的能力和素质带来了挑战，而教师的素养将在很大程度上决定核心素养能否在教育实践中真正落实。核心素养是以“全面发展的人”为核心，包括文化基础、自主发展、社会参与三个方面，综合表现为人文底蕴、科学精神、学会学习、健康生活、责任担当、实践创新六大素养，以及十八个基点，充分回答了“教育培养什么样的人”的问题。明确了培养的目标，接下来就是“怎样培养人”的问题，而培养人的关键在于教师，教师只有着眼于学生的全面发展，把教育转向人、聚焦人、发展人，落实立德树人的根本任务，才能由传统的“知识核心”转到“核心素养”的目标。这就要求教师要对核心素养的理念有充分的认识，提高自身的学科素养，提升责任担当意识，培养创新精神和实践能力，才能胜任培养学生核心素养的工作。教师本身就是重要的课程资源，如果教师自身都不具备这样的核心素养，那培养学生的“核心素养”只会是纸上谈兵。长期以来，由于城乡发展不协调等多种因素的影响，我国教育发展的短板和薄弱环节在乡村。我国乡村教育在发展中出现了许多问题，其中最突出的是乡村教师队伍存在的问题。因此，提升教师的专业素养是发展学生核心素养的前提，尤其在广大农村地区，受各种因素的影响,教师的专业素养普遍不高,很难适应“核心素养”时代的要求,提高乡村教师专业素养迫在眉睫。

三、教育公平的增效期待

党中央始终把教育摆在优先发展的战略位置,将促进教育公平作为国家基本教育政策。而实施乡村振兴战略的关键也在教育,教育作为阻断贫困代际传递的重要途径,离不开更多有理想信念、有道德情操、有扎实学识、有仁爱之心的教育工作者扎根基层,用青春和热血服务乡村教育,贡献教育力量。

城乡教育整合是我国实施乡村振兴战略的重大措施,其实质是要实现对城乡师资的合理调配,注重城乡师资力量的有效整合。加强乡村教师的素质培养,是实现乡村教育融合的有效途径。近几年,在各级政府的领导下,各地采取了“增加农村财政拨款”“城镇老师下乡”“城乡教师联谊”等形式推进城乡教师资源的统筹配置,取得了不少成绩。总的来说,有关工作的推动和措施的实施仍需提高质量和效率,有些地区的师资培训制度倾向于采用市区现有的教学模式。许多省份偏向或将目光投向城市,而师资培训计划的设计对象更多来自乡村。在乡村教育与教学方面,这些外在的社会组织往往缺乏对乡村社会现实的全面思考。虽然这些工作在表面和形式上都得到了积极的推动和实施,但是在本质上没有激发乡村教师发展的积极性,其实践成效并不显著,乡村教师队伍的“软弱无力”也未得到改善。农村的教师资源分配若不能做到科学和合理,则各地的教育质量还会有很大的差异。作为乡村学科建设的“排头兵”,加强乡村教师的素质建设,既能促进乡村“脱贫”,又能促进乡村学科建设从薄弱走向强大。要实现乡村教师的核心素质教育,必须从现实出发,对其进行深入的剖析,并对其进行深入的探讨,从而更好地促进乡村师资的发展。

(一)国家政策

2016年《关于统筹推进县域内城乡义务教育一体化改革发展的若干意

见》明确提出:“城乡二元结构矛盾仍然突出,乡村优质教育资源紧缺,教育质量亟待提高。”

2019年,中共中央、国务院联合印发《中国教育现代化2035》,其中明确提出:“实现基本公共教育服务均等化。提升义务教育均等化水平,建立学校标准化建设长效机制,推进城乡义务教育均衡发展。”推动城乡教育一体化发展,高度重视农村义务教育,努力让每个孩子都能享受公平而有质量的教育,是党和国家对农村义务教育和农村受教育者的庄严承诺。

2020年10月,《中共中央关于制定国民经济和社会发展第十四个五年规划和二〇三五年远景目标的建议》明确提出建设“高质量教育体系”的重要决定。要全面贯彻党的教育方针,坚持立德树人,加强师德师风建设,培养德智体美劳全面发展的社会主义建设者和接班人。健全学校家庭社会协同育人机制,提升教师教书育人能力素质,增强学生文明素养、社会责任意识、实践本领,重视青少年身体素质和心理健康教育。坚持教育公益性原则,深化教育改革,促进教育公平,推动义务教育均衡发展和城乡一体化,完善普惠性学前教育和特殊教育、专门教育保障机制,鼓励高中阶段学校多样化发展。加大人力资本投入,增强职业技术教育适应性,深化职普融通、产教融合、校企合作,探索中国特色学徒制,大力培养技术技能人才。提高高等教育质量,分类建设一流大学和一流学科,加快培养理工农医类专业紧缺人才。提高民族地区教育质量和水平,加大国家通用语言文字推广力度。支持和规范民办教育发展,规范校外培训机构。发挥在线教育优势,完善终身学习体系,建设学习型社会。①

2022年4月20日,教育部等八部门印发《新时代基础教育强师计划》,着力推动教师教育振兴发展,努力造就新时代高素质专业化创新型中小学(含幼儿园、特殊教育)教师队伍,为加快实现基础教育现代化提供强有力的师资保障。《新时代基础教育强师计划》注重教育公平,按照乡村振兴战略

① 中共中央关于制定国民经济和社会发展第十四个五年规划和二〇三五年远景目标的建议[EB/OL],http://www.gov.cn/zhengce/2020-11/03/content_5556991.htm.

部署和振兴教师教育有关要求，立足重点区域和人才紧缺需求，适应区域、学段、学科等发展需要，加强东西部协作、对口支援等，加大中西部欠发达地区师范院校、教师发展机构建设和高素质教师培养培训力度，增加紧缺薄弱领域师资培养供给。到 2025 年，建成一批国家师范教育基地，形成一批可复制可推广的教师队伍建设改革经验，培养一批硕士层次中小学教师和教育领军人才。完善部属师范大学示范、地方师范院校为主体的农村教师培养支持服务体系，为中西部欠发达地区定向培养一批优秀中小学教师。师范生生源质量稳步提高，欠发达地区中小学教师紧缺情况逐渐缓解，教师培训实现专业化、标准化，教师发展保障有力，教师队伍管理服务水平显著提升。《新时代基础教育强师计划》实施中西部欠发达地区优秀教师定向培养计划。支持部属师范大学和高水平地方师范院校，根据各地需求，每年为中西部欠发达地区定向培养一批高素质教师，发挥示范带动作用，推进各地进一步加大县域普通高中和乡村学校教师补充力度。中西部欠发达地区优秀教师定向培养计划（以下简称优师计划）提前批次录取，学生在校学习期间免除学费，免缴住宿费，并补助生活费，毕业后到定向就业县中小学履约任教不少于 6 年，由定向就业县人民政府按定向培养计划统筹落实就业工作，确保岗位和待遇保障。鼓励支持履约任教的优师计划师范生职后专业发展，建立跟踪指导机制，持续提升教书育人本领。①

2022 年 2 月，为深入贯彻落实习近平总书记关于教育的重要论述，落实《中共中央、国务院关于全面深化新时代教师队伍建设改革的意见》，推进实施《新时代基础教育强师计划》，构建高质量师范大学体系，整体提升师范院校和师范专业办学水平，提高教师培养质量，教育部决定实施师范教育协同提质计划（以下简称提质计划）。协调高水平师范大学以组团形式，在骨干教师培养、高水平人才引进、学科专业建设、基础教育服务能力建设、学校规划与管理能力提升等方面对中西部欠发达地区薄弱师范院校进行重点支持，

① 教育部等八部门印发《新时代基础教育强师计划》[EB/OL]，http://www.moe.gov.cn/srcsite/A10/s7034/202204/t20220413_616644.html.

加强信息化建设,促进学校间管理、课程、平台、专家等优质资源共享。[①]。

“师范教育协同提质计划”是由教育部教师工作司指导、马云公益基金会捐资支持、在中国教师发展基金会设立的公益项目。“十四五”期间,项目将以师范院校之间组团帮扶、协同发展的公益模式,着力资助为中西部欠发达地区贡献师范人才的地方师范院校,旨在为中西部输送更多优秀教师,以此助力教师供给侧结构性改革,促成建立全国师范院校共建共享、协同提质的长效机制。

(二)教育公平的意义

1. 农村义务教育公平性的实现是公平社会建设的重要内容

社会公平在当下具体包含了公平的权利义务分配、公平的分配制度和公平的机会。教育在社会公平的三个方面都发挥着不可或缺的作用。首先,权利义务的分配是保障社会成员自由的基础,也是生产力发展的归宿之一。正如著名经济学家阿玛蒂亚所说:“发展不能单纯的理解为工业化或居民收入的增加,应当是一个拓展自由的过程。”马克思主义社会公平理论也认为实现个人权利的平等赋予和普遍保障,必须先由作为社会主体的个人对自身权利产生足够认知,首先要唤醒社会成员对自由和权利的渴望。实际上,法律赋予人民权利义务是一个方面,而更重要的方面是马克思所言的“唤醒”民众对权利的渴望,这就需要教育来发挥能动性。从我国实际情况来看,越是在贫困的农村地区,越是受教育程度不足的农民,对自身权利义务和自由的认知程度越低。这种教育一般是指基础教育,而这些地区恰恰是基础教育发展相对落后的农村地区。因此从唤醒社会成员对自身权利义务和自由的渴望来讲,农村义务教育是公平社会建设的重要环节。

现阶段按劳分配为主,多种分配方式并存的分配制度下,效率依然是首

---

① 教育部办公厅关于实施师范教育协同提质计划的通知[EB/OL],http://www.moe.gov.cn/srcsite/A10/s7011/202202/t20220222_601227.html.

要的价值取向。这种效率是指分配制度作为生产关系的调整工具对生产力推动的效率。确定个体劳动效率高低的标准就是个体的劳动质量。受教育程度的高低对个体劳动质量的正相关影响是不争的事实,因此在共同富裕目标的指引下,在允许由个人劳动质量造成的合理收入差距存在的前提下,作为多数人教育起点的农村义务教育的公平应当是公平社会首要的关注点。

机会公平是马克思主义社会公平理论的中国化实践成果。机会公平的实质是在兼顾效率和公平价值取向的生产力发展过程中的竞争公平。之所以在公平社会的构建中引入竞争机制,就是在生产力有限、个人劳动质量和能力存在差异的基础上,个体在按劳分配的体制下允许合理的收入差异存在的一种激励机制。机会公平包含了竞争的起点公平、环境公平、规则公平等,其中竞争的起点公平是基础。对个体而言,竞争的起点就是义务教育,因此可以说机会公平的起点就是社会成员的义务教育公平。以机会公平的视角来看,义务教育公平包含了三个方面的内容:其一,教育机会均等。在现阶段的中国主要是指社会成员都能享受到均等质量的义务教育机会。其二,教育过程公平。任一同阶段或同年龄的受教育者所享受的教育条件公平。其三,教育评价公平。任何同等素质的受教育者在任何形式的教育评价中都应当得到同等的评价结果。然而,机会均等视角下的义务教育公平在我国公平社会的构建中并没有完全实现,特别是农村义务教育的衰落,导致农村受教育者同时存在教育机会、教育过程和教育评价三方面的不公。①

2. 教育公平是实现国家共同富裕的重要内容

共同富裕,是消除两极分化和贫穷的普遍富裕,既包括物质财富的共同富裕,也包括精神财富的共同富裕。美好教育是共同富裕的重要内容。一是为每个孩子提供均等的教育机会。人生的一切机会,最重要的莫过于教育,它是公平竞争、公平发展的基础。所以,学生无论来自哪里、背景怎样、基础如何,都要一视同仁,给他们提供公平的教育机会。为每个孩子提供优质的

① 朱培源.政策法制与实践视角下的农村义务教育公平性研究[D].华中师范大学,2021.

教育资源。教育条件,既包括硬件,也包括软件,更重要的是软件。同一所学校,如果每个人所享受的教育资源、条件有人为干预而形成差距、存在不公平,这本身就是隐形的教育歧视,会给孩子的心灵造成难以弥补的伤害。二是为每个孩子提供广阔的发展空间。每个孩子,无论贫富,无论户籍在哪,无论成绩好差,都有受良好教育的权利,都有发展的权利。

2022 年,教育部开展协同提质计划,重点支持一批中西部欠发达地区薄弱师范院校,加强学校人才队伍、学科专业等建设,整体提高师范教育办学水平,为欠发达地区培养高质量基础教育教师,为乡村教育发展和乡村振兴提供坚强人才支撑。优化区域教育经济发展不平衡显现,从“优师向优师范”发展,大力为偏远乡村提供优质的教师队伍,消除人们的精神差距,实现共同富裕。

表 1-3　师范教育协同提质计划院校组团名单

序号	牵头高校	重点支持薄弱院校	参与帮扶高校
1	北京师范大学	青海师范大学	四川师范大学 安徽师范大学 西北师范大学
		西昌民族幼儿师范高等专科学校	
		阿坝师范学院	
		阜阳师范大学	
2	华东师范大学	丽江师范高等专科学校	上海师范大学 云南师范大学 江西师范大学
		昭通学院	
		上饶师范学院	
		赣南师范大学	
3	东北师范大学	白城师范学院	哈尔滨师范大学 辽宁师范大学 浙江师范大学
		牡丹江师范学院	
		伊犁师范大学	
4	华中师范大学	汉江师范学院	湖北师范大学 贵州师范大学 南宁师范大学
		遵义师范学院	
		黔南民族师范学院	

续表

序号	牵头高校	重点支持薄弱院校	参与帮扶高校
5	陕西师范大学	渭南师范学院	咸阳师范学院 海南师范大学 天津师范大学
		天水师范学院	
		琼台师范学院	
6	西南大学	和田师范专科学校	新疆师范大学 重庆师范大学 山东师范大学
		河西学院	
		长江师范学院	
7	首都师范大学	集宁师范学院	内蒙古师范大学 杭州师范大学 曲阜师范大学
		呼伦贝尔学院	
		拉萨师范高等专科学校	
8	湖南师范大学	湖南第一师范学院	长沙师范学院 福建师范大学 闽南师范大学
		怀化学院	
		宁夏师范学院	
9	南京师范大学	邢台学院	河北师范大学 沈阳师范大学 广西师范大学
		唐山师范学院	
		广西科技师范学院	
10	华南师范大学	忻州师范学院	山西师范大学 河南师范大学 江苏师范大学
		周口师范学院	
		商丘师范学院	

深入推进县域内义务教育学校教师“县管校聘”管理改革，加大音体美、劳动教育、信息技术、心理健康教育等紧缺学科教师补充力度，重点加强城镇优秀教师、校长向乡村学校、薄弱学校流动，发挥优秀教师、校长的辐射带动作用，扩大优质资源覆盖面，整体提升乡村薄弱学校育人能力。如邢台学院音美师范生通过“双师”课堂为枣元学区乡村学校提供云端授课。

“师范教育协同提质计划”是由教育部教师工作司指导、马云公益基金会捐资支持、在中国教师发展基金会设立的公益项目。“十四五”期间，项目将以师范院校之间组团帮扶、协同发展的公益模式，着力资助为中西部欠发达地区贡献师范人才的地方师范院校，旨在为中西部输送更多优秀教师，以此助力教师供给侧结构性改革，促成建立全国师范院校共建共享、协同提质的长效机制。①

第二节 研究的目的与研究意义

2016 年 9 月，《中国学生发展核心素养》研究成果发布，以“培养全面发展的人”为核心，从文化基础、自主发展和社会参与三大一级指标构建中国学生发展核心素养体系。2022 年，教育部发布义务教育课程标准（2022 版），从学科立场走向教育立场，突出素养立意和育人导向。我国教师核心素养的研究是在学生核心素养基础上展开的，目前已取得了一些理论和实践成果，但是关于乡村教师的核心素养研究比较少，对乡村教师核心素养的内涵界定不够清晰，容易把教师的学科素养混淆成核心素养。乡村教师核心素养的培育是提升乡村教育发展的关键，关乎乡村社会、经济与文化的全面进步，具有乡村振兴的多重职能。但是，目前我国关于乡村教师的培育还停留在“双基”或“三维目标”培育阶段，还没有注重教师的核心素养培育，没有关注乡村教师成长的内核力量。

研究者通过对核心素养的不断研讨与实践探索，认为 21 世纪核心素养具有综合性和整体性两大特点②。综合性是指核心素养是个体在解决复杂问题中表现出来的综合性品质或能力，关注不同领域和不同学科的人应具备的共同品格和关键能力，具有跨学科和跨领域性质；整体性是指这些基本素养之间具有相互依存关系，具有相互促进和相互制约作用，是一个有机联系的整体。郑桂华认为核心素养的主体是人，核心素养是一种跨学科素养，所

---

① 教育部等八部门印发《新时代基础教育强师计划》[EB/OL]，http://www.moe.gov.cn/srcsite/A10/s7034/202204/t20220413_616644.html.

② 柳夕浪.走向整体的人：核心素养的整合意义[J].中小学管理，2019(4)：25-28.

以任何一种核心素养都不可能靠单独的一门学科完成，不能分割地单独进行培养或发展，尤其是当素养作为整个人的养成教育过程时，需要加强综合性和整体性①。所以说，乡村教师的核心素养应该是"同一套"核心素养，具有相同的内涵和相同的体系。

乡村教师核心素养是对乡村教师应该具备什么样的素养，乡村教师如何根据乡村教育环境的场域特点，适应信息化时代和知识社会的发展需要，解决复杂问题和适应不可预测情境的高级能力与人性能力。本研究不希望人们预先在脑海中"先入为主"，而是希望通过实地调研、访谈和对国家教育相关文献的分析，从教师质量和教育公平的角度探讨乡村教师的核心素养体系。

一、研究目的

核心素养研究已经成为当前教育改革与发展的新趋势。随着《中国学生发展核心素养》的发布和乡村教育振兴的需要，乡村教师核心素养的培育成为教育发展的新方向。基于此，本研究按照"学生—教师—国家政策"的综合发展观，拟从《中国学生发展核心素养》《教师教育课程标准》《中小学教师职业道德规范》《中华人民共和国教师法》和2022年发布的义务教育阶段课程标准等一系列政策和学生核心素养发展情况探讨乡村教师核心素养体系，并依据核心素养体系和乡村教师实际需求，提出乡村教师核心素养培育路径，提升乡村教师队伍质量，助推国家强师计划顺利开展。主要的研究目的包括以下几个方面。

首先，充分理解乡村教师核心素养的培养对建设卓越乡村教师队伍的意义，系统梳理国内外乡村教师核心素养研究现状。

其次，根据文献分析、问卷调查和访谈等多种研究方法，界定乡村教师核

① 郑桂华. 义务教育课程标准中"核心素养"之名与实辨析——以语文课程标准为例[J]. 中国教育学报，2003(2)：24-29+54.

心素养的内涵和结构。并探索乡村教师核心素养基本框架,构建乡村教师核心素养初步体系,研发乡村教师核心素养评价问卷。

再次,根据研发的乡村教师核心素养评价问卷,对河北乡村学校进行实地调研和发放问卷,了解河北乡村教师核心素养现状和存在的问题。

最后,在协同提质背景下,对乡村教师核心素养培育的内容、乡村教师核心素养培育的特色方法等方面提出培养策略。

二、研究意义

(一)有助于丰富核心素养的内容,实现人的全面发展

核心素养的发展是21世纪所需要的素养教育问题。我们原来对于素质教育的理解,突出的是作为人的全面发展的素质结构培养问题。由于对素质结构的分析主要沿用德智体美全面发展的框架,所以,素质教育突出的是教师和学生作为一般人的身心整体和全面发展。虽然后来对于身心全面发展的素质结构的理解补充了创新精神、实践能力、社会责任感等要素,但整体来看,“素质教育”对当今时代对人的身心发展提出的新要求的回应是不够的。核心素养主张从个人及社会的实际功能的角度,界定素养的含义和分析素养的结构。核心素养研究理解素质、素养的角度更趋生活化。如对素养含义的界定,注重从对真实生活或工作情境复杂性回应的角度,突出素养的情境适应性、综合性;对素养结构的把握,偏重从当代社会生活的典型活动领域(如学会学习、公民和社会生活),或当代人的活动的某些重要特征(如在异质群体中的交往、创新实践、信息素养),进行建构和设计。对于核心素养结构的分析,有助于更全面地把握人的素质结构。过去,我国对于人的素养结构的分析,主要囿于“德智体美全面发展”的分析框架,或者只是对此框架进行细化、补充。我们对于现代人的素质结构没有进行更科学、更有针对性的分析。我们可以借鉴西方国家提出的核心素养的分析框架,补充和完善我们对核心

素养的分析框架,实现我国对人全面发展的研究。同时,构建乡村教师核心素养体系,进一步丰富教师核心素养理论,完善和提升乡村教师核心素养水平,为促进强师教育计划提供理论支持。

(二)有助于重塑教师专业发展目标

2012 年 2 月,为促进中小学教师专业发展,建设高素质中小学教师队伍,根据《中华人民共和国教师法》和《中华人民共和国义务教育法》,教育部制定《中小学教师专业标准(试行)》(以下简称《专业标准》)。《专业标准》是国家对合格中小学教师的基本专业要求,是中小学教师开展教育教学活动的基本规范,是引领中小学教师专业发展的基本准则,是中小学教师培养、入职、培训和考核等工作的重要依据。

一是有助于厘清新时代教师专业发展的角色定位。核心素养视角下教师是探求者,教师要结合工作中发现的教学问题开展研究,善于提出教学科研课题,要不断学习和掌握教育科研的新方法,尽可能与专家合作开展协同研究,或者争取专家的指导,逐步成长为教育研究者。核心素养视角下教师是合作者,在国家协同提质大背景下,在区域教育资源互动下,在提高师生的社会情感能力的研究下,新时代教师注重合作学习,开展师生合作学习、师师共同教研、家校合作育人、教学团队协同增益等合作活动。注重开展全员合作、全程合作和全域合作。核心素养视角下教师是指导者,教师应指导学生确定适当的学习目标,掌握研究问题的思路和方法,学会收集和处理信息,学会发展自己的优势和个性,学会交往、生活和开展创造活动。核心素养视角下教师是学习者,面对瞬息万变的信息时代,面对层出不穷的新观念、新知识、新学科、新技术,面对新课程标准,面对核心素养要求,教师需要有全新的课程设计思路、课程教学目标、课程教学内容和课程实施策略。面对不断发展变化的教育对象和教育现象,教师应是一个终身学习者,并且要善于学习,适应教育。核心素养视角下教师是自省者,教师要不断反思教育理念、教学过程、教育效果,不断提升个人的素质修养。

二是有助于拓展教师专业发展的培养策略。在国家协同提质背景,对教师核心素养内涵的分析和现状情况的调查,有助于拓展教师核心素养培养策略。协同提质背景下,教师专业发展应打破区域领域,注重高水平师范院校的引领作用,聆听专家教育教学前沿理论学术报告或者教育教学改革讲座,获取信息,拓宽视野,提高素质;邀请高水平专家通过网络或座谈形式对教师进行个别指导,针对性地解决问题;邀请专家对骨干教师进行指导,形成教育教学特色等。核心素养视角下要注重教师专业发展的职前培养和职后培养相结合。

(三)有助于提升乡村教师发展的内生力

乡村教师一直是我国基础教育发展的短板,乡村教师队伍结构不合理、乡土文化认同遮蔽、乡土教育情怀缺失、乡土文化自信弱化和缺乏先进数字化资源一直制约着乡村教育的发展。通过探索具有乡村特色的方式对乡村教师核心素的培养,提升对乡村教师的政治素养、师德素养、数字素养和灵活应变的实践能力。通过"内生发展"理论建构乡村教师核心素养培育的内容和方法,促进地域发展、地方院校发展和乡村中小学三方共同发展,提高乡村中小学的待遇水平和增加乡村中小学的培训机会,实现乡村中小学核心素养的培训效益,激发乡村中小学发展的内生力量。

(四)有助于实现乡村教育治理现代化

2019 年发布的《中国教育现代化 2035》提出了构建乡村教育治理体系现代化,主要包括乡村教师治理现代化和乡村教育治理现代化两方面内容。乡村教师治理体系现代化主要指抓住新时代教师队伍建设和城乡义务教育一体化建设发展机遇,注重从乡村教师乡土文化传承、乡村教师乡土特质和城乡教师异化发展等内容上进行统筹规划,并充分利用数字化资源和智能化手段,协助地方区域多元利益主体对乡村教师"共同治理"的过程。因此,要想推动乡村教育治理体系现代化就需要发挥乡村卓越教师的治理主体作用。

从乡村教育治理现代化的治理理念、治理目标、治理内容、治理力量和治理环境需要方面发挥乡村卓越教师善治和共治的作用。只有增强乡村教师在乡村治理方面的成就感和获得感,才能消除乡村教师在乡村教育治理中的游离和边缘化现象。

(五)有助于城乡教育资源均衡发展,实现教育公平

教育公平是社会公平的基础,为乡村教师提供公平又有质量的教育是新时代乡村教育发展的目标。国家多次提出要加快缩小城乡教育水平差距,要率先在区、县实现城乡教育均衡发展。乡村教师核心素养培育注重多种培育方式,如建立城乡名师工作室、送教下乡、校本研修等,注重城市优质资源对乡村教育的反哺,同时也帮助乡村教师自主发展,鼓励乡村教育的内涵发展,全面提升乡村教师的教学质量和素养水平,实现城乡教育资源均衡发展。

第三节　研究设计与框架

一、研究设计

乡村教师核心素养培养的研究主要分为两个部分:乡村教师核心素养框架的建构和乡村教师核心素养培养的策略分析。

乡村教师核心素养框架的建构:第一步是对国内外核心素养及乡村教师核心素养的内涵和研究现状进行分析,了解人们对核心素养及乡村教师核心素养的认识状况,厘清新时代核心素养的内涵和重要意义,确定新时代乡村教师核心素养的内涵和重要作用。第二步,根据国家教育文件、乡村振兴和乡村教育治理文件,初步梳理乡村教师核心素养的框架结构。第三步,根据设计好的乡村教师核心素养的初步框架结构,对乡村教师和教育者做半结构

化访谈，然后对收集到的资料进行整理和分析，最终凝练出乡村教师核心素养框架体系及各个素养的具体内涵。

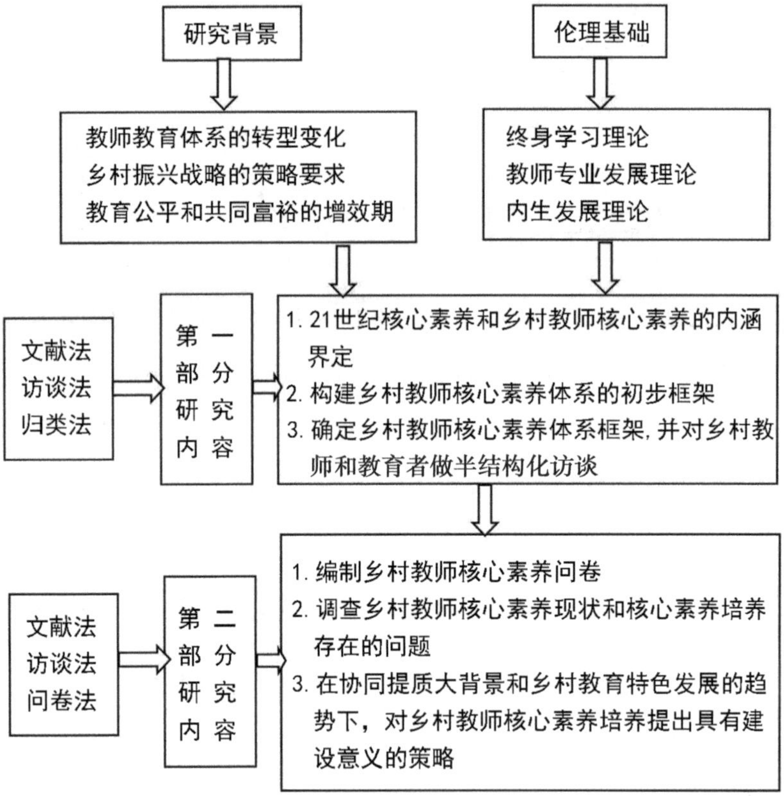

图 1-1　研究设计框架图

乡村教师核心素养培养策略：第一步，根据构建的乡村教师核心素养框架编制乡村教师核心素养问卷，并进行信效度检验；第二步，运用问卷调查法调查乡村教师核心素养发展现状，并结合访谈法，了解乡村教师核心素养存在的问题；第三步，在协同提质大背景和乡村教育特色发展的趋势下，对乡村教师核心素养提出具有建设意义的培养策略。

二、研究对象

本研究的研究对象主要有乡村学校管理者、乡村学校教师、高校教师教育者。

三、内容框架

本研究以乡村教师核心素养为焦点，通过国内外核心素养的文献分析和我国乡村教师队伍建设的要求，界定核心素养和乡村教师核心素养的内涵，探讨乡村教师核心素养体系框架和培养策略。

第一章，导论，重点阐述乡村教师核心素养发展的时代背景，包括乡村教师核心素养培养研究的目的和意义、研究设计与框架、研究方法、研究的创新点和难点。

第二章，乡村教师核心素养的相关研究，通过文献分析，界定乡村教师核心素养的相关概念，了解国内外核心素养及乡村教师核心的研究进展，了解国内外乡村教师核心素养体系框架的基本情况。

第三章，乡村骄傲是核心素养体系框架建构，通过对前面文献的分析，根据国内教育文件和乡村振兴相关文献的分析和归纳，再通过访谈法，最终凝练乡村教师核心素养体系框架，并对乡村教师核心素养体系框架的具体内容进行阐述。

第四章，乡村教师核心素养现状，根据乡村教师核心素养体系框架编制乡村教师核心素养问卷，并进行信效度检验。用乡村教师核心素养问卷调查乡村教师核心素养现状。

第五章，乡村教师核心素养存在的问题及原因分析，通过访谈法和文献分析法，了解乡村教师核心素养培养存在的问题，并进行原因分析。

第六章，协同体制背景下乡村教师核心素养培养的策略，根据内生发展理论,探讨乡村教师核心素养培养的特色方法和核心素养培养的内容等策略。

第四节　研究方法

一、文献分析法

文献检索是研究者根据学习和工作需要获得文件的过程,通过主题搜索、关键词搜索、文献来源搜索等方法搜集具有价值的文章、会议论文、著作和硕博论文。本研究的文献检索主要有以下几种方法:在中国知网上以主题“核心素养”进行文献搜索,共搜到 3. 35 万篇学术文章,2. 67 万篇学位论文,8518 篇会议论文,227 篇报纸文章,12 本著作,4 份成果和 231 份学术辑刊。在中国知网上以主题“乡村教师”和“核心素养”进行文献搜索,共搜到 62 篇的学术文章、47 篇硕博论文、报纸 1 篇。在中国知网上以主题“乡村教师核心素养培育”进行文献搜索,共搜到 1 篇学术文章,3 篇学位论文,4 篇特色期刊文章。

通过教育部网站、各省教育厅网站、各高校教务网站和各大新闻网站搜集教育政策相关文件,特别是乡村教师振兴相关文件、教师发展质量与公平相关文献和乡村振兴相关文献。

二、访谈法

访谈法是研究者通过与研究对象进行交谈搜集资料,是一种常见的直接搜集资料的方法。访谈法容易受到访谈者与被访谈者的影响,所以,若想访谈成功,第一,需要双方互相信任;第二,需要根据访谈目的,编制访谈提纲,确保访谈效果的客观性和有效性。访谈分为结构性访谈、半结构性访谈和非结构性访谈,研究者可以根据访谈目的的需要而定。可以进行直接访谈,如面对面访谈,也可以进行简介访谈,如电话访谈,研究者可以根据研究者的实际情况和获取资料的难易度进行选择。

由于乡村教师核心素养至今没有固定的体系,所以为了充分了解乡村教师核心素养的内涵,本研究采用半结构访谈,根据相关教育政策文件制定一定的访谈提纲,同时访谈也具有开放性。本研究访谈根据实际情况,一部分采取面对面访谈,一部分采取电话访谈。

三、问卷调查法

通过编制的乡村教师核心素养问卷对乡村教师核心素养现状进行调查,了解乡村教师核心素养的基本状况,并根据乡村教师核心素养的具体情况,分析影响乡村教师核心素养培养的因素,最终从内生发展理论,从激发本地区域、地方院校和乡村中小学三方的内驱力入手,提出具有建设性的乡村教师核心素养培养策略。

四、归类分析法

归类分析法是研究者对有关信息和内容进行分类的方法。通过对乡村教师核心素养文献的分析,归纳出乡村教师核心体系框架的共同部分和相似部分,通过分析国家相关教育政策和乡村振兴对教师的需求,归纳凝练出乡村教师核心素养体系框架。

第五节　研究的创新点与难点

一、研究的创新点

乡村教师核心素养培养的创新点是初步构建了乡村教师核心素养体系框架,根据核心素养体系框架进行乡村教师核心素养的调查和培养策略分析。2016 年,由北京师范大学林崇德带领的科研团队发布了《中国学生发展核心素养》,团队认为学生发展核心素养主要是指学生应该具备的,能够满足社会发展需要和适应终身发展需要的必备品格和关键能力。培养我国学生核心素养,符合世界教育改革发展趋势,是提升我国教育国际竞争力的迫切需要。2022 年,我国发布了《义务教育课程方案和课程标准(2022)》,提出了要以学生的核心素养为培育目标,注重义务教育阶段的育人本位。

中小学生的身心发展还不完善,其核心素养的养成有赖教师的引导,但目前我国还没有关于教师核心素养的统一标准,很难对教师核心素养是否达标或优秀进行界定。乡村教师由于面临乡村教育的特殊性,乡土的特质和乡村教育环境的复杂性,其核心素养体系的构建更为重要,其核心素养体系的构建能为乡村卓越教师的培养提供参考,所以本研究的乡村教师核心素养体系框架建构具有创新性和重要性。

二、研究的难点

本研究的难点如下。一是乡村教师素养体系的建构。通过文献分析,了解到目前国内外虽然对教师的核心素养或乡村教师的核心素养有所探索,但并不全面,有的研究缺乏对乡村教师政治素养的关注,有的研究缺乏对乡村教师乡土本质等的关注。本研究通过文献分析、政策分析和访谈多种方式，凝练出乡村教师核心素养框架，需要耗费很大的人力和物力，需要联合不同区域的教师共同合作，协同研究，共同发展。二是依据内生发展理论为乡村教师核心素养培养的研究提供建设性策略。内生发展理论下的内发式发展是一种本地社会成员动员过程，是将不同主体的利益结合起来，构建符合本地域发展意愿的战略规划和资源分配机制，最终实现提高本地域发展效益的目的。在协同提质背景下探讨乡村教师核心素养培养策略符合内生发展理论的理念，但要如何提高多元利益主体的积极性，共同促进乡村教师核心素养的培养质量，需要制定相关的激励机制和保障机制，机制制定的适宜性和实施的有效性有一定的难度。同时，如何在内生发展的视角下提升多元利益主体的发展效益，实现区域人民的共同发展也是需要认真思考的问题。

第二章　乡村教师核心素养相关研究概述

第一节　核心概念的界定

美国著名教育学家赫德认为,组成课题研究中的概念应该能够展现当代学科图景,是学科结构的主干部分,它们被称为核心概念。美国课程专家埃里克森认为,核心概念是指居于课题研究中心,具有持久价值和迁移价值的关键性概念。开展协同提质背景下乡村教师核心素养培养研究,需要厘清“乡村教师、核心素养、协同提质”等关键性概念。

一、乡村与乡村教师

(一)乡村

人们自古以来对乡村比较熟悉,比较有亲切感,但对乡村概念的界定比较模糊,学者们认为对乡村概念的界定比较难以界定主要是因为乡村的动态性、相对性和不整合型。从学术角度来看,学者们对乡村这一概念的划分有从职业角度划分的,有从生态角度划分的,还有从社会文化角度划分的。

从职业角度划分的学者们认为,乡村是以农业生产为主体,是由从事农业生产的人来决定,从场所和地域的来看,乡村聚落往往是农业活动与非农业活动并存。从生态的角度来看，乡村是指人口在空间上的分布状况，指的是单个聚落人口规模较小的地方，这些聚落之间则是较大的开敞地带，是一种地域性的概念。乡村指的是城市以外的一切地域，严格地讲是城市建成区以外的地区，这样，乡村是一个空间地域系统，与作为一个产业部门的农业有本质的差异。社会学家和人类学家从社会文化构成这一角度来定义乡村，着眼于城乡居民之间行为与态度上的差异性。社会和人类学者认为乡村社会生活中，社会接触多为直接的、面对面的关系，人与人之间关系密切；乡村社会行为的标准比较单一，风俗、道德的习惯势力较大；乡村社会生活以家庭为中心，家庭观念、血缘观念要比城市重，居民以从事农业生产活动为主要谋生手段，经济活动简单；乡村地域辽阔，人口数量少、密度低、变动慢，因而人们具有保守心理；乡村的物质文化设施较城市差，乡村居民的物质文化生活水平一般较城市低，乡村的社会化定义抓住了乡村居民、乡村社会的本质属性。

以生态环境状况来定义乡村地域，是当今广泛采用的标准，城市与乡村之间的人口分布、景观、土地利用特征、相对隔离程度等生态环境背景具有重要的社会影响，是引起城乡差异性发展的重要因素。从生态学角度来说，“乡”是区域名称，是最小的基本单位，“村”是远离城市的聚落，而且人烟稀少，因此本研究认为乡村的核心概念是远离城市政治中相对较远的外围区域。

（二）乡村教师

乡村教师这一人群，出现于20世纪五六十年代。当时为解决农村教育问题，各级政府教育部门采取补救措施，招收大量的乡村教师。其中这些教师只有部分是师范类学校毕业的师范生或中师生，相当一部分是社会青年，有的是高中毕业，有的是初中毕业，还有一部分只是小学毕业。经过简单的考核和招录手续，补充到各个乡村学校教师岗位。当时只有少数教师属于公办教师，许多乡村教师属于民办教师或代课教师，这一现象直至20世纪90年代末才基本结束。

乡村教师是乡村文化的领军人物，是乡村教育的文化窗口，是乡村学生睁眼看世界的"第一面镜子"。《辞海》将"乡村"定义为以畜牧业、农耕等生产活动为主要聚落的总称。范先左将"乡村"定义为县级以下的众多区域。[①] 唐松林认为乡村包含乡镇和村落等行政区域，但不包括县城。[②] 基于乡村的生态学角度和前人的研究，本研究认为乡村教师是指在县城以下行政区域从事义务教育阶段工作的教育工作者。

（三）核心素养

国内外学者对核心素养的认识不尽相同。例如，有研究者认为应从培养个体核心素养的价值来看，有的研究者侧重个体素质，如强调"身心健康和学习能力等"；有的研究者则偏重满足社会需求，认为核心素养是人们适应信息化时代和知识发展社会的需要，是解决复杂问题与适应不可预测情况的高级与人性能力，是对农业时代和工业时代的基本技能发展与超越。

从个体的角度看核心素养，有的研究者强调素养的养成过程，认为核心素养是教师和学生在教学和学习过程中，逐渐形成的有利于个人终身发展和社会适应的必备品格与关键能力；有的研究者强调最终的素养养成结果对个体的影响，要求"能够在异质团体中互动，能够解决复杂问题等"。从如何有效培养核心素养角度来看，有的研究者强调学科等不同关键因素在核心素养培育中的不同作用，有的研究者则重视素养体系的整体框架。整体上来看，研究者对核心素养主体的认定是一致的，即素养对应的主体是"人""教师"或"学生"，这应是核心素养培养的出发点和根本价值所在。

研究者认为核心素养的主体是人，那么就可以推理出：核心素养是一种跨学科素养，所以任何一种核心素养都不可能靠单独的一门学科来完成，不能分割单独进行培养或发展，尤其是当素养作为整个人的养成教育过程时，

---

① 范先佐. 乡村教育发展的根本问题[J]. 华中师范大学学报(人文社会科学版)，2015，54(5)：146-154。

② 唐松林. 中国农村教师发展研究[M]. 杭州：浙江大学出版社，2005：178.

需要加强综合性和整体性,所以说,教师的核心素养应该是"同一套"核心素养,具有相同的内涵和相同的体系。正如有些研究者认为的,如果每门课程教师都有自己单独的核心素养,必然产生多种核心,而"多核心"相当于"无核心",等于否定了核心素养,最终会导致"分科主义"泛滥。基于前人的研究,本研究认为核心素养的主体是人,核心素养具有综合性和整体性,是人们的"21 世纪素养",是人们适应信息化时代和知识发展社会的需要,是解决复杂问题与适应不可预测情况的高级能力与人性能力,是对农业时代和工业时代基本技能的发展与超越。

(四)乡村教师核心素养

进入新时代,我国大力振兴乡村教育、开展乡村教育脱贫攻坚计划、建设城乡教育一体化、注重城乡教育资源均衡发展,这对乡村教师提出新的责任担当和历史使命,要求乡村教师能够适应信息化时代和知识快速发展的需要,具有解决复杂多样的问题和不可预测的情景的高级能力,具有高尚的师德风尚、先进的教育理念、坚定的理想信念和深厚的乡村教育情怀。

乡村教师核心素养培养的价值意蕴、体系构架和培养路径对培养一支扎根乡村、热爱乡村、奉献乡村的新时代乡村师资队伍建设至关重要。2016年,我国台湾地区从"教育爱、专业力和执行力"三个维度颁布了《教师专业标准指引》。许多中小学校将《中学教师专业标准》和《中小学教师职业道德规范》作为高质量教师评判的标准。关于乡村教师核心素养的研究比较少,也有个别研究者从单一角度或简单的理论分析乡村教师核心素养。王丽娟认为乡村教师素养包括教育教学素养、社会适应能力和创新研究意识三方面。[①] 乡村教师应具有劳动教育素养、信息技术素养、学科素养[②]。苏鹏举从

① 王丽娟,王谦. 新时代乡村教师素养及其养成路径[J]. 教学与管理,2020(30):60-62.

② 陈天民. 乡村初中教师劳动教育素养提升策略研究[D]. 阜阳师范大学,2022.

乡村教育情怀、乡土文化传承、家校有效沟通建构乡土化职前培养课程体系。①

基于前人的研究，本研究将乡村教师核心素养定义为乡村教师的核心素养具有整体性和综合性，是乡村教师的关键素养和必备品格，要求乡村教师能够依据乡村儿童身心发展特点、根据乡村教育发展规律、契合乡土文化教育场域开展有效的教育教学活动等。

第二节 国内外研究现状

关于国内外研究现状，主要从教师核心素养和乡村教师核心素养的基础内涵和价值、构成体系、评价方式和培育途径进行文献分析。

一、教师核心素养的相关研究

（一）教师核心素养内涵和价值的相关研究

21 世纪，随着经济全球化、技术化和信息化的快速发展，美国就业市场发生了一系列的变化，对劳动者提出了更高的素养和能力标准。同时按照传统的基本素养标准教师教学已经不能满足学生对学习的需求。在内外因的推动下，美国在 2002 年启动核心素养项目研究，对核心素养的内涵界定主要体现在 21 世界主题和学生学习结果两个方面。21 世界主题主要有公民素养、健康素养、全球意识、环保素养和理财素养。学生学习结果素养主要包括创新素养、生活与职业素养、媒介与技术素养和信息素养。

张华认为核心素养是为了适应信息化时代对人的社会生活和自我实现

① 苏鹏举，王海福. 新时代乡村卓越教师核心素养及其培育[J]. 教学与管理，2021(36)：53-56.

出现的挑战性问题而诞生的概念，是我国深化基础教育改革的重要理念。张华认为，核心素养是21世界素养，是人在特定的环境和氛围当中，运用自己掌握的知识、技能和相应的态度来解决生活、教学和学习中的问题。① 赵思林、潘超认为在产教融合的大背景下，高校教师应让党和人民满意，应具有高素质、专业化和创新型，也是新时期党和国家对高校教师专业发展的新要求。② 张泊平、王晓静、吴国玺认为教师核心素养不仅包括教师自身应具备的知识、技能和能力，还包括为提高学生全面发展能力所具备的教育情怀、教育情感、教育态度、人生价值观和爱国情怀，是培养社会主义现代化建设者和接班人的基础，同时更是学校核心竞争力的外在体现。③ 王潇晨认为教师核心素养主要教师要掌握的知识和技能，并将教师的情感与意志融入了知识和技能中，提出教师核心素养的二维框架。④ 王光明、张楠、李健认为教师核心素养是指教师在接受和参加教师教育、从事教育教学过程中以及投身教研活动中形成和发展的能适应社会发展需求、教师职业不断发展的新要求，并能促进自身专业发展的需求，具有统帅作用的专业修养和关键能力。⑤ 赵思林、潘超教师素养是教师运用自己所拥有的专业知识、专业技能、教育资源和非智力因素等在教育教学活动中所表现出来的教育综合素质与专业品质。⑥

（二）教师核心素养体系构成的相关研究

21世纪，美国开展新的核心素养研究项目，试图超越以往的“3Rs”（读、

---

① 张华. 论核心素养的内涵[J]. 全球教育展望，2016，45（4）：10-24.

② 潘超. 应用型高校教师核心素养结构探索[J]. 内江师范学院学报，2022，37（12）：98-105.

③ 张泊平，王晓静，吴国玺. 新时期教师核心素养：内涵、框架与培育路径[J]. 高教学刊，2022，8（36）：166-168+172.

④ 王潇晨，张善超. 教师核心素养的框架、内涵与特征[J]. 教学与管理，2022（3）：8-11.

⑤ 王光明，张楠，李健，等. 教师核心素养和能力的结构体系及发展建议[J]. 中国教育学刊，2019（3）：81-88.

⑥ 赵思林，潘超. 中学数学教师核心素养及构成要素[J]. 数学教育学报，2021，30（2）：48-54.

写、算)素养目标,探索建构学生在未来生活和工作中需要掌握的新技能、专业技能和知识,探索建立"4Cs"新的核心素养教育目标体系,即交流、合作、批判地思考、创造力,以帮助学生适应时代发展的需求。英国对教师的核心素养源于对学生的核心素养研究,2003年,英国对学生的核心素养主要界定为交流、数字、与他人合作、数字、解决问题、改善自学与自学六个方面。根据对学生核心素养培养的需求,认为教师的核心素养要素主要包括教师的专业素养、专业技能、专业知识和理解。

通过文献分析发现,国内外研究者认为教师核心素养体系的构成主要有知识素养、技能素养、创新素养、信息素养、态度素养和师德素养等。研究者在对教师核心素养概念内涵的分析中,提出了以育人为目的的教师核心素养概念和以教师专业化为目的的教师核心素养概念。以育人为目的的教师核心素养聚焦于教育情感、教育观念、教师人格和教育能力等维度,构建教师核心素养体系。从教师专业发展视角出发,教师核心素养概念以能力本位、心理学人本助理理论和改革主义需求为取向,以教学能力、教育公平、专业知识、关系处理和教育情怀为主要维度构建教师核心素养体系。通过文献分析,我国教师核心素养体系的构成从知识本位取向转向人本主义取向,再转向改革主义取向,从关注教师的专业知识和技能,到关注教师的教育情怀和教育公平意识,再到关注教师的信息素养和创新能力。

2005,欧盟发布的《欧洲教师素养与资格共同标准》,提出教师核心素养主要有运用知识、技术与信息的素养;与他人合作的素养和在社会中工作与社会相处的素养。[①] 若干年后,欧盟在《教师核心素养:需求与发展》中明确提出:教师所需要的核心素养包括学科知识和专业技能,并具有反思性实践、创新、合作等文化与态度。

西方的核心素养研究促进了我国核心素养的发展,但我国教师的核心素养应具有中国特色,体现中国国情。张华通过文献分析和自己的实践教学经

① 刘梅,WUBBELS.教师素养标准的"理想"与"现实"——以荷兰"七大素养标准"的研制与实施为例[J].外国教育研究,2022,49(1):32-46.

验,提出了协作、交往、创造性和批判性思维核心素养“4C”S 模式。[①] 张泊平、王晓静、吴国玺根据习近平总书记关于教师的重要论述,提出教师的基本素养应该包括教育理想、职业道德、教育知识、教育情怀。张泊平根据国家对教育的新期许和文献分析,提出从政治素养、教育素养、师德修养、科学素养和专业素养五个方面构建教师的核心素养框架。[②] 王晓静、吴国玺构建新时期教师的核心素养指标框架(见表 2-1)。

表 2-1 新时期:教师的核心素养指标框架

核心素养	二级指标	三级指标
政治素养	政治方向	政治责任:为党育人
		国家责任:为国育才
		社会责任:为社会服务
	政治意识	政治认知:树立正确的、对各种政治现象的认识
		政治态度:由一个人对政治的认知、情感和动机三个方面构成人的理想信念:树立坚定的共产主义理想信念
	政治信仰	价值观:对我国而言,要树立社会主义核心价值观
	师德师风	敬业奉献:对职业的认知、对岗位的坚守和奉献
师德修养	工作态度	关爱学生:以身作则、关爱学生的学习、生活和健康
		人格魅力:教师要为人师表,学高为师、身正为范
		治学态度:坚持真理、科学求实、探求新知

① 张华. 论核心素养的内涵[J]. 全球教育展望,2016,45(4):10-24.

② 张泊平,王晓静,吴国玺. 新时期教师核心素养:内涵、框架与培育路径[J]. 高教学刊,2022,8(36):166-168+172.

续表

核心素养	二级指标	三级指标
教育素养	教育心理素养	教育学素养:掌握教育理论、熟悉教学规律
		心理学素养:具备心理学的基本知识,了解学生的心理
	教育教学素养	教学设计能力:具备设计教学目标和教学计划的能力
		教学调控能力:指导学生主动学习和技术技能训练,能够有效指导、实施和调控教学
		教学评价能力:运用多元评价方法,对教学过程、教学结果和学生水平进行全过程评价 教学过程监控、反馈与教学评估能力
专业素养	专业知识	具备本学科理论和本专业的知识体系
	职业知识	专业所涉及的职业资格与标准;具备有效指导学生本职业的职业实践知识
	行业知识	熟悉产业发展趋势和行业动态
	岗位知识	所教专业的岗位设置、信息及工作流程
科学素养	科学探究能力	科学思维:科学的研究过程和方法
		学习能力:学习科学知识的能力
	社会服务能力	科学探究:科学技术对社会和个人所产生的影响
		实践能力:面向社会进行技术指导、培训和服务能力

王光明、张楠、李健认为,应具备扎实的学科专业素养、高尚的职业道德素养、良好的信息诊断素养、娴熟的教育教学素养和持续的学习反思素养。[①]王海霞、唐智松认为教师核心素养是教师胜任教育教学工作的心理素质结构,并从专业能力、基本理念、专业知识和职业道德构建教师核心素养的体系结构,认为核心素养的四个维度既各自独立又相互关联。[②] 郑云、翁建新、杨卫华从信息化角度分析,新时代教师的核心素养包含职业素养、能力素养和

① 王光明,张楠,李健,等.教师核心素养和能力的结构体系及发展建议[J].中国教育学刊,2019(3):81-88.

② 王海霞,唐智松.教师核心素养教育胜任力研究[J].课程·教材·教法,2020,40(2):132-138.

信息素养。[①] 惠中建议从教育情怀、专业知识、专业能力构建小学教师核心素养体系。[②]

(三)教师核心素养影响因素的相关研究

高芳祎在一项研究中发现,学校、教师本身和校外专业领域支持等因素对教师的专业发展能够起到重要作用。[③] 陈纯槿通过一项教师教学(TALIS)实证研究,考察了36个国家与地区的教师核心素养发展,研究发现,教师的性别、学历、教龄等人口统计学背景因素和专业发展需求对教师核心素养的培育具有显著的影响。[④] 戴水姣通过研究也发现,性别、职称、学历、年龄、教龄和学校地域等人口统计学背景对应于教师专业发展具有不同程度的影响,其中年龄、职称、教龄、学校地域和学历对教师的专业发展存在显著的影响。[⑤] 王光明、张楠、李健通过实证研究发现,性别、教龄、职称、年龄、师范背景和城乡区域等对教师的核心素养存在显著差异,差异区别小,差异程度小,教师获得荣誉因素并没有出现显著差异(如图2-1所示)。

Banduea. A 认为教师的专业发展和核心素养学习受到个人、环境和行为三者共同作用,三者交互影响,形成一个良性循环的发展过程。[⑥] SHULMAN LS 和 SHULMAN JH 认为教师核心素养的养成受外部因素和内部因素的影响,其中环境等因素属于外部因素,建立在专业基础上的学习和发展属于个体内部因素,OPFER VD.,PEDDERDJ. 和 LAViCZA Z 认为教师的职业具有

---

① 郑云,翁建新,杨卫华.教育信息化背景下教师核心素养的重构[J].继续教育研究,2022(11):47-51.

② 惠中.基于"标准"的小学教师核心素养的培育[J].中国德育,2017(5):48-53.

③ 高芳祎.研究型课程实施与教师专业成长——一位专家教师个案研究[J].全球教育展望,2010,39(1):57-62.

④ 陈纯槿.国际视域下的教师专业发展及其影响因素——基于TALIS数据的实证研究[J].比较教育研究,2013,9(6):84-92.

⑤ 戴水姣.小学英语教师专业发展及其相关因素的调查研究[J].教育研究与实验,2013(3):67-70.

⑥ BANDURA A. Social learning trrougr imitation. in nebraska symposium on Motivation [M]. oxford,England:University of NebraskA Press,1962:211-269.

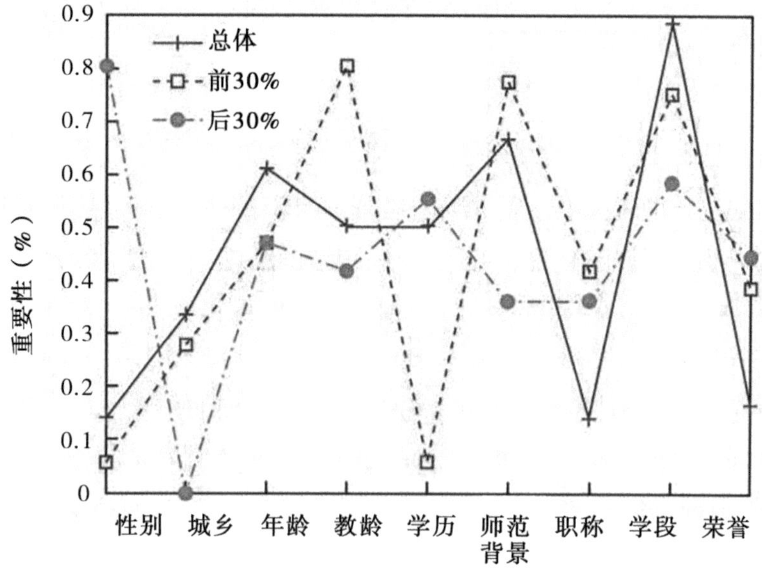

图 2-1　教师核心素养影响因素的重要性排序

人伦意义，所以在教师的专业发展阶段，内部和外部因素都会影响其专业素养的形成。比如，学校的支持系统、学风、校风和学习共同体等外部因素都会对教师的核心素养培养产生影响；教师的态度、教师的教育情怀、教育信念和师德等内部因素也会对教师核心素养的养成产生不同影响。

（四）教师核心素养评价的相关研究

教育评价具有很强的激励性和保障性，科学的核心素养评价方式是培养优秀教师的重要影响因素。

根据对学生核心素养培养的需求，2007 年，英国学校（TDA）颁布了“金字塔式”教师核心素养评价标准，从教师的专业素养、专业技能、专业知识和理解三个维度对教师专业发展做了详细又具体的评价标准，具体分为大师级教师专业评价标准、优秀教师专业评价标准、自身教师专业评价标准、普通教师专业评价标准和合格教师专业评价标准（如图 2-2 所示）。整个评价体系具有基础性、整体性、层次性和动态性。

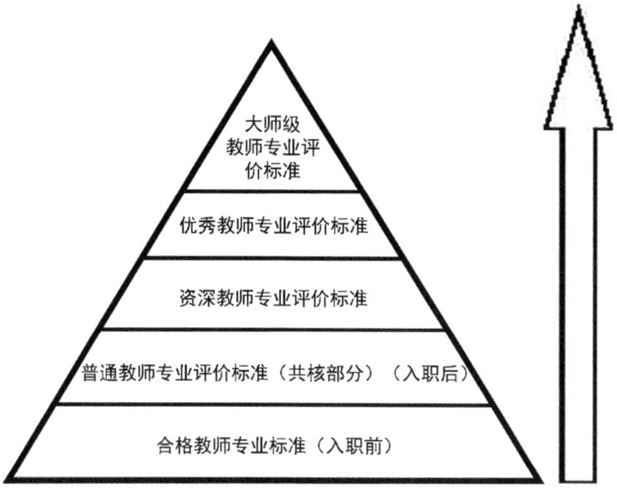

图 2-2　英国教师专业评价标准金字塔图

进入 21 世纪，日本面临老龄化社会、核事故遗留问题和资源短缺等问题，急需培养能够应对全球化挑战和创新文化的新时代人才。日本的教育改革始终坚持培养“生存能力”为教育目标。为了培养与新时代学生相匹配的高水平专业教师，日本在 2007 年研制了 21 世纪的教师评价体系，与新时代培养的“地球公民”教育目标相一致，重视对教师素质和能力的评价。例如，教师应具有指导的能力、实施计划的能力、把握状况的能力、适应力、判断力、理解力、分析问题等能力。

我国教育部于 2012 年 2 月颁布实施了中小学教师专业标准，从 3 个核心维度（专业理念与师德、专业知识和专业能力）14 个领域和 63 条基本要求设置了评价标准。2016 年，《中国学生发展核心素养》强调学生的文化基础、自主发展和社会参与，注重学生素质的全面发展。我国对教师的专业发展评价早于学生核心素养的评价体系，不能满足学生高素质发展的需求，还需要对教师专业发展评价标准继续修订，把核心素养的评价作为教师专业发展评价的重要内容。

郑东辉在《教师评价素养发展研》中，构建了评价知识、评价态度和评价技能“三位一体”的教师核心素养评价体系。郑东辉认为，这种评价体系符合教师核心素养的冰山理论，评价态度和评价知识一部分隐藏在冰山之下，评价能力和评价知识一部分浮在冰山之上，三者相互联系，而非独立无关。张泊平、王晓静、吴国玺提出，教育评价第一需要遵循教师专业发展的规律，摒弃传统把学生分数的高低作为教师素养评价唯一标准；第二，教育评价应与“立身、立学、施教、育德”四方面内容相对应，引导和激励教师形成自己的教育风格。张泊平、王晓静、吴国玺提出实施多元教师素养评价方式。第一，坚持要素多元，根据教师核心素养建构的指标体系，建构政治自觉、专业素养、师风师德、科学素养及对教育职业和学生的爱和关心等方面，构建评价内容要素多元的评价体系。第二，坚持主体多元，建立学校评价、教师自评、学生评价和同事互评等不同评价主题的多元化教师核心素养考评机制，并合理运用社会评价和信息系统反馈结果，以此来提高评价的科学性和实效性。[①] 王光明、张楠、李健从教师知识、教师能力、教师情感、教师信念四个维度构建了卓越教师核心素养评价体系，每个维度下又具体分为 18 个一级指标与 59 个二级指标，并用实证方法进行验证，信效度良好，能够很好地测评教师核心素养的状况。[②] 洪瑶琪、周秋华提出，要破除以学生成绩为标准的教师专业评价方式，构建以社会性素养、元认知素养和职业素养三维度小学教师核心素养评价。[③] 开展多元形式的评价方式，例如，以教学活动和师生互动状况等质性评价方式来分析小学教师的社会性素养；把学生作业和学生作品各自装在一个档案袋里，以档案袋的方式评价小学教师的职业素养；对学生的心理变化和习惯变化等发展性情况，以发展性评价来评价教师的元认知素养。同时鼓励评价主体多元化，鼓励教师和学生从各自的特点开展教师素养核心评价内容，开展教师核心素养评价。鼓励专家对教师教学过程中存在的问题

---

① 张泊平，王晓静，吴国玺. 新时期教师核心素养：内涵、框架与培育路径［J］. 高教学刊，2022，8(36)：166-168+172.

② 王光明，张楠，李健，等. 教师核心素养和能力的结构体系及发展建议［J］. 中国教育学刊，2019(3)：81-88.

③ 洪瑶琪，周秋华. “双减”背景下小学教师核心素养培养策略［J］. 成都师范学院学报，2022，38(8)：10-14.

进行剖析，帮助教师改进，促使教师核心素养养成。

（五）教师核心素养培育的相关研究

教师核心素养培育的研究主要集中在教师教育核心素养培养、教师教育课程建议、中小学教师培育等方面。张泊平、王晓静、吴国玺指出，教师核心素养的培育要在教育部门指导下，根据核心素养内涵和体系构成，通过校本培训、自我教育和参与国培计划等途径，把自我教育、培训心得和反思教育融入教学研究之中，创造条件、搭建培训平台，引导教师立德树人、全面发展。同时，以价值引领涵养师德、培育师风；“四位一体”，按照“四有”好老师的要求，提升教师专业素；“研学一体”，提出将科学教育充分渗透到学科育人之中，阐述了教师核心素养的具体途径。① 洪瑶琪、周秋华指出，培育教师核心素养不仅从外部因素出发，还应激发教师自身的学习兴趣，加强教师对教学工作的理解和实践。第一，中小学校根据教师核心素养体系构建小学教师培养目标。首先，“双减”政策下，小学教师的核心素养培养目标应是“立德树人”，应具有高尚的师德品格，应做学生品格的引路人、知识学习的引路人、创新思维的引路人和奉献祖国的引路人。其次，教师要具有扎实的学科专业知识，帮助学生分析学科知识体系，教师还应该具有跨学科整合能力，不仅能传授本专业知识，也可以传授其他学科知识，做到学科融合，教学迁移。最后，教师还应具有自主学习能力，引导学生成为学习的主体，做到教学相长。第二，高校根据教师核心素养构成体系重建教师教育课程体系。“双减”政策出台以后，教育的最终目的是培养学生的全面发展。在小学教师的培养中，人才培养中的课程体系应遵循教育规律，全面提高小学教师综合素质。教师教育课程体系是保障小学教师可持续发展培养的重要保障，高校应关注教师教育课程体系的建构。高校在培养小学教师时，教师教育课程体系建构应注重三个方面。首先，将师德师风教育课程设置为教师教育的核心课程，

① 张泊平，王晓静，吴国玺. 新时期教师核心素养：内涵、框架与培育路径[J]. 高刊，2022，8(36)：166-168+172.

在教育活动中注重师德师风的真实教学案例展示，引导师范生养成教师的社会素养，培养正确的人生观和价值观。其次，在构建教师教育课程体系时，应注重学科知识与专业能力的整合，做到教学迁移，引导学生对学科知识的触类旁通，提升师范生的综合能力。最后，应优化教师教育课程，通过理论和实践课程的相结合，提升师范生的教育综合素养。第三，应围绕教师核心素养体系开展小学教师培训。洪瑶琪和周秋华指出，“双减”背景下，教育教学生态发生了优化，以促进教师核心素养为目标的培训活动可以帮助教师深入理解教师核心素养的内涵。① 地方教育行政部门应发挥主导作用，积极开展关于教师核心素养的培训活动。高校培训机构应设置关于中小学校核心素养培训课程。第四，中小学校应围绕教师核心素养内涵实施教育教学改革。在“双减”背景下，中小学要取消“传递—接受”的主要教学方式，应开展问题式教学模式，鼓励学生带着问题学，养成主动学习的习惯；开展合作式、项目式教学，通过学生表达、小组游戏、合作表演和动手操作等方式促进学生对知识的学习，提高师生情感互动，营造和谐的学习氛围。

二、乡村教师核心素养的相关研究

（一）乡村教师核心素养内涵和价值的相关研究

教育振兴是加快乡村振兴的根本，提高乡村人口的教育质量和教育程度对乡村振兴具有积极促进作用。振兴乡村教育关键在于教师，教师素质是提升教育质量的关键，高质量的教育取决于高素质的教师。乡村教师核心素养的培育是加快乡村振兴的必然要求，落实国家强师计划的重要举措，是保障我国城乡基础教育公平的重要途径。

苏鹏举、王海福认为，乡村教师核心素养是乡村教师的关键素养和必备

① 洪瑶琪，周秋华.“双减”背景下小学教师核心素养培养策略[J].成都师范学院学报，2022，38(8)：10-14.

品格,其内涵是乡村教师能够根据乡村儿童的身体发展特点、心理发展特点和实际乡村生活特点,遵循乡村教育发展的规律,根据乡村教育场域的实际环境开展有效的教育教学活动。①

张嫚嫚、周安认为乡村教育赋予乡村卓越教师和城市教师最大的区别是其所拥有的乡土情怀,他们认为乡村卓越教师的核心素养内涵是其所拥有的充满乡村情怀的理想信念、饱含地区乡土文化的知识涵养和具有乡村生活技能的能力素养等。② 周超英认为乡村教师核心素养主要由创新素养、反思素养、信息素养和沟通合作素养组成。③ 周超英提出创新素养是社会层面素养,是每一个社会公民都应具备的素养。乡村教师的创新素养主要是指乡村教师依据当前教学模式,能够结合时代发展和教育发展需要,融入新的教学理念和教学模式,创新乡村教育特色。乡村教师的创新素养包含创新意识、创新精神和创新能力;反思思维是不断推陈出新的实践过程,教师通过实践—推倒—重建—再实践过程,推进教学创新,对教师未来的专业发展具有重要作用;乡村卓越教师的核心素养是信息素养,教师能够识别有效信息,分辨信息的价值,合理运用信息,促进学生发展。沟通合作信息是新时代背景下多乡村卓越教师核心素养的新要求,教师要能够与家长和学计生有效沟通,能够参与其他合作共同体,达到协同育人效应。④

关于乡村教师核心素养的价值,苏鹏举、王海福认为乡村卓越教师核心素养的培养对我国基础教育的教育改革和乡村优质教师队伍的建设有重要

① 苏鹏举,王海福. 新时代乡村卓越教师核心素养及其培育[J]. 教学与管理,2021(36):53-56.

② 张嫚嫚,周安. 乡村卓越教师核心素养的培育[J]. 阜阳职业技术学院学报,2021,32(3):45-47.

③ 周超英. 基于核心素养导向的卓越农村教师培养路径分析[J]. 江西电力职业技术学院学报,2021,34(10):109-110.

④ 周超英. 基于核心素养导向的卓越农村教师培养路径分析[J]. 江西电力职业技术学院学报,2021,34(10):109-110.

的意义。[①] 第一,能提升"农小校"的内生发展动力。我国"农小校"经历了合并、撤销等曲折发展历程,但在教育振兴和乡村教育现代化的背景下,农村不足 100 人的小学却凸显出时代价值,农村人口少的小学依然是我国基础教育发展的短板。师资力量不足、教育情怀缺失、乡土文化认同弱化,严重制约了乡村振兴发展的内生力量。提高乡村教师的核心素养,为乡村培育认同乡村、热爱乡村、综合素质高的乡村教师队伍能够促进乡村"农小校"发展的内生动力,所以,国家应助力建设"小而美、小而优、小而精"的现代化"农小校"。第二,有利于实现乡村教育治理现代化。乡村教育治理体系由乡村教育治理现代化与乡村教师治理现代化两方面组成。提升乡村教师核心素养,充分利用现代文化发展和智能手段,协助教育多元主体对乡村教师共同培育,有助于提高乡村教师对乡土文化的传承,缩小城乡教师的差异。随着工业化和信息化的不断推进,乡村生活发生很大变革,应关注乡村教育治理的现代化,使乡村教师符合乡村发展需要。第三,提高乡村教师核心素养,有助于平衡城乡教育资源,实现教育公平。教育公平是社会公平的基础,追求教师公平是新时代乡村基础教育的重要发展目标,国家的强师计划和协同提质计划都凸显出国家在努力实现教育公平。

(二)教师核心素养体系构成的相关研究

王安银、彭光明、龚晓林认为乡村教师核心素养的提高是巩固拓展教育脱贫攻坚成果和教育公平有效衔接要承担的社会责任,其根据国家相关文件和乡村生活实际,提出乡村教师核心素养应包含政治感悟修养、师德师风素养、乡土教育情怀和卓越能力修炼等素养体系。[②] 乡村教师核心素养的政治感悟是回答新时代培养人的核心问题,符合专业素养的第一个标准,即"政

---

① 苏鹏举,王海福. 新时代乡村卓越教师核心素养及其培育[J]. 教学与管理,2021(36):53-56.

② 王安银,彭光明,龚晓林. 乡村振兴视域下重塑乡村教师核心素养探究[J]. 兴义民族师范学院学报,2022(4):44-46+54.

治要强”。乡土教育情怀是乡村教师乐意扎根乡村、认同乡村教育、关心乡村治理和热爱乡村学生的基础。乡村教师的师德师风关系到乡村学生的道德水平、精神风貌，甚至影响到乡村的乡风乡貌。卓越能力修养是指乡村教师应具有跨学科教学能力、跨年级教学能力、运用区域本土乡村教育资源教学能力和信息融合乡土文化的创新能力等。图 2-3 为王安银、彭光明、龚晓林构建的乡村教师核心素养体系。

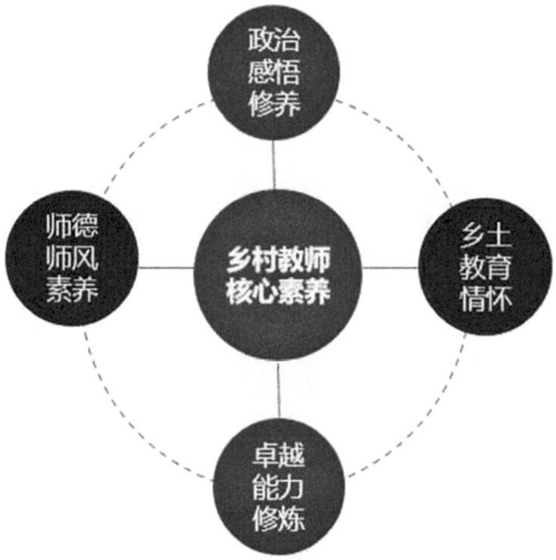

图 2-3　乡村教师核心素养体系

张嫚嫚、周安根据乡村教育的特点，提出应从乡村情怀、乡土文化和乡村生活技能三维度构建乡村教师核心素养体系。[①] 张嫚嫚和周安认为，乡村教师充满乡村情怀的教育理想信念是做好乡村卓越教师工作的动力源泉，丰富的区域乡土文化知识是做好乡村卓越教师工作的坚定基础，拥有乡村生活基本技能是乡村卓越教师顺利开展工作的基本保障。苏鹏举、王海福根据乡村教师的生活场域、工作场域和教育对象，认为乡村教育情怀、乡土文化传承、

① 张嫚嫚，周安. 乡村卓越教师核心素养的培育[J]. 阜阳职业技术学院学报，2021，32(3)：45-47.

家校有效沟通是乡村教师核心素养的关键要素。① 王丽娟认为乡村教师素养包括教育教学素养、社会适应能力和创新研究意识三方面。② 也有研究者研究单一的乡村教师的信息素养,认为乡村教师的信息素养主要包括信息意识、信息知识、信息能力和信息道德。信息意识是个人对信息感知的敏锐程度,包括对信息的感受力、洞察力、判断力和注意力。信息知识是对基本信息的了解及对信息供给和信息资源的了解和掌握。信息能力指利用和操作信息的能力。信息道德指教师遵守相应的信息法律,自觉抵制信息污染,自觉抵制违法的信息不良行为。还有许多研究者认为乡村教师还应具有劳动教育素养、信息技术素养、学科素养等。③

(三)乡村教师核心素养影响因素的相关研究

目前我国虽然已经开始关注乡村教师的核心素养研究,但更多是关注乡村教师核心素养的内涵、核心素养体系和核心素养培养途径,并没有深入关注乡村教师核心素养的影响因素。有的教师认为乡村教师核心素养的影响因素也可以和城市教师的影响因素一样,主要是人口统计学变化的影响因素,如性别、年龄和职称等。

随着现代化信息技术的普及,许多研究者认为乡村教师目前最应培养的核心素养是信息素养,对信息的识别、获取和应用。对乡村教师的信息素养的影响因素分析得比较多。许多研究者认为影响乡村教师信息素养的因素主要有五方面。第一,部分乡村教师观念意识陈旧。研究表明,有 50%的乡村中小学教师满足目前的知识水平,存在得过且过的思想。影响乡村教师的观念意识陈旧的因素不仅是乡村教师的年龄和数量,主要是教师的心态,没有终身学习的思想观念。第二,乡村教师师资力量薄弱。据统计调查,70%

① 苏鹏举,王海福. 新时代乡村卓越教师核心素养及其培育[J]. 教学与管理,2021(36):53-56.

② 王丽娟,王谦. 新时代乡村教师素养及其养成路径[J]. 教学与管理,2020(30):60-62.

③ 陈天民. 乡村初中教师劳动教育素养提升策略研究[D]. 阜阳师范大学,2022.

的乡村中小学教师年龄结构不合理，45 岁以上的教师占比在 70%左右，不少师范生也不愿意到偏远的乡村担任中小学教师，即使考上乡村特岗教师，过几年也会想办法调回城市工作。乡村教师年龄偏大，导致他们面对教学信息化教学束手无策，年龄限制了乡村中小学教师信息素养的发展。第三，乡村学校的软硬件资源不足。在国家政策的引领下，大部分农村中小学校也投入了资金购买硬件设备，但信息设备的数量远不能满足教师和学生的需求。大部分乡村学校只有一两个机房，机器在 50 台左右，并且机房是为了学生上信息技术课程使用的，教师没有很多机会使用机房，无法探索和开展信息网络教学，影响了教师进行信息化教学的积极性。第四，乡村中小学教师的培训力度不够。乡村教师参加信息技术培训的机会很少，培训内容也单调，只是一些相应的信息技术理论方面，缺乏相应的学科教育教学与信息技术融合的知识，不能很好地将信息技术理论根据乡村中小学实际情况应用到教师教育实践中，所以乡村教师的信息素养很难从根本上提高。第五，缺乏信息素养评价体系。我国对乡村教师整个核心素养的发展缺乏评价体系，没有评价体系，缺乏激励作用，导致许多乡村中小学教师的信息素养提升意识淡薄。

（四）乡村教师核心素养评价的相关研究

于洋根据教师核心素养的冰山模型，“知识和技能”位于冰上之上，是外显能看到的教师素养，“动机、自我概念和特质”位于冰上之下，是内隐的、看不见的教师核心素养，提出了乡村语文教师核心素养评价标准由评价知识、评价能力和评价态度三维度构成。[①] 评价态度是最主要的，因为态度会影响人的情绪和行为；评价活动主要是有知识和技能来支持的，先有知识，再练技能，知识和技能相互作用；评价态度是内隐的，它引导着教师的评价知识和技能。图 2-4 是建构的语文教师核心素养评价结构模型。

随着我国教育生态的变化，“双减”政策颁布具有重要意义。“双减”政策使中小学教师教育教学观念发生四重转变，即从“育分至上”回归“育人本

---

① 于洋. 核心素养背景下初中语文教师评价素养及其培养研究[D]. 西南大学,2018.

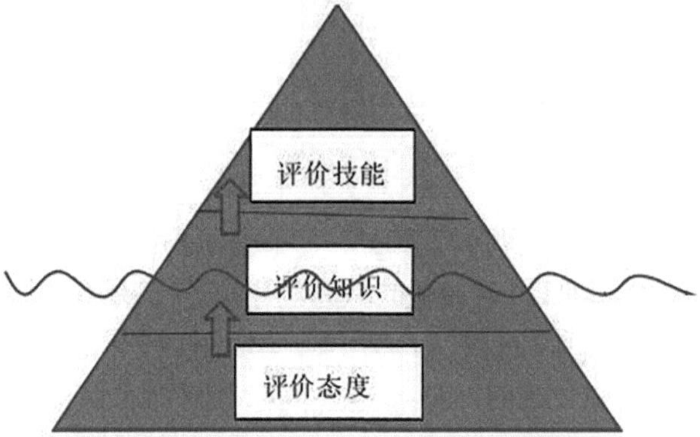

图 2-4　语文教师核心素养评价结构模型

位”的价值观，从“绩效工具”回归学生作为“关怀对象”的学生观，从“外延拓展”回归“内涵充实”的教学观，从“罚劣促优”回归“多元发展”。面对培养学生目标的变化，需要提高教师的专业水平，使之与学生的核心素养培育相契合。关于乡村教师核心素养的评价标准，研究者多侧重教师信息素养的评价。我国部分研究者认为，在“双减”政策背景下，教师核心素养评价应从教师高效课程的教学素养、课堂测评素养、教师观念“自运动”等方面进行评价。高效课堂主要指营造尊重、信任、安全的课堂学习气氛，激发学生内在的学习动机；能给学生设计有趣和具有挑战性的学习任务和学习活动；为学生营造探究、交流、开放式课堂对话的氛围；注重学生的个性化和差异化需求。“双减”政策下教师对课堂测评要注意测评任务数量、难度系数和作业质量。“双减”政策下，教师的教育观念要主动转变，要主动适应教育观念体系的新陈代谢，从内心里接受新教育理念，能够进行自我调整。

（五）乡村教师核心素养培育的相关研究

张嫚嫚、周安认为，由于乡村环境和社会资源等条件与城市存在一定的差距，乡村教师和来自乡村的师范生内心隐隐存在“厌乡”和“弃乡”不良情绪，许多乡村教师和师范生对“乡村教师”职业认同感不高，因此，乡村教师核心素养首先应培育乡村卓越教师具有乡村情怀的职业理想信念。张嫚嫚、周安认为在师范生的培养过程中要始终将乡村情怀教育贯穿整个教育教学过程中,实现“三全育人”培养体系。张嫚嫚、周安提出应深化高校课程教学内容改革,巩固乡村卓越教师乡土文化知识体系。开展面向区域地方文化特色的教育类课程,开设多样化的乡土文化等选修课程,根据乡村实际生活,增加乡村历史与文化、健康与生活、科学与艺术等教学内容。张嫚嫚、周安提出应锤炼乡村教师乡村生活技能,提高乡村卓越教师顺利开展乡村教育工作的能力素养。在师范生的培养过程中,应注重师范生的教学技能,使师范生养成扎实的教学基本功;开展多样的乡村生活技能劳动,使师范生具有独立自主生活和发展的能力;开展乡村生活文化等实践活动,使师范生能够认同乡村文化,能够了解乡村文化和做一些乡村生活事件,使师范生能够很好地融入乡村生活和教育中。张嫚嫚、周安提出应加强多方协同合作,开展协同育人,共同促进乡村卓越教师专业发展,开展由政府主导、高校引领和乡村中小学校参与的三方协同育人方式;政府要从薪酬方面、住房提供和子女入学方面提供保障机制,激发激励机制建设,同时还应注重乡村教师职业发展支持,向乡村教师进修培训、技能比赛与职称评聘方面倾斜。张嫚嫚、周安认为师范院校是城乡融通的一座美丽桥梁,应让一线优秀的乡村教师走进师范生的课程,开展地域乡土文化、乡村发展和乡村生活的别具特色的课程,提升师范生的乡村教育情怀,提升师范生的乡村教师职业认同。①

苏鹏举、王海福认为乡村教育情怀的高低关系到乡村教师是否能扎根乡村教育,提出:第一,要厚植乡村教师的乡村教育情怀,激发乡村教师乐意乡村教育的内生力量,激发乡村教师热爱乡村教育事业,忠诚奉献和情感依赖,激发其对乡村教育的反哺感恩情怀。第二,师范院校要构建乡土文化职前培育课程体系,避免乡村教育与城市教育同质化,突出乡村教师核心素养特色。开展乡土文化课堂,培养乡村教师对乡土文化的依恋之情,对乡村发展的洞察思维,对乡土文化的思考和乡土文化建设的作为。第三,要完善乡村教师

① 张嫚嫚,周安.乡村卓越教师核心素养的培育[J].阜阳职业技术学院学报,2021,32(3):45-47.

职前职后一体化培养。积极开展乡村教师培训和家校沟通系列活动。时刻为乡村教师提供教育前沿知识和国家发展策略，使乡村教师拥有现代化的教育理念，同时开展乡村生活体验活动和竞赛活动，激发乡村教师的教育热情。了解乡村成人的生活状况和乡村民俗民风，观察乡村儿童的生活条件、学习条件和家庭条件，根据每个儿童和家庭的现实情况，开展家校协同，共同帮助乡村儿童发展。第四，丰富教育生活实践反思智慧。如引导师范生进行乡村社会实践调研，主动融入乡村生产生活，整理和传承区域乡土文化，撰写乡村教育发展报告等；运用自己的学科知识和专业特长，服务乡村中小学建设发展，如开展乡村儿童心理呵护和心灵成长，开展水资源的宣传和保护活动等。①

周超英提出培养乡村卓越教师的核心素养主要从氛围、培训、自我发展和完善评价教师评价机制四方面进行思考。第一，营造培养乡村卓越教师氛围。政府部门应加强对乡村卓越教师的引领，审视教育存在的问题，出台相关的教师核心素养培训政策和制度。提高政府和家长对乡村教师的重视程度，开展协同育人模式。利用网络教学平台，构建多方交流沟通平台，促进地方政府、不同区域高校、中小学校和家长相互交流，促进教师核心素养发展。第二，加大对乡村卓越教师的培养力度，使乡村教师的培训常态化。放低培训门槛，使更多的乡村教师有机会参与培训。培训内容注重理论与实践相结合，着实提高乡村教师的核心素养。第三，乡村卓越教师应注重自我发展。首先，应打破教学常规，创新教学方式和教学模式。其次，注重教学反思，通过反思不断优化教学内容和教学模式，实施教学创新。再次，注重学习，具有学习的求知欲，加强自身对信息的识别和运用能力。最后，锻炼沟通能力，加强与任课教师、学生和学校管理人员的沟通。第四，完善乡村卓越教师评价机制，根据乡村教师核心素养要素，建构乡村卓越教师评价体系，促进乡村教师不断发展。

---

① 周超英. 基于核心素养导向的卓越农村教师培养路径分析[J]. 江西电力职业技术学院学报，2021，34(10)：109-110.

第三节　乡村教师核心素养发展的理论基础

乡村教师核心素养的研究随着我国学生核心素养的研究应运而生,有着深厚的理论根源。本研究主要考虑终身学习理论、教师专业发展理论和核心素养理论对乡村教师核心素养理论的支撑。

一、终身学习理论

(一)终身学习理论

英国《1919 报告》把终身教育植入教育体系,并著有世界上第一部“终身教育”的著作。终身教育主要是借助成人教育发展起来并得到传播的,1965 年在成人教育国际委员会上,法国学者保罗·朗格朗做了“education permanent”为主题的研究报告,提出“终身教育”思想,并出版了《终身教育引论》,全面介绍了终身教育思想。[①] 1972 年,联合国发表了《学会生存》研究报告,指出终身教育应从个人和社会的观点来看,应包含教育全过程。终身教育是人一生阶段的教学行动,所有表达方式组合成的一个循环的关系。1976 年美国颁布了《终身学习法》(Lifelong learning ACT),提出了终身学习理论。1990 年,日本颁布了《终身学习振兴法》并逐渐得到了国际上的广泛认可。终身学习理论不断得到深化和拓展,至此,“终身学习”逐渐取代了“终身教育”这一学术词语。由于终身学习和终身教育的行为主体和学习目的及侧重点等方面的不同,随着以学生为中心的教学理念的重视和社会文化学习理论的出现,终身学习逐渐代替终身教育成为教师发展的高频词。

① 何思颖,何光全. 终身教育百年:从终身教育到终身学习[J]. 现代远程教育研究,2019(1):66-77+86.

2008年教育部和中国教科文卫体工会全国委员会联合颁布《中小学教师职业道德规范》,体现了教师职业特点对师德的本质要求和时代特征,将终身学习作为教师职业道德发展的重要内容,提出教师要崇尚科学精神,树立终身学习理念,拓宽知识视野,更新知识结构。潜心钻研业务,勇于探索创新,不断提高专业素养和教育教学水平。我国《小学教师专业标准(试行)》和《中学教师专业标准(试行)》也明确将"终身学习"作为重要的教育理念,并指出中小学教师要学习先进中小学教育理论,了解国内外中小学教育改革与发展的经验和做法;优化知识结构,提高文化素养;具有终身学习与持续发展的意识和能力,做终身学习的典范。

(二)终身学习理论的内容

终身学习是每个成员为适应社会发展和个体发展需要,贯穿于人的终生,是一个持续不断的学习过程。① 西方对终身学习强调学习者不间断的学习动力和学习各种支持,促进学习者综合素养的不断提升,开发学习者对适应未来社会发展的创造性和学习的主动性。终身学习体现了人们的学习不仅是社会发展的需要,更是一种对自我生活方式的追求,是学习者对适应社会发展的一种自我诉求。

终身学习内容十分丰富,可以从家庭、学校和社会生活等诸多方面进行学习,终身学习贯穿了人的每一个成长发展阶段。从学习途径上来看,终身学习可以通过各种学习途径获取知识,如观察、模仿、劳动、工作和正规学校学习等。终身学习具有终身性、全员性、多样性、广延性、灵活性和协调性。人们对终身学习的研究主要从终身学习的场域和时代要求入手。首先,许多研究者认为终身学习是在传统的学校学习无法完整实现的基础上产生的,是为解决学校学习无法进行而产生的学习行为。所以,终身学习强调学习场域要突破传统学校。在时间上,终身学习不限制人的年龄段,强调从出生到死

① 陈萍.在学习中塑造完整的人生:终身学习的必然性[J].中国科教创新导刊,2009(3):178.

亡的整个人生过程。在学习地点上,终身学习不比学校的具体环境中,可以是家庭、社会和其他工作场所等学习场地。其次,研究者认为终身学习是适应社会发展、迎合时代需要而产生的,是社会进步的必然。信息技术的高速发展和知识社会的发展需求,推动了人们对美好生活的向往,精神世界的丰富成为人们追求生活的新目标。终身学习不是为了适应某种工作,而是人们为了获取新的生活方式而产生的一种自我诉求,是人们精神生活的一种追求。信息技术和科技的创新为终身学习提供了丰富的学习资源、多样的学习方式和方便的学习时间,这些为终身学习的普及提供了可能性。终身学习因学习资源、学习方式和学习时间的方便性,从出现就具有强大的生命力,成为新时代人们不可或缺的一种学习方式。

"终身学习"是教师专业发展的不竭动力。终身学习是时代发展的要求,也是由教师职业特点决定的。教师必须崇尚科学精神,树立终身学习理念,拓宽知识视野,更新知识结构。潜心钻研业务,勇于探索创新,不断提高专业素养和教育教学水平。

第一,崇尚科学精神,树立终身学习理念,拓宽知识视野,更新知识结构。教师要崇尚科学精神,崇尚执着的探索精神、创新和改革精神、虚心接受科学遗产的精神、求实与求真的精神,不断开展科学研究;要树立终身学习理念,不断学习,获取新知,更新专业知识,掌握现代科学技术发展的新动向,充实、完善自身的知识结构,以迎接、适应新时代的教育教学工作的要求。

第二,潜心钻研业务,勇于探索创新,不断提高专业素养和教育教学水平。教师要潜心本职,钻研业务,探索教育教学工作新规律;要及时了解教育学、心理学发展新成果,学习和使用多媒体技术,快速获取信息,整合教学资源;向同行学习,博采众长,形成自己的教学风格,切实提高专业素养和教育教学水平。

(三)终身学习理论的启示

终身学习理论是乡村教师核心素养提升的基石,为乡村中小学教师核心素养的提升提供了强有力的支撑。乡村中小学教师核心素养的提出契合终身学习的发展，是乡村教师适应社会发展和知识社会的重要素养。终身学习能够帮助乡村中小学教师坚定正确的价值认同、厚植教育情怀、了解最新的国际教育状态和教育数字化发展的重要内容，以此来克服工作中出现的种种难题，解决工作中发展的诸多新问题，满足教育发展的新需要，为乡村中小学教师提供更大的发展空间，获取自身的价值，充实精神生活，为提高乡村教师生活品质提供更加广阔的空间。核心素养背景下乡村中小学教师要成为乡村学生人格自我完善的引路人，引导学生自主发展和积极进行社会参与，培养学生成为具备人文底蕴、科学精神、健康生活、学会学习、实践创新和责任担当的六大核心素养的社会主义现代接班人。乡村教师对学生的教育不应局限在学校和班级中，要不断拓展学生的教育时间、教育空间、教育场域和教育的不同学习方向。终身学习理论加强了学校和社会的联系，增加了教师和学生接触社会和大自然的机会。

乡村教师要树立终身学习理论，要明确终身学习的方向和目标，提高终身学习能力，不断适应社会发展和教育改革的需求。我国乡村基础教育改革的重要理论是终身学习，是新时代我国教育工作者应该坚持和具备的教育理论。新时代，科技日新月异，知识更新迭代加快，经济迅速发展，这些都要求人们要不断更新知识观念，获取新的社会适应力。乡村中小学教师要不断更新自己的知识储备，通过各种形式的教育培训拓展自己的教育事业，同时结合教育实际不断进行教育反思。乡村教师要不断提升自己的品格，将育人作为教学的重要内容，培养学生成为全面发展的人。终身学习理论的发展给新时代乡村教师的发展提供了无限的求知欲，通过点滴积累丰富乡村教师的核心素养，为乡村中小学教师专业化发展提供宽广的前景。

二、教师专业发展理论

教师专业发展指的是教师专业素质和专业化程度不断提升的活动过程。

对于教师专业发展的概念，研究者主要有两种观点，即“教师专业”的发展和教师的“专业发展”。[①] 本研究认为教师专业发展是教师的“专业发展”，是教师个体的专业素质和专业化程度不断提升的活动过程。作为一种活动实践，教师专业发展体现了“追求卓越”的精神，是落实教育部强师计划和卓越教师培养 2.0 意见，培育新时代基础教育卓越教师的重要教育理念。

教师专业发展具有目的性、计划性，同时表现出长期性、复杂性等特点，是在一定的社会价值引领下教师与环境交互作用的过程。

（一）教师专业发展理论的原理

基于对教师专业发展文献分析和实践探索，赵冬臣提出了教师专业发展理论的六个原理。[②]

第一，双重价值原理。兼顾教师专业发展的社会价值和个体价值。从社会与个体的关系角度进行分析，教师专业发展具有两大价值：社会价值和个体价值。社会价值指教师的专业活动对他人和社会有益；个体价值指教师的专业活动需要满足教师本身发展需要。教师专业发展是社会价值和个体价值相互融合、相互影响、统一提升的过程。

从对教师职业发展的文献分析中，我们了解到教书育人和服务社会是教师职业的首要责任。面临这两大责任，教师被赋予多重角色，如学生学习的指导者、学生潜能的发掘者、学生心灵的启迪者，再如人类知识的传播者、中华文明的传承者、人们思想的启蒙者，等等。一方面，教师职业发展对于整个国家和民族的长远发展都具有重要的意义，体现了教师专业发展的社会价值；另一方面，教师职业发展对教师本身的生活和生命质量也有重要影响，对满足教师个体的需要、提升教师幸福感和唤醒其生命意识具有重大意义，这体现了教师专业发展的个体价值。因此，教师职业具有社会价值与个体价

---

① 季诚钧，陈于清．我国教师专业发展研究综述［J］．课程・教材・教法，2004（12）：68-71．

② 赵冬臣．教师专业发展的六个原理［J］．教师教育学报，2019，6（4）：17-21．

值，两者相互关联、相互影响，共同引领教师专业发展。在传统观念中，教师角色更多被赋予利他内涵，如“红烛”“人梯”“春蚕”等比喻，注重颂扬教师无私奉献、默默无闻甚至自我牺牲的精神，强调教师职业的意义，把教师职业从平凡提升到崇高、从世俗提升到伟大和神圣。在这种价值的影响下，教师专业发展多指向于教育效果的改善，强调教师道德的重要性。在现实中，教师群体同样存在“个人主义”和“利己主义”的世界观和价值观，同样存在把教师专业发展定位于养家糊口和评职晋级的途径。如果不管师个体价值而片面强调教师职业发展的社会价值，那是对“以人为本”观念和教师尊严的轻视。如果抛弃社会价值而过于重视个体价值，那么也有悖于教育事业的理想和追求。所以教师专业发展需要兼顾社会价值和个体价值，保持二者之间必要的张力，应是教师专业发展坚持的价值取向。

第二，自主发展原理。自主发展是教师成为专业发展主体的重要保证。教师专业发展的动力有来自个体内部的力量和外部的推力两部分。内因是事物发展变化的根本原因。教师应该拥有自我专业发展的意识和愿望，主动寻求和把握一切能够利用的机会，坚持不懈地提升专业性。教师如果缺乏内部发展动力而仅靠外部推理，其专业发展活动会成为任务甚至负担。然而，具有内部发展动力的教师，在教师专业发展定位上会把“要我发展”变成“我要发展”，会积极探索和创造其专业发展的机会。所以具有内部发展动力、自主发展更贴近教师专业发展的本质。

教师是教师专业发展的主体，教师的自主性是教师专业发展的基础。首先，教师专业发展的自主性主要表现在发展过程中的独立性和自立性。教师专业发展是一种自我提升，他人不应也不能替代。所有教师都应对其专业发展状况具有清晰的认知和对未来发展的独立思考，并具有不断进步、追求卓越的意识和动力。其次，教师专业发展的自主性还表现在教师专业发展过程中的自为性。教师在日常学习、工作和生活中自我探索、自我选择、自我创造，不断提升其专业水平。最后，教师专业发展的自主性为其发展过程中的自律性。教师通过不断掌控、约束和评价自身行为，使其专业发展的目标、内容和方法保持协调一致。

强调教师专业发展的自主性并不是否认教师专业发展外部力量的作用。教师在其专业发展过程中应充分利用和整合各种力量,促进其自身专业的可持续化发展。当然,这其中的内部力量应是其专业发展的首要条件,即教师自身专业发展的意愿起到主导作用,外部环境和保障条件发挥的作用有限。“自主”并不排斥“外主”,而“外主”必须与“自主”结合,才能够发挥最大效能。

第三,全面发展原理。促进教师的“情”“知”“能”和谐发展。专业素质是职业对从业人员的整体要求。教师的专业素质是指教师经过系统的教师教育,在长期的教育实践过程中逐渐发展而成,具有专业性、指向性等素质。专业(学科)素质是教师核心素养的重要内容,是职业专业化的客观要求,同时也是教师专业发展的主要内容。

教师是完整丰富的人,所以教师专业发展也应是多方面的。通过文献综述了解到大多研究者将教师专业素质分为专业情意、专业知识和专业能力三方面,教师专业标准也基本覆盖了这三个维度。如英国的教师专业标准从专业品质、专业知识与理解和专业技能三方面规定了教师专业素养的内涵。整体而言,教师的“知”“情”“能”构成了教师专业素养的基本维度。“知”是专业素质的基础,属于专业知识和实践活动的认知系统,“情”是专业素质的核心部分,属于专业活动发展的重要动力系统,“能”是专业素质的重点部分,属于专业实践活动发展的操作系统。“知”“情”“能”三者各自包含丰富的内容,又紧密联系、相互作用、相互影响,共同构成教师专业素养结构。需要注意的是,教师专业化是一个不断深化的过程,所以教师专业素质的框架和内容具有动态性和开放性,会随着时代发展而被赋予新的内涵。

第四,持续发展原理。终身学习理念规划要贯穿于教师专业发展的各个阶段。教师专业发展没有最好,只有更好。教师专业发展是终身发展,是一个持续完善的过程。在社会信息化快速发展和知识更新迭代不断加快的时代,教师应成为终身学习者。教师专业发展从开始到成熟是一个长期的变化过程。研究者们从不同的视角分析了教师专业发展的阶段性。福勒和布朗关于教师发展的三阶段理论,根据教师的需要和不同时期所关注的焦点问题,把教师的专业发展划分为关注生存、关注情境和关注学生三个阶段。还有富勒的“职业关注四阶段”理论,休伯曼的“职业生涯五阶段”观点和朱旭东的“主体五层次”论,等等。还有研究者按专业熟练程度来划分。如英国将教师专业水平分为五个级别,即合格教师、核心教师、熟练教师、优秀教师、高级技能教师。教师专业发展的阶段论给了我们三个启示。一是要从整体视角来看待教师专业发展,教师发展不是一蹴而就的事情,是一个漫长的、持续不断的过程。二是教师发展不是一个简单的、线性变化过程,而是随着时间的变化和教师经验的积累不断发生变化的过程,呈现明显的阶段性,同时阶段性并非匀速递进的,不仅有前进、有提升和飞跃,也有停滞、反复甚至退缩。三是教师专业发展在不同的发展阶段具有个体差异性。

第五,生态发展原理。教师专业发展应优化发展环境,通过互动与合作促进专业发展。生态发展原理认为事物的发展不是孤立的,应是一个统一的、有机的、复杂的系统,并且系统的各个要素是紧密联系的。事物在发展的系统中与外界环境不断进行着能量的交换,最终使个体和整个系统处于动态的平衡中。

教师专业发展理论的生态取向是将教师个体置于一定的教师群体中,关注群体中的人、事、物各要素之间的关系,最终得到良好发展。基于生态观的教师专业发展理论,打破了单独关注教师本身的局限,进而关注教师如何更好地与其所处的生活工作环境中的各要素融合共生,获得其专业成长的持久动力。生态取向教师专业发展的两个突出特点是“情境性”和“交互性”。其一,教师专业发展具有情境性。教师发展不可能只依靠个体自己完成,还需要与外部支持力量和外部环境建立联系,利用外部的资源和力量寻求有效的发展。教师应认识到自己所处环境的优劣势,充分利用有利条件、克服不利条件,最终实现其专业发展。教师所面临的环境不仅有物质层面的资源和条件,还包括精神层面的工作氛围和人际关系。其二,教师专业发展具有交互性。维果茨基认为人类的学习首先是一种发生在主体相互间的社会活动，其次是一种发生于主体相互间的思维活动，学习本质上是人与人的交往，是人与人之间的思想交流。因此，教师要走出封闭的个人世界，通过校内外合作、师师对话或师生对话、同行分享等形式来获得外部的支持，最终实现专业发展。

第六，“经验+反思”原理。教师专业发展应从经验中学习，在反思中提升。美国学者波斯纳提出的教师成长公式是“经验+反思=成长”。“经验”有两层含义：一是作为一种实践结果，指人经由实践获得的知识与技能；二是作为一种实践过程，指人们获得知识和技能时所经历的实践和体验。教师发展中的“经验”兼具以上两层含义。正如杜威（J. Dewey）所理解的：经验包含一个过程的因素和一个结果的因素，这两个因素相互结合，过程因素就是积极主动，经验就是不断“尝试”和“实验”，结果因素就是被动方面，需要“承受结果”。经验意味着经历和结果。经历是前提，但只有经历并不意味着有经验，还需要与情景、结果建立联系，产生经验必须建立联系。

“思之不慎，行而失当。”反思意识人类早就有之，反思的概念在许多哲学家的著作中都有论述。杜威最早将“反思”引入教育领域。杜威认为，所谓教育反思，就是班主任把自己作为研究的对象，研究、反省自己的教育实践、教育观念、教育行为及教育效果，对自己的教育观念及时进行调整。反思是对信念或知识积极地、坚持不懈地认真思考。人们在日常生活中也经常思考，但大部分的思考是被动的、短暂的，而反思是主动的、深入的、系统的。

教师的教学工作繁忙，有时这种繁忙却表现出一定的盲目性，很少对常规工作进行反思，只是机械重复过去的经验。波斯纳认为，没有反思的经验是狭隘的社会经验，最多只能成为肤浅的知识。所以如果教师只满足于获得经验而不进行深入反思，那么其专业发展将止步不前。根据“经验+反思”原理，教师既要积累丰富的实践经验，又要善于通过反思而获得成长，实现由“经验型教师”向“反思型教师”的变化。反思型的教师要具有批判意识，要善于从日常生活细节甚至日常习惯中发现问题，并不断尝试调整和改变自身的意识和行为。

(二)教师专业发展的问题

教师发展已成为国际教师教育改革值得重视的动向,是当代教育的重要规律。我国社会主义市场经济体制的建立和完善,教育改革的深化,都要求把教师发展放在一个重要的位置上,同时也为教师的发展创造了条件。范龙认为我国教师专业发展主要存在以下问题。

第一,教师发展与实践教师的发展,无论是职前培养时期,还是在职培训时期,都应当是在教育实践中进行,与学校日常生活联系在一起,与身边的教学、与生动活泼的学生的变化联系在一起。与教育实践的密切联系是教师发展的基本手段,而教育教学实践的变化、教学质量的提高、学生的健康成长是教师专业化发展的目的。实践是教师发展的基础和生命。同时,创新是发展的应有之义。但发展所含创新之义是在实践超越中拥有的。我们说教师在实践中发展,就是指教师在自身实践中经过不断的反思和建构推动实践前进。

第二,教师发展作为教育实践的主体在教育世界所怀抱的理想、付诸的行动、伴随的焦虑、在实践中不断对教育世界的追问,这些都是教育哲学所应观照之事。教师专业化发展实际上就是要把这些元教育问题的学术研究回置到鲜活的现实中,使理论研究返回思想的故里。从教师发展的角度来看教育观念和思想的建设,就应当创造条件,使教师主动地去理解教育,从一个实践者的角度体味元教育的问题。这可能是教师发展的一个重要的开端。

第三,教师发展与文化的发展,离不开文化。两种文化对教师的发展发挥着重要的作用,一是大学文化,二是中小学文化。大学文化和中小学文化的融合是教师发展所必需的。这两种文化的融合要求大学教师和中小学教师结成伙伴,平等交流与对话,面向学校教育的问题与前景一起探索,合作建构,不断创造出充满生机的新的教师教育文化。这应是大学教师和学生与中小学教师和学生主体之间交往的共同创造。正是在这一教育文化创新过程中,实现双向激活,教师和学生都将获得发展。换言之,教师专业化发展应成为教师文化的中心。

第四,教师发展与研究态度和能力,是一个人创造力的集中显现,是一个人主体性的能动体现,是人的发展的基本手段。随着时代的发展,教师职能的深刻变化,没有反思的教学、缺少研究的教育已经不能满足未来的要求了。同样,离开实践的研究也无法回应时代的挑战。所以,专业研究者回归实践,研究回归中小学教师已成为历史的必然。正是在这两个"回归"中大学教师和中小学教师相遇,并开始了对话。这是值得珍视的机遇。教师的研究是一个真正的学习过程,是教师专业化发展的必由之路。

第五,教师发展与评价教师的发展是在制度文化中进行的,这是教师教育改革的重要取向。教师的专业化发展显现出阶段性,教师发展的中心是专业成长。这种发展的阶段、成长的水平都需要由制度来保障。教育评价就是一种重要的制度。教师评价的目的是分等与激励,这两方面在教师教育中都应以促进教师教育质量提高为宗旨。建立标准是教师发展实施评价的基础。建立有权威的实施评价的主体是教师发展得以顺利进行的保障。

(三)教师发展与教育建设

第一,知识经济使教育凸显出它对于人类社会生活的直接的、根本的意义。知识经济是以知识为基础的经济,但是知识经济时代维系人类经济生活的不是静态的知识,而是知识的不断创新。当教育更加关注人的创新意识、创新能力,它所强调的是育人的根本意义,知识本身相当的成分因其迅速更替而难以与人相伴久远,唯有知识的不断创新才能使人学会生存。学习化社会表达的正是这样一种全面地、直接地使教育与社会融为一体的意义。教育将与社会融为一体,因而是直接的,教育形成人的创新意识、创新能力,从而达成人的生存和发展,因而是根本的。

第二,文化融合教育与社会的一体化是一个文化融合的过程。融合不等于传递,传递的含义是单向度的,而融合蕴含着不同的文化、不同的文化人群或个体之间的交互影响、情境参与、创造生成。教育作为文化的融合,总是交互的、建构的、创造的、发展的,在教育的过程中获得发展的是所有参与其中的人。教学相长不仅是教师教学的个人体验,而是教师与学生的共同发展。教育作为文化的融合,也体现着教育的历史性变革。知识社会、信息时代的到来,对创新意识、创新能力的强调,改变着我们对教育的理解。教师、学生、管理者、研究者,一切参与教育的人都有着先在的文化背景,所有这一切在教育的现场情境中相遇、交互作用并融合为新的精神。从单向度的知识传递,到多向度的文化融合,表现着当今时代教育的历史性变革。是时代使教育作为文化融合的意义得以彰显,教育越是与社会融为一体,这一意义就越加突出。

第三,主体间的理解。教育过程中的主体性更多是在主体间发生的。人与人之间的关系是主体间的关系,具有主体性的人与人之间的影响和联系是交互的,这样一种关系被理解为交互主体性、主体间性,表达着一种对主体间的、交互的关系的整体理解。在真实的教育过程中,他们之间的理解和认识是在同一过程、同一活动中同时、交互、共同进行的。

第四,面向实践本身是我们重新理解教育的基本态度和方式。它吸引了我们的兴趣,鼓舞了我们的精神,燃起我们在中小学教育实践中研究教育的不可遏制的渴望。关注教师专业化发展,建设教师发展学校,正是在这种吸引、鼓舞下形成的内在于教育实践本身的研究指向。

第五,教师的发展是教育改革的原动力。现在我们谈教育改革,基本上说,是一个从上至下的推动的方式,社会变革时代,在国际竞争、日益尖锐的时代,自上而下推动改革是不得已要做的事情。但是如果教师不是动力,而是阻碍的主力,教育改革失败的风险是很大的。在这个问题上,发达国家、发展中国家都有教训。只有教师成为教育改革的动力,他的思想更新了,他的教育能力增强了,他感觉到传统的教育方法不再适应新的体系的时候,他才会改变。当这种情况到来时,我们的教育改革就特别欣慰。一定要使教师成为改革的动力。自己内在的要求,还是外来自在强加的要求,决定教师的发展状况。对教育的理解变化了,就会自觉改变想法。

第六,教师的发展是学生发展的保障。我们现在讲以学生的发展为本,是很普遍的,大家都已经接受了。学生怎样发展,怎样促进学生的发展。教师不发展,要想学生发展,这是空话,这是不可能的。要想学生发展,首先教师要发展。一个发展的教师,才能去有意维护学生的权利,促进学习的发展。教师不发展,他对学生的发展就起到阻碍作用。现在很多教师提出现在的学生不好教,比我们那时麻烦多了。事实上他提出的是,我们学习时的思想观念、行为方式是好的,现在学生的思想观念、行为方式是不好的。现在学生的思想行为等都在发生变化,总是用20世纪六七十年代的思想去看,永远与学生发生冲突。只有不断发展自己,欣赏学生的这种变化,你才会为他创造条件。

(四)专家型教师是教师专业发展的必然

专家型教师主要指在教育教学的某一方面(主要是学科教学或学术研究领域)有专长的教师。专家型教师首先应具备一般教师所具有的素质,同时专家型教师要参与教育科研工作,要成为研究者,不能只是停留在"知识传递者"的角色上,而是自己在实践中进行研究和探索。

只有教师科研素质的提高,才会有科研质量的提高,才会有教学质量的提高。教学活动才能真正显示出旺盛的生命力。专家型教师是时代发展的必然。

第一,专家型教师是知识经济时代的迫切要求。知识经济时代,知识的不断创造成了这个时代得以存在的命脉。人类的社会生存、经济生活从对自然资源的依赖转向对自身素质的依赖。随之,以培养和发展人为直接目标的教育便成了社会关注的焦点,并面临着深刻的历史性变革。要求教师不仅要传递知识,而且要全面培养和发展学生的素质,尤其是创新意识与能力。为此,教师要探讨育人规律、反思自身的教育实践而成为教育的研究者。教师不再是教书匠,而是向学者型、专家型教师发展。

第二,专家型教师是教学理性提升的呼唤。学校教育的价值主要靠教学来实现,因而千百年来人们在教学实践的开发与教学理论的提升上倾注了大量的心血,使教学的理性程度不断提高,显露融合势头……尽管如此,当代教学仍没有走出传统操作教学。时至今日,人类教学已走到了反思性教学的前夜:教学主体开始怀疑和反思自己的行为;教学目的强调学生诸方面的发展;工具理性与人文理性开始的范畴,其理性仍有待提升。让专家型教师能对自己的教学实践活动进行反思性研究,正是应教学理性提升的呼唤,将教师从操作性的活动者转变为反思性活动者。

第三,专家型教师是教师专业化发展的重要趋势。长期以来,教师职业是否称得上专业一再受到怀疑,尤其广大中小学教师。无论是从技术还是科学的创造性上来说,教师都不是一个专家,只是一个知识的传递者,拿专业的各项标准来度量教师职业,则其很难称得上是一门专业。鉴于此,英国课程专家 L. 斯腾豪斯认为,教师专业拓展的关键在于专业自主发展的能力。途径有:①通过系统的自学;②通过研究其他教师的经验;③在教室里检验已有的理论。最后一条途径尤为重要,因为“课程研究和课程编制应该成为教师自己的事情,实践业已显示它是有前途的方式,当然也不得不承认这需要几代人的努力。如果大多数教师而不只是少数人掌握了研究技巧,那么教师的自我形象和社会地位就会得到改善”。L. 斯腾豪斯关于教师专业化的观点可以看作是教师从机械地传递文化和“遵照执行”中解放出来。而通向解放的有效途径就是“专家型教师”。

第四,专家型教师的出现是教育理论的发展,一直被认为是教育理论工作者的事情。教育科研与教中小学教师不过是理论的实践者。皮亚杰在《教育科学与儿童心理学》一书中指出:“教育学很少是教育学家的著作。”“这样庞大的一个教育工作者队伍,现在这样专心致志地在今世界工作着,而且一般地讲,都具有胜任的能力,却产生不了杰出的科学研究者,能够使教育学变成一门既是科学的又是生动的学问,在立足于文科与理科方面的其他应用学科中占有他的正当地位。”

第三章　乡村教师核心素养体系建构

核心素养是个体适应信息化时代和知识社会的发展需要,解决复杂问题和适应不可预测情境的高级能力与人性能力,是我国基础教育改革的中心理念。乡村教师核心素养培育是促进教育公平,实现共同富裕的重要途径。乡村教师核心素养是乡村教师的关键素养和必备品格,具有整体性和综合性,要求乡村教师能够依据乡村儿童身心发展特点、根据乡村教育发展规律、契合乡土文化教育场域开展有效的教育教学活动等。研究乡村教师核心素养首先要弄清楚它到底包含哪些因素,乡村教师核心结构的体系具体包括哪些内容。逻辑严密的结构体系是乡村教师核心素养的基础,对结构体系的探索要考虑到来自不同群体利益的意见,要参考不同群体对乡村教师核心素养应该“长什么样”的观点和看法。基于此,本研究结合国家相关教育政策和访谈实际,构建乡村教师核心素养体系。

第一节　乡村教师核心素养体系框架设置的原则

原则是人们行为处世应该遵守的准则。本研究的构建原则是指建构乡村教师核心素养体系应该遵守的法则和标准。本研究在建构乡村教师核心素养体系的过程中,为了保证核心素养体系的客观性,所选方法科学合理,并且能够切实可行,同时符合乡村教师乡土特色等特点。本研究在建构乡村教师核心素养体系框架的过程中遵守客观性、可行性、教育公平和乡土性四大原则。

一、客观性原则

客观性原则又称为真实性原则，是企业的会计核算时以实际发生的业务为依据，真实反映企业的经营成果和财务状况。客观性原则是心理学和教育学研究的首要原则，由于心理学的意识部分有时需要通过人们的行为表现出来，所以心理学和教育学在很大程度上都具有实践性，研究成果很大程度上不能像自然科学一样，能运用数量进行分析，但在运用观察法、访谈法和调研法等进行研究时，也要采用相应的控制手段，保证研究的客观性。乡村教师核心素养框架是根据国家对乡村教师的支持和期望，根据乡村教师的教学场域特点，根据国家教育公平的普惠现象，根据时代信息化发展和知识社会的需求，根据对相关人员的访谈进行建构的，具有客观性。

二、可行性原则

可行性原则是衡量决策是否可行，即根据人力、物力、财力和需求来决定是否可行。2018 年，中共中央、国务院颁布《关于全面深化新时代教师队伍建设改革的意见》，提出要造就“党和人民满意的高素质专业化创新型教师队伍”。2022 年，教育部等八部门联合印发《新时代基础教育强师计划》，贯彻落实习近平总书记关于教育的重要论述特别是关于教师队伍建设的重要讲话精神，全面深化新时代教师队伍建设改革，培养造就高素质专业化创新型中小学教师队伍。乡村振兴是健全现代社会治理格局的固本之策，是实现全体人民共同富裕的必然选择。乡村教师是发展更加公平更有质量乡村教育的基础支撑，是推进乡村振兴、全面建成社会主义现代化强国、实现中华民族伟大复兴的重要力量。2020 年，在“乡村教师支持计划”的基础上，教育部等六部门下发《关于加强新时代乡村教师队伍建设的意见》，要求加强新时代乡村教师队伍建设，努力造就一支热爱乡村、数量充足、素质优良、充满活力的乡村教师队伍。乡村基础教育班主任专业化水平更关乎乡村振兴战略的落实。

乡村教师核心素养的培育是践行《教育部关于实施卓越教师培养计划2.0的意见》和《新时代基础教育强师计划》精神，为乡村培养教育情怀深厚、专业基础扎实、勇于创新教学、善于综合育人和具有终身学习能力的高素质教师，促进教育公平，推动义务教育均衡发展和城乡一体化，实现共同富裕的重要举措。乡村教师核心素养的体系建构和培育是国家的重要宏观战略，是地方院校服务地方基础教育的重要举措，具有人力、物力、财力和科技支持，具有可行性。

三、教育公平原则

2007年经济合作与发展组织将教育公平定义两层含义。第一，教育公平就是公正，就是要保证不同性别、不同社会经济地位和不同种族等都能达到其能力所允许的教育高度；第二，就是要保证每个人都受到基本的、最低标准的教育，如每个人都能够读、写和做简单的算术。我国的教育公平体现了两层含义，一是每个人都能受到最低标准的教育，如义务教育九年制，另一个是每个人都能接受到高水平的教育，城乡教育差异逐渐缩小。本研究中教育公平主要体现在城乡教育的质量上，缩小城乡教育差异。

习近平总书记强调：要注重城乡义务教育一体化发展，要缩小城乡教育资源差距，要促进城乡教育公平，切断乡村贫困代际传递。教育公平是社会公平的重要基石，要不断促进优秀教育发展成果更多惠及全体人民，用教育公平促进社会公平正义。本研究将优秀的教育成果即教育部发布的《教师数字素养》标准引入乡村教师核心素养体系框架建构中，增加乡村教师教育培训教育数字化培养内容，提升乡村教师的数字化教学意识、数字化教学能力和数字化教学责任等，提升乡村教师面临未来教育的风险抵抗力，注重发展乡村教育数字化发展的新形态，注重优质教育资源共享，实现教育公平，促进共同富裕。

四、乡土性原则

乡土性原则是乡村教师的核心素养应包含有浓厚的乡村教育情怀，认同乡村教育的价值、喜欢乡村良好的民风民俗、具有传承乡村优秀文化的意识，能够遵循乡土民风民俗特色，能够开发乡土文化资源，能够体现乡村的风貌。本研究的研究对象是乡村中小学教师，他们的生活环境和教学环境与城里教育不同，他们肩担乡村振兴的重任，面临乡村教育场域的复杂性和乡村教师的坚守性。所以坚持乡土性原则，注重乡村教师核心素养的优良品格，厚植乡村教师的乡村教育情怀和对乡村教育文化的认同是非常重要的。

第二节　乡村教师核心素养体系框架设计的依据

一、乡村教师核心素养体系框架设计的政策依据

本研究主要从《中国学生发展核心素养(2016)》《义务教育课程方案和课程标准(2022 年版)》《中学教师职业标准(试行)》《教师教育课程标准(试行)》《教师数字素养标准》《中学教育专业认证标准(第二级)》和《教育部卓越教师培养计划 2.0 意见》等系列政策文件凝练出乡村教师核心素养的体系框架。

(一)《中国学生发展核心素养(2016)》

2014 年教育部颁布《关于全面深化课程改革落实立德树人根本任务的意见》,明确提出:要根据学生的成长规律和社会对人才的需求,把对学生德

智体美全面发展总体要求和社会主义核心价值观的有关内容具体化、细化，深入回答“培养什么人、怎样培养人”的问题。教育部将组织研究提出各学段学生发展核心素养体系，明确学生应具备的适应终身发展和社会发展需要的必备品格和关键能力，突出强调个人修养、社会关爱、家国情怀，更加注重自主发展、合作参与、创新实践。研究制定中小学各学科学业质量标准和高等学校相关学科专业类教学质量国家标准，根据核心素养体系，明确学生完成不同学段、不同年级、不同学科学习内容后应该达到的程度要求，指导教师准确把握教学的深度和广度，使考试评价更加准确反映人才培养要求。各级各类学校要从实际情况和学生特点出发，把核心素养和学业质量要求落实到各学科教学中。依据学生发展核心素养体系，进一步明确各学段、各学科具体的育人目标和任务，完善高校和中小学课程教学有关标准。改进学科教学的育人功能，要在发挥各学科独特育人功能的基础上，充分发挥学科间综合育人功能，开展跨学科主题教育教学活动，将相关学科的教育内容有机整合，提高学生综合分析问题、解决问题能力。充分利用现代信息技术手段，改进教学方式，适应学生个性化学习需求。①

经过北京师范大学林崇德教授团队的研究，2016 年 9 月，《中国学生发展核心素养》研究成果在北京师范大学发布，提出：学生发展核心素养是学生适应终身发展和社会发展需要的必备品格和关键能力。以“培养全面发展的人”为核心，从文化基础、自主发展和社会参与三大一级指标囊括了中国学生发展核心素养体系。指学生应具备的，能够适应终身发展和社会发展需要的必备品格和关键能力，提升 21 世纪国家人才核心竞争力。《中国学生发展核心素养》坚持科学性、时代性和民族性原则，以培养“全面发展的人”为目标。《中国学生发展核心素养》从文化基础、自主发展和社会参与三大一级指标囊括了学生发展核心素养，具体内容分为六大方面：人文底蕴、科学精神、责任担当、实践创新、学会学习、健康生活六大素养，然后根据各年龄阶

① 教育部.《关于全面深化课程改革落实立德树人根本任务的意见》[EB/OL]，http://www.moe.gov.cn/srcsite/A26/jcj_kcjcgh/201404/t20140408_167226.html.

段学生的心理特点提出各阶段学生核心素养的具体表现。

教师是培养学生核心素养的重要参与人，所以为了保障学生核心素养的顺利养成，教师首先应具备终身发展需要和社会发展需要的必备品格和关键能力，同时为满足信息化时代和知识社会时代的发展需要，教师还应具有坚定的善的人性能力。所以，《中国学生发展核心素养》在建构乡村教师核心素养框架中具有指导意义。

（二）《义务教育课程方案和课程标准（2022 年版）》

2022 年 4 月，教育部印发《义务教育课程方案和课程标准（2022 年版）》。教育部教材局局长田慧生在新闻发布会上说："义务教育深化教育教学改革和'双减'工作要求强化课堂及学校教育主阵地作用，落实这些要求必须修改完善义务教育课程方案和课程标准，对教与学的内容、方式进行改革。此次修订，全面落实培养担当民族复兴大任时代新人的要求，结合义务教育性质及课程定位，将党的教育方针具体细化为本课程应着力培养的学生核心素养，体现正确价值观、必备品格和关键能力的培养要求。"

2011 年我国实现了义务教育全面普及，教育需求从"有学上"转向"上好学"，这个问题就提上了日程。时下，人们生活、学习、工作方式不断改变，不同价值观念相互碰撞，儿童青少年成长环境深刻变化，也对人才培养提出了新挑战。"义务教育深化教育教学改革和'双减'工作要求强化课堂及学校教育主阵地作用，落实这些要求必须修改完善义务教育课程方案和课程标准，对教与学的内容、方式进行改革。'让核心素养落地'，是本次课程标准修订的工作重点。核心素养导向，既是课程标准研制工作的主线，也是课程标准文本的主旋律。"北京师范大学教育学院教授郭华说："课程目标的素养导向，有利于转变那种将知识、技能的获得等同于学生发展的目标取向，引领教学实践及教学评价从核心素养视角来促进和观察学生的全面发展。""素养与知识不同，是知识、技能、态度的超越和统整，是人在真实情景中做出某种行为的能力或素质。当前世界范围内的核心素养热潮实质上是教育质量的升级运动，国民的核心素养决定一个国家的核心竞争力与国际地位。课程建设以核心素养为导向，是推进我国社会现代化和人的现代化的需要，也是贯彻党的教育方针、落实立德树人根本任务的具体体现。”国家督学、北京开放大学校长、北京师范大学基础教育质量协同创新中心首席专家褚宏启如是说。

吴刚平说：“本次课程修订超越学科内容观和教学内容观，彰显课程内容观。在课程内容理解上，以学习为中心，不仅包括教什么、学什么的内容问题，还包括怎么教、怎么学的过程方式问题，以及为什么教、为什么学的目的价值问题，甚至还有教得怎么样、学得怎么样的结果水平问题。这种复合型的课程内容观，突出习得知识的学习方式和运用知识的能力和价值，打破死记硬背、题海战术等知识技能训练魔咒，克服高分低能、价值观缺失等乱象。学生可以在主题活动中，通过完成学习任务获得知识和解决问题，亲历实践、探究、体验、反思、合作、交流等深度学习过程，逐步发展核心素养。”国家督学、北京市中关村三小原校长刘可钦说：“学校要特别注重结合这次课程标准修订中增加的跨学科主题学习活动，突破学科边界，鼓励教师开展跨学科教研，设计出主题鲜明、问题真实的跨学科学习活动。”

以素养为导向，考试和作业是课程改革中的关键领域。“长期以来，人们习惯将作业作为课堂教学知识与技能巩固的手段。作业过程，实际上是从有教师指导的课堂教学，过渡到没有教师指导的学生自主学习的过程，对学生的学习兴趣、自主学习能力、自我复原力、自控力、专注力、时间管理等素养提出了一系列要求。因此，作业是培养学生相关核心素养发展的重要手段，而不能仅仅窄化为知识技能的巩固。”上海市教委教研室副主任王月芬说。作业具有培养学生核心素养、评价诊断学生核心素养发展水平的双重功能。因此，教师如何设计与实施体现核心素养导向的作业，不仅是义务教育课程标准颁布后的难点所在，而且是落实“双减”政策的关键所在。王月芬说：“如何设计体现核心素养的作业？单元作业整体设计与实施，是目前可操作且有效的实施路径。以单元为单位整体设计作业，有助于避免以课时为单位的零散、孤立、割裂等问题,更加有助于知识的结构化,问题解决的综合化。”各课程标准都强调以核心素养为主轴,构建大任务、大观念或大主题等以问题解决为目标的课程内容结构单位和教学单元组织形态,以此作为学习内容聚合机制和学习动机激发机制,有效归纳、整合学科知识点或主题活动内容,在学习内容安排层面落实减负、增效、提质。①

2022 年,教育部发布的《义务教育课程标准(2022 版)》强调从学科立场走向教育立场,突出素养立意和育人导向,提出学生核心素养主要体现正确价值观、必备品格和关键能力三方面,突出了核心素养的综合性和整体性两大特点。综合性是指核心素养是个体在解决复杂问题中表现出来的综合性品质或能力,关注不同领域和不同学科的人应具备的共同品格和关键能力,具有跨学科和跨领域性质;整体性是指这些基本素养之间具有相互依存关系,具有相互促进和相互制约作用,是一个有机联系的整体。强调核心素养的主体是学生,核心素养是一种跨学科素养,所以任何一种核心素养都不可能靠单独的一门学科来完成,不能单独进行培养或发展,尤其是当素养作为整个人的养成教育过程时,需要加强综合性和整体性。强调对学生核心素养的培育应注重课程内容结构化、注重主题教学设计和教学评价的作用。对学生核心素养的培养掀起了我国教师核心素养研究的热潮。

(三)《中小学教师专业标准(试行)》

在全面普及义务教育,高中教育获得快速发展之后,教育面临的首要问题是教学质量,而要从根本上解决这一问题,关键是提高教师质量。由于我国教育在城乡之间、地区之间、学校之间存在教育资源配置的不平衡,我国在不断开展教育公平研究,缩小城乡教育资源配置不平衡现象,而要解决这一问题,关键在于教师资源配置,特别是优质的教师资源。随着我国教育改革的推行,开放的教师教育体系必须有完善的质量保障体系,而保证体系的建

① 新版义务教育课程方案:让核心素养落地[EB/OL],https://edu.china.com/sytt/13004143/20220424/42096357_3.html.

立和实施需要有相应的标准。在众多的标准中，教师专业标准是前提和根本，它是制定教师教育机构标准、课程标准和质量标准的重要参考和依据，是教师教育质量保证体系的核心。教师队伍的建设需要细化“高素质专业化”教师标准，引领和促进教师专业的发展。

《中小学教师专业标准(试行)》是根据《中华人民共和国教师法》和《中华人民共和国义务教育法》，为促进中小学教师专业发展，建设高素质中小学教师队伍而制定的，对合格中小学教师的基本专业要求是中小学教师开展教育教学活动的基本规范，是引领中小学教师专业发展的基本准则，是中小学教师培养、准入、培训、考核等工作的重要依据。《中小学教师专业标准(试行)》以学生为本、师德为先、能力为重和终身学习为基本教育理念。尊重中学生权益，以中学生为主体，充分调动和发挥中学生的主动性；具有职业理想，践行社会主义核心价值体系，履行教师职业道德规范。关爱中学生，尊重中学生人格，富有爱心、责任心、耐心和细心；为人师表，教书育人，自尊自律，以人格魅力和学识魅力教育感染中学生，做中学生健康成长的指导者和引路人；突出教书育人实践能力；坚持实践、反思、再实践、再反思意识；具有终身学习与持续发展的意识和能力，做终身学习的典范。这些基本的教育理念体现了育人为本和终身教育思想，为乡村教师核心素养框架的建构提供了参考。

《中小学教师专业标准(试行)》的基本内容包括专业理念与师德、专业知识和专业能力三方面。在专业理念与师德方面，注重国家认同、法律意识的政治认同；注重职业理想、敬业精神、职业道德修养的教育情怀；注重团队合作精神、开展协作与交流能力；注重关爱学生、尊重学生和信任学生的师德意识；树立育人为本、德育为先的教育理念，重视中小学生的全面发展；引导中学生自主学习、自强自立，培养良好的思维习惯、自由探索、勇于创新和适应社会的能力；注重乐观向上、热情开朗、有亲和力、善于自我调节情绪，保持平和心态的良好心理品质；注重班集体建设与班级管理的育人方法；注重学科知识与实践的相互联系；注重中小学生的人文素养；注重中小学生独立思考和主动探究，发展学生创新能力；注重将现代教育技术手段渗透应用到教学中。这些内容为乡村教师核心素养框架的具体细化提供了参考。

（四）《教师教育课程标准（试行）》

为贯彻落实教育规划纲要，深化教师教育改革，全面提高教师培养质量，建设高素质专业化教师队伍，教育部制定了《教师教育课程标准（试行）》（简称《标准》）。《标准》坚持围绕培养造就高素质专业化教师的目标，坚持育人为本、实践取向、终身学习的理念，创新教师培养模式，强化实践环节，加强师德修养和教育教学能力训练，着力培养师范生的社会责任感、创新精神和实践能力。《标准》在课程内容中强调加强信息技术课程建设，提升师范生信息素养和利用信息技术促进教学的能力；加强教师职业道德教育，将《中小学教师职业道德规范》列为教师教育必修课程。《标准》注重大力开展教育实践活动，深入农村中小学，引导和教育师范生树立强烈的社会责任感和使命感。积极开展师范生实习支教和置换培训，服务农村教育。《标准》注重未来教师气质的培养，营造良好教育文化氛围，激发师范生的教育实践兴趣，树立长期从教、终身从教信念。邀请优秀中小学校长、教师对师范生言传身教，感受名师人生追求和教师职业精神。开展丰富多彩师范生素质培养和竞赛活动，重视塑造未来教师人格魅力。《标准》以育人为本、实践取向和终身学习为基本理念。《标准》强调教师是终身学习者，在持续学习和不断完善自身素质的过程中实现专业发展，应引导未来教师树立正确的专业理想，掌握必备的知识与技能，养成独立思考和自主学习的习惯；引导教师加深专业理解，更新知识结构，形成终身学习和应对挑战的能力。①

《教师教育课程标准（试行）》坚持育人为本和终身学习理念，形成终身学习和应对挑战的能力；引导和教育师范生树立强烈的社会责任感和使命感；提升师范生信息素养和利用信息技术促进教学的能力，这些都是 21 世纪

① 教育部. 教师教育课程标准（试行）［EB/OL］，https://baike. so. com/doc/6925285-7147395. html.

核心素养的内涵范畴，有助于指导建构乡村教师核心素养框架体系。

（五）《教师数字素养标准》

党的二十大报告明确提出要“推进教育数字化”，教师是提升教育水平的主力，要不断提升教师的能力素养。为了深入贯彻落实党的二十大精神，扎实推进国家教育数字化战略行动，完善教育信息化标准体系，提升教师利用数字技术优化、创新和变革教育教学活动的意识、能力和责任，教育部于日前研究制定了《教师数字素养》标准。《教师数字素养》标准包括五个维度，即数字化意识、数字技术知识与技能、数字化应用、数字社会责任、专业发展五个维度，五个维度具体内容见表 3-1 至表 3-5。

表 3-1　数字化意识维度

一级维度	二级维度	三级维度	描述
数字化意识	数字化认识	理解数字技术在经济社会及教育发民中的价值	了解数字技术引发国际数字经济竞争发展；理解数字技术推动教育数字化转型的重要意义
		认识数字技术发展对教育教学带来的机遇与挑战	认识到数字技术正在推动教育创新发展；意识到数字技术资源应用于教育教学过程会产生教学理论、教学模式、教学方法方面的创新要求，以及可能出现伦理道德方面的问题
	数字化意愿	主动学习和使用数字技术资源的意愿	主动了解数字技术资源的功能作用，有在教育教学中使用的愿望；理解合理使用数字技术资源能够推动教育高质量发展
		开展教育数字化实践、探索、创新的能动性	具有实施数字技术与教育教学融合的主动性，愿意开展教有教学创新实践
	数字化意志	战胜教育数字化实践中遇到的困难和挑战的信心与决心	能够战胜教育数字化实践中面临的数字技术资源使用、教学方法创新方面的困难与挑战，坚信并持续开展数字化教育教学实践探索

表 3-2　数字技术知识与技能维度

一级维度	二级维度	三级维度	描述
数字技术知识与技能	数字技术知识	常见数字技术的概念、基本原理	了解常见数字技术的内涵特征,及其解决问题的程序和方法。例如:了解多媒体、互联网、大数据、虚拟现实、人工智能的内涵特征,及其解决问题的程序和方法
	数字技术技能	数字技术资源的选择策略	掌握在教育教学中选择数字化设备、软件、平台的原则与方法
		数字技术资源的使用方法	熟练操作使用数字化设备、软件、平台,解决常见问题

表 3-3　数字化应用维度

一级维度	二级维度	三级维度	描述
数字化应用	数字化教学设计	开展学习情况分析	能够运用数字评价工具对学生的学习情况进行分析。例如:应用智能阅卷系统、题库系统、测评系统对学生知识准备、学习能力、学习风格进行分析
		获取、管理与制作数字教育资源	能够多渠道收集,并依据教学需要选择、管理、制作数字教育资源
		设计数字化教学活动	能够依据教学目标,设计融合数字技术资源的教学活动
		创设混合学习环境	能够利用数字技术资源突破时空限制,创设网络学习空间与物理学习空间融合的学习环境

续表

一级维度	二级维度	三级维度	描述
数字化应用	数字化教学实施	利用数字技术资源支持教学活动组织与管理	能够利用数字技术资源有序组织教学活动,提升学生参与度和交流主动性
		利用数字技术资源优化教学流程	能够使用数字工具实时收集学生反馈,改进教学行为,优化教学环节,调控教学进程
		利用数字技术资源开展个别化指导	能够利用数字技术资源发现学生学习差异,开展针对性指导
	数字化学业评价	选择和运用评价数据采集工具	能够合理选择并运用数字工具采集多模态学业评价数据
		应用数据分析模型进行学业数据分析	能够选择与应用合适的数据分析模型开展学业数据分析
		实现学业数据可视化与解释	能够借助数字工具可视化呈现学业数据分析结果并进行合理解释
	数字化协同育人	学生数字素养培养	能够指导学生恰当地选择和使用数字技术资源支持学习,注重培养学生的计算思维和数字社会责任感
		利用数字技术资源开展德育	能够利用数字技术资源拓宽德育途径,创新德育模式
		利用数字技术资源开展心理健康教育	能够利用数字技术资源辅助开展多种形式的心理健康教育活动。例如:利用数字技术资源辅助开展心理健康诊断、团体辅导、心理训练、情境设计、角色扮演、游戏辅导
		利用数字技术资源开展家校协同共育	能够利用数字技术资源实现学校与家庭协同育人,主动争取社会资源,拓宽育人途径

表 3-4　数字社会责任维度

一级维度	二级维度	三级维度	描述
数字社会责任	法治道德规范	依法规范上网	遵守互联网法律法规,自觉规范各项上网行为
		合理使用数字产品和服务	遵循正当必要、知情同意、目的明确、安全保障的原则使用数字产品和服务,尊重知识产权,注重学生身心健康
		维护积极健康的网络环境	遵守网络传播秩序,利用网络传播正能量
	数字安全保护	保护个人信息和隐私	做好个人信息和隐私数据的管理与保护
		维护工作数据安全	在工作中对学生、家长及其他人的数据进行收集、存储、使用、传播时注重数据安全维护
		注重网络安全防护	辨别、防范、处置网络风险行为。例如:辨别、防范、处置网络谣言、网络暴力、电信诈骗、信息窃取行为

表 3-5　数字专业发展维度

一级维度	二级维度	三级维度	描述
专业发展	数字化学习与研修	利用数字技术资源持续学习	根据个人发展需要,利用数字技术资源开展学习。例如:利用数字教育资源进行学科知识、教学法知识、技术知识、教育教学管理知识的学习
		利用数字技术资源支持反思与改进	利用数字技术资源对个人教学实践进行分析,支持教学反思与改进
		参与或主持网络研修	参与或主持网络研修共同体,共同学习、分享经验、寻求帮助、解决问题

续表

一级维度	二级维度	三级维度	描述
专业发展	数字化教学研究与创新	开展数字化教学研究	针对数字化教学问题，利用数字技术资源支持教学研究活动
		创新教学模式与学习方式	利用数字技术资源不断创新教学模式、改进教学活动、转变学生学习方式

《教师数字素养》标准的发布深刻影响着个体和社会的发展与成就，数字化素养为创建绿色、可持续、全纳的高质量教育提供了关键支撑。疫情期间数字化的应用也暗示了一个国家韧性的发展有赖于数字素养。《教师数字素养》标准的发布符合时代对教师发展的新期许，增强教师抗风险能力和适应社会发展的能力，有助于教育在未来教育中的迎接挑战，为乡村教师核心素养体系框架的建构提供了方向。

（六）《中学教育专业认证标准（第二级）》

《中学教育专业认证标准（第二级）》是国家对中学教育专业教学质量的合格要求，主要依据国家教育法规和中学教师专业标准、教师教育课程标准制定，是国家从“培养目标、毕业要求、课程与教学、合作与实践、师资队伍、支持条件、质量保障和学生发展”8 方面（一级指标）对中学教育专业教学质量的合格要求。

其中专业培养目标对接目标定位，从师德、教学、育人及专业发展等方面具体分解为知识、技能、情感或素养，凸显专业的特色与生命力，充分体现对专业发展规律的认识以及对于专业内在价值的追求。该标准中的毕业要求部分充分体现国家对专业人才培养“产出”的质量要求，是整个师范认证的核心，具有承上启下的作用。毕业要求包括践行师德、学会教学、学会育人和学会发展 4 个维度，对应师德规范、教育情怀、学科素养、教学能力、班级指导、综合育人、学会反思和沟通合作 8 个二级指标。师德是教师工作必须遵守的道德规范和行为准则的总要求，是引领和指导师范生学会教学、学会育人和学会发展的第一素养。师德规范指标对应培养目标中师德素质定位，从立德树人、师德规范、依法执教等多角度提出具体培养规格要求，要求中学教育专业准确把握新时代中国特色社会主义特征，贯彻党的教育方针，践行社会主义核心价值观，以立德树人为己任，以“职业理解与规范”为重点，系统构建正确对待职业、学生、工作和自身修养 4 个领域的职业认知和规范养成体系；要立足“知行合一”，创设师德践行环境，创新师德养成路径、形式和方法，注重将师德认识内化为师德认同，转化为师德行为，帮助师范生成长为思想政治信念坚定、职业发展目标明确、具有立德树人理念、理解依法执教内涵，认同师德规范并能在专业实践中积极践行的新时代好教师。教育情怀是以情系学生、胸怀育人为标志的教师核心素养，是师范生学会教学、学会育人、学会发展的心理保障。教育情怀指标对应培养目标中师德素养定位，聚焦促进学生成长，提出具体培养规格要求。综合育人是体现育人为本理念，适应中学综合育人工作需要的教师专业核心能力。通过一系列的育人主题活动和实践活动帮助师范生了解中学生身心发展的一般规律与世界观、人生观和价值观形成特点，了解中学生思想品德培育、人格塑造、行为习惯养成的过程与方法；提升师范生对学科正确的情感、态度和价值观。

《中学教育专业认证标准(第二级)》从教师的政治意识、政治信仰、职业理想、师德规范、教育情怀、心理品质和价值观等方面体现了教师的核心素养，对构建乡村教师核心素养体系的框架起到引导作用。

(七)《乡村教师支持计划实施办法(2015—2020 年)》

为提升乡村教育水平，明显缩小城乡师资水平差距，让每个乡村的孩子都能接受公平、有质量的教育，从根本上阻止贫困现象代际传递，2015 年国务院印发《乡村教师支持计划实施办法(2015—2020 年)》，力争到 2020 年造就一支师德高尚、素质优良、结构合理、甘于奉献的乡村教师队伍。实施乡村教师支持计划，对于解决当前乡村教师队伍建设领域存在的突出问题，吸引优秀人才到乡村学校任教，稳定乡村教师队伍，带动和促进教师队伍整体水平提高，促进教育公平、推动城乡一体化建设、推进社会主义新农村建设、实现中华民族伟大复兴的中国梦具有十分重要的意义。

《乡村教师支持计划实施办法（2015—2020年）》坚持师德为先，以德化人，着力提升乡村教师思想政治素质和职业道德水平，引导乡村教师带头践行社会主义核心价值观，加强乡村教师对中国特色社会主义的思想认同、理论认同和情感认同。重视发挥乡村教师以德化人、言传身教的作用，教育学生热爱祖国、热爱人民、热爱中国共产党，形成正确的世界观、人生观、价值观，确保乡村教育正确导向。《乡村教师支持计划实施办法（2015—2020年）》全面提升乡村教师能力素质，将师德教育作为乡村教师培训的首要内容，推动师德教育进教材、进课堂、进头脑，贯穿培训全过程。全面提升乡村教师信息技术应用能力，积极利用远程教学、数字化课程等信息技术手段。①

《乡村教师支持计划实施办法（2015—2020年）》注重教师师德素养，关注教师的国家认同和政治信仰，注重教师信息技术应用能力和数字化课程的应用，同时关注乡村教师的实际需求，对本研究乡村教师核心素养体系框架的建构具有指导意义。

（八）《教育部卓越教师培养计划2.0意见》

为贯彻《中共中央、国务院关于全面深化新时代教师队伍建设改革的意见》决策部署，落实《教育部等5部门关于印发〈教师教育振兴行动计划〉（2018—2022年）的通知》工作要求，2018年，教育部发布《关于实施卓越教师培养计划2.0的意见》。

《意见》立足全面落实立德树人根本任务的时代新使命，通过实施卓越教师培养，培养造就一批教育情怀深厚、专业基础扎实、勇于创新教学、善于综合育人和具有终身学习发展能力的高素质专业化创新型中小学教师。在具体改革任务中强调全面开展师德养成教育。将习近平总书记对教师的殷

---

① 国务院办公厅关于印发乡村教师支持计划（2015—2020年）的通知[EB/OL]，http://www.gov.cn/zhengce/content/2015-06/08/content_9833.htm.

切希望和要求作为师范生师德教育的首要任务和重点内容，将“四有”好老师标准、四个“引路人”、四个“相统一”和“四个服务”等要求细化落实到教师培养全过程。通过实施导师制、书院制等形式，建立师生学习、生活和成长共同体，充分发挥导师在学生品德提升、学业进步和人生规划方面的作用。①

《意见》注重运用信息技术助推教育教学改革，推动人工智能、智慧学习环境等新技术与教师教育课程全方位融合，充分利用虚拟现实、增强现实和混合现实等，建设开发一批交互性、情境化的教师教育课程资源。推广翻转课堂、混合式教学等新型教学模式，形成线上教学与线下教学有机结合、深度融通的自主、合作、探究学习模式。创新在线学习学分管理、学籍管理、学业成绩评价等制度，大力支持名师名课等优质资源共享。利用大数据、云计算等技术，对课程教学实施情况进行监测，有效诊断评价师范生学习状况和教学质量，为教师、教学管理人员等进行教学决策、改善教学计划、提高教学质量、保证教学效果提供参考依据。②

《教育部卓越教师培养计划 2.0 意见》充分肯定了教师素养对学生品德、学业进步和人生职业发展的重要影响作用，注重教师价值观、师德规范、教育情怀和政治素养的培育，注重信息化技术对教育教学改革的作用，注重培育师范生的数字素养，对建构乡村教师核心素养体系框架具有指导作用。

二、乡村教师核心素养体系框架设计的理论依据

乡村教师核心素养体系框架的设计要有坚持的理论基础作为支撑，即建构的体系要能回应理论需求，符合理论发展。终身学习理论、“符号互动论”和教师专业发展理论契合了乡村教师核心素养体系框架的内在需求，为乡村教师核心素养体系框架的建构指明了时代方向。

---

① 教育部关于实施卓越教师培养计划 2.0 的意见[EB/OL]，http://www.moe.gov.cn/srcsite/A10/s7011/201810/t20181010_350998.html.

② 教育部关于实施卓越教师培养计划 2.0 的意见[EB/OL]，http://www.moe.gov.cn/srcsite/A10/s7011/201810/t20181010_350998.html.

托德·亨利在十多年的咨询案例中发现,职场中的许多不和谐和紧张感,都是因为创新型人才的需求没有得到满足。比如,有的创新型人才看上去很难管,是因为眼看着工作目标就要达成却被随意更改,此前的大量努力付诸东流,只能推倒重来。再如,有的创新型人才看上去自尊心强,是因为他们的才华没有得到应有的尊重,付出了大量努力却被领导者轻易忽视或否定。经过分析得出创新型人才最需要两样东西:稳定和挑战。稳定指的是工作环境可预知,可以让他们专注地解决问题,不用耗费精力应对不稳定的环境。挑战指的是工作内容能让他们兴奋,能给他们足够的成长空间,不断获得成就感。亨利就从"稳定—挑战"层面入手,提出人需要终身不断学习,迎接挑战,满足自我成长需要。马斯洛的需要层次理论奠定了终身学习的动力。该理论把人的需要分为五个层次,最高层次的"自我实现需要"是个体终身学习的发展目标。核心素养是"21 世纪素养",面对信息化时代和知识社会发展时期对教育发起的挑战,需要从终身学习理论不断提升。

符号互动论是一种主张从人们互动着的个体的日常自然环境去研究人类群体生活的和理论派别,又称象征相互作用论或符号互动主义。符号互动论强调人类主体性的理论前提,关注个体间互动行为的经验研究取向。符号互动论强调互动性、变化性等特点,认为个体的行为和素养具有时代性和情境性。就时代性来讲,核心素养是因信息化快速发展的需要而产生的新能力。它对人们应用信息化技术提出了新要求,对乡村教师的数字化教学提出了新挑战,需要乡村教师提高数字化素养能力。就情景性而言,实践乃素养之母,素养的形成与发展与现实复杂情景具有密不可分的关系。素养是一种复杂的、高级的、综合性的、整体性的、人性的能力,其形成只能在现实环境、智力、情感和道德等各方面的融合中,最终形成并得到不断提升。倘若素养的形成离开真实情境,只有知识的积累和技能的不断训练,高级的、综合性的、人性化的核心素养最终也无法形成。教师核心素养的提升有助于教师个体的专业素质和专业化程度不断提升,体现了教师专业发展"追求卓越"的精神。

第三节　乡村教师核心素养体系初步框架

根据上述政策文件和相关理论的分析，提炼出有关乡村教师核心素养的框架内容，并对核心素养框架内容进行简要的归纳总结。

一、家国情怀

《中国学生发展核心素养(2016)》把对学生德智体美全面发展总体要求和社会主义核心价值观的有关内容具体化、细化，深入回答“培养什么人、怎样培养人”的问题，突出强调个人修养、社会关爱、家国情怀。《义务教育课程方案和课程标准(2022 年版)》将学生正确价值观作为学生核心素养培育的主要内容，增强了思想性，系统融入习近平新时代中国特色社会主义思想，强化社会主义先进文化、革命文化、中华优秀传统文化等方面的教育，增强了学生的家国情怀。《中学教育专业认证标准(第二级)》在践行师德毕业要求中提出要增强师范生对我国的思想认同、政治认同、理论认同和情感认同，所以乡村教师要具有坚定的政治意识和政治信仰，乡村教师要具有为党育人、为国育才、为社会服务的政治意识，具有坚定共产主义理想信念和社会主义核心价值观的政治信仰，具有家国情怀。《中小学教师专业标准(试行)》注重国家认同、法律意识的政治认同。《乡村教师支持计划实施办法(2015—2020 年)》，重视发挥乡村教师以德化人、言传身教的作用，教育学生热爱祖国、热爱人民、热爱中国共产党，形成正确的世界观、人生观、价值观，确保乡村教育导向正确。

二、师德为先

《中小学教师职业道德标准(试行)》《教师教育课程标准(试行)》和《教

育部卓越教师培养计划2.0意见》等系列文件都把师德培育作为优秀教师的首要条件，由此可见，师德素养是集教师核心素养的首要素养。

三、职业道德

《教师教育课程标准（试行）》注重加强教师职业道德教育，将《中小学教师职业道德规范》列为教师教育必修课程，重视塑造未来教师人格魅力。《中小学教师专业标准（试行）》注重职业理想、敬业精神、职业道德修养的教育情怀，树立育人为本、德育为先的教育理念，重视中小学生的全面发展。

四、乡村教育情怀

《中学教育专业认证标准（第二级）》在毕业要求践行师德中提出师范生要具有从教意愿，具有积极的情感，富有爱心和责任心等，具有浓厚的教育情怀。《乡村教师支持计划实施办法（2015—2020年）》为提升乡村教育水平，明显缩小城乡师资水平差距，吸引优秀人才到乡村学校任教，稳定乡村教师队伍，带动和促进教师队伍整体水平提高，促进教育公平、推动城乡一体化建设，需要教师具有浓厚的乡村教育情怀。

五、积极的心理品质

《中小学教师专业标准（试行）》在专业理念与师德维度、个人修养与行为方面提出教师要富有爱心、责任心、耐心和细心；要乐观向上、热情开朗、有亲和力；要善于自我调节情绪，保持平和心态。《教师教育课程标准（试行）》要求在小学职前教育课程内容设置中师范生了解小学生心理健康教育的基本知识，学会诊断和解决小学生常见学习问题和行为问题；在小学职前教育课程内容设置中要求师范生了解中学生心理健康教育的基本知识，学会处理中学生特别是青春期常见的心理和行为问题,这些都需要教师具有良好的心理品质。

以上提炼出的家国情怀、师德为先、职业道德、乡村教育情怀和积极的心理品质等内容从不同方面体现了教师应具备的师德素养,对应《义务教育课程方案和课程标准(2022年版)》核心素养的正确价值观,是乡村教师核心素养的人性善的能力,是核心素养的基础。

六、审辩式思维能力

《中小学教师专业标准(试行)》在专业能力反思与发展部分,注重师范生主动收集分析相关信息,不断进行反思,改进教育教学工作,发展学生的审辩式思维能力;引导中学生自主学习、自强自立,培养良好的思维习惯和适应社会的能力。乡村教师的教育情景复杂,在遭遇风险时,乡村教师通过经历转化式学习,质疑自己的常规知识和行为,提高自己的审辩式思维能力,以应对“教育的美丽风险”。

七、创新能力

托德·亨利认为创新型人才看上去自尊心强,没有得到应有的尊重,需要为他们提供挑战机会,基于具有挑战性的工作内容能让他们兴奋,能给他们足够的成长空间,不断获得成就感。《中小学教师专业标准(试行)》提出要激发中学生的求知欲和好奇心,培养中学生学习兴趣和爱好,营造自由探索、勇于创新的氛围。教育部发布《关于实施卓越教师培养计划2.0的意见》指出,到2035年,师范生的综合素质、专业化水平和创新能力显著提升,为培养造就数以百万计的骨干教师、数以十万计的卓越教师、数以万计的教育家型教师奠定坚实基础。

八、沟通合作能力

《中小学教师专业标准(试行)》提出,师范生要具有团队合作精神,积极开展协作与交流;了解中学生,平等地与中学生进行沟通交流;与同事合作交流,分享经验和资源,共同发展;与家长进行有效沟通合作,共同促进中学生发展;协助中学与社区建立合作互助的良好关系。《中学教育专业认证标准(第二级)》在沟通合作毕业要求指标里提出要理解学习共同体的作用,具有团队协作精神,掌握沟通合作技能,具有小组互助和合作学习体验。《教师教育课程标准(试行)》提出师范生要掌握教师所必需的语言技能、沟通与合作技能。

九、管理和化解冲突的能力

《中小学教师专业标准(试行)》课程内容设置中提出师范生要有效管理和开展班级活动,妥善应对突发事件。乡村教师面临着复杂的教育场域环境,需要从人性善的本能出发,妥善处理突发事件。

以上提炼出的审辩式思维能力、创新能力、沟通合作能力、管理和化解冲突能力体现了教师在面临复杂的教学实践情境下,遇到问题不走极端,遵循"善"的目的,通过实践推理,按照正确的方式做正确的事情,对应《义务教育课程方案和课程标准(2022 年版)》核心素养的必备品格,是乡村教师核心素养中教师应对不确定性事情的正确做法,是核心素养的关键。

十、信息化素养

《中小学教师专业标准(试行)》提出,教师应将现代教育技术手段渗透应用到教学中。《教师教育课程标准(试行)》提出,师范生要具有运用现代教育技术的技能。深化信息技术助推教育教学改革，推动人工智能、智慧学习环境等新技术与教师教育课程全方位融合，充分利用虚拟现实、增强现实和混合现实等，建设开发一批交互性、情境化的教师教育课程资源。

十一、数字化素养

党的二十大报告明确提出要“推进教育数字化”，不断提升教师的能力素养。2023 年，教育部制定了《教师数字素养》标准，用于对教师数字素养的培训与评价，并从数字化意识、数字技术知识与技能、数字化应用、数字社会责任、专业发展五个维度具体阐述了数字素养的内容。提升乡村教师的数字素养是乡村教师核心素养的关键所在，是乡村教育发展的新形态，有利于优质教育资源共享，实现教育公平，促进共同富裕。

以上提炼的信息化素养和数字化素养都是教师面临信息化时代发展需要、解决复杂问题和适应不可预测情境的高级能力。

十二、学科知识

学科专业知识是教师是否有资格从事专业教育教学的首要前提。《小学教师专业标准（试行）》提出，教师要适应小学综合性教学的要求，了解多学科知识；掌握所教学科知识体系、基本思想与方法；了解所教学科与社会实践的联系，了解与其他学科的联系。

十三、教育教学知识

掌握小学教育教学基本理论，掌握小学生品行养成的特点和规律；掌握不同年龄小学生的认知规律；掌握所教学科的课程标准和教学知识；利用评价工具，掌握多元评价方法，多视角、全过程评价学生发展；引导学生进行自我评价；自我评价教育教学效果，及时调整和改进教育教学工作。

十四、通识性知识

具有相应的自然科学和人文社会科学知识；了解中国教育基本情况；具有相应的艺术欣赏与表现知识；具有适应教育内容、教学手段和方法现代化的信息技术知识。

以上提炼的学科知识、教育教学知识和通识性知识属于知识范畴，按照教师专业发展理论的角度来看，知识也是教师专业发展的基本素质，是实现教师专业发展的前提条件，是教师招聘选拔的重要依据。

第四节　乡村教师核心素养的访谈

依据初定的乡村教师核心素养框架内容设计半结构式访谈提纲，以乡村中小学管理者、乡村中小学教师和高校教师教育者为对象进行访谈，再次探索乡村教师核心素养体系框架。根据访谈结果，最终整合乡村教师核心素养体系框架内容。

一、访谈目的

修改并完善乡村教师核心素养体系框架，建构乡村教师核心素养体系框架，同时为乡村教师核心素养问卷调查的编制奠定基础。

二、设计访谈提纲

由于乡村教师核心素养概念的外延很大，研究者对核心素养定义的确定也存在分歧,所以本研究在访谈过程中采用半结构化访谈,既有访谈框架,又有自己对核心素养的见解。访谈提纲主要围绕师德素养、择宜素养、数字素养和知识素养来进行。通过交流,请访谈者对乡村教师核心素养从正确价值观、必备品格和关键能力方面进行阐述。

三、访谈对象

访谈方式一部分是面对面访谈,一部分是电话访谈,访谈对象主要为河北省地方师范院校的教师教育者、乡村中小学管理者和乡村中小学教师,以及河南省乡村中小学管理者和乡村中小学教师。访谈者的具体情况见表3-6。

表3-6　访谈者的基本信息

编号	性别	称呼	学历	工作地	胜任学科
1	男	周老师	本科	河北沧州	语文
2	女	陈老师	本科	河北邢台	语文
3	女	马老师	本科	河北保定	英语
4	女	孟老师	本科	河北邯郸	英语
5	女	李老师	本科	河北邯郸	英语
6	男	王老师	本科	河北邢台	英语
7	女	李老师	本科	河北邢台	数学
8	男	董老师	本科	河北邢台	数学
9	女	范老师	本科	河北石家庄	数学
10	男	赵老师	本科	河北唐山	语文
11	女	刘老师	本科	河南许昌	英语
12	女	陈老师	本科	河南许昌	数学
13	女	胡老师	硕士	河北邢台	教师教育
14	女	安老师	硕士	河北邢台	教师教育

四、访谈结果

基于访谈提纲,对乡村教师的正确价值观、必备品格和关键能力等内容进行访谈,对访谈结果进行分析和整合,对相应指标进行删减和修订。

编号1:周老师(来自河北沧州):我认为作为一名平凡的乡村教师,要有优秀的创新能力,创新自己的教育理念和模式可更好地引导孩子,比如说可以通过课堂游戏、课本与现实结合、启发诱导等教育方式去引导孩子学习,还要有与他人建立良好关系的能力。乡村教师是一名合格的教师,不能因为环境不同而忽视了与学生们的关系,老师和学生不只是师生关系,更应该是朋友的关系,如果只有师生这层关系而没有朋友的关系,很难让学生对老师敞开心扉,而成为朋友关系还可以对后续的班级开展工作有很大帮助。作为一名教师,平时看到学生之间发生矛盾是非常常见的一件事,这个时候作为教师就要有管理和化解冲突的能力,乡村教师面对的学生大多数年龄比较低、心智不成熟,同学之间发生矛盾后如果老师不好好处理,会对学生之间的关系产生不好的影响。一个优秀管理和化解冲突的老师可以让班级关系更加融洽,学生的心理上也不会有太大压力。乡村教师大多数在落后的农村,基础设施较差,这个时候就需要教师有数字化应用在教学中的能力,数字化在教学中的应用对学生有很大的帮助,可以更好地规划好教学内容,清楚每个学生的长处与短板更高效地对学生进行教育,使学生向着更全面的方向发展,成为国家所需要的人才。”

通过分析周老师的观点后,发现乡村教师更应该树立教师应有创新能力、与他人建立良好关系能力、管理和化解冲突能力、数字化应用能力的教育观念。

编号2：陈老师（来自河北威县）：作为一名乡村教师，我觉得首先应该关注学生的道德品质，成绩重要但品德更为重要，俗话说要成才先成人，老师对学生的影响很大，尤其在学生的启蒙阶段。乡村的教育环境与城市有所不同，我们老师在日常教学中更要以身作则，为学生树立良好的榜样，向学生传递社会主义核心价值观，启发学生树立良好的人生观与价值取向，关注学生的个性发展，因材施教，从而更好地培养学生的兴趣发展。乡村教师也要有一定的审辩式思维能力，比如有时候可能会有学生因为一点小事而产生矛盾，这时候老师就需要有调节关系、化解冲突的能力，在了解清楚问题的起因后，可以开导学生解决问题，让学生从小宽容大度，为以后的成长成才之路打下基础。在数字化发展迅速的今天，教学方式也在不断创新进步，乡村的数字发展较为缓慢，但教师在教学中要有数字化意识，创新课堂授课方式，寓教于乐，让学生在放松快乐的氛围中掌握知识，将数字化应用在教学中，提升课堂效率。乡村教师承担着乡村未来教育的重担，热爱教育、爱岗敬业，有着浓厚的乡村教育情怀，和学生多交流，实现作为乡村教师的自我价值。

通过分析陈老师的访谈，发现乡村教师应该树立注重学生的道德品质及加强审辩式思维能力的教育观念。

编号3：马老师（来自河北保定）：我们这些乡村教师首先应具备职业道德素养和教育能力水平，教育能力水平不仅包括使用过去的传统教学方法，还应该包括对数字化教学的认知和使用能力，进而提高我们所在的乡村小学的现代化数字教学水平。身处数字化新时代，我们人人都需要改变。我们在使用教科书时，可以尽可能地数字化教学，让教学更直观立体生动，这样可以提高学生对学习的兴趣，进而促进学习效率学习效果的提升。在教学中我们不应局限于教室，我们可以利用网络为学生提供更广阔的世界，进而再引出更多的知识，这给学生带来了丰富的学习体验。数字化教学少不了动画展示。例如,我们将学习的字母用更形象更直观的事物云来勾勒展示,将读音与汽车走不同的坡路结合,更好地提高了知识与事物的联系,引导学生认识字母的形和正确读音。学生有时会对课文感到厌倦无聊,我们可以利用数字化来提供契合的视听化教学,实现点读跟读试听协同发展的学习,激发学生更好地理解语言的魅力,学习语言的规律。设计生动形象的教学视频内容,给课堂增加与所学习课文的氛围意境,使学生深入学习,真正地进入课文的情与境。聚焦于基础教学的应用,实现课堂教学的进步。

分析马老师的观点后,发现乡村教师应肩负数字化教学的任务和承担学校教学现代化的教学观念。

编号4:孟老师(来自河北邯郸):我觉得作为一名乡村教师,在观念上我们要摆正自己的态度和观念。不要因为工作的环境与城市的差异对去乡村工作教学产生异议,乡村的孩子其实并不比城市的孩子差到哪里去,他们只是缺少良好的教育和引导,而这正是我们乡村教师所要做的。乡村的基础设施建设相比于城市自然是差了许多,乡村在基础设施、教学设备的数字化程度已然与城市有了差距,乡村的教学设备发展起步晚,发展慢。这就需要我们乡村教师能够进行数字化学习和研究,从而进行数字化教学的创新,将仅有不多的数字化资源充分利用,科技的发展,教学设备的数字化给予我们教师的教学过程中带来了很大便利,作为教育信息化的新阶段,教育数字化对于促进乡村教育高质量发展、助力乡村振兴具有重要意义。教育数字化转型背景下乡村教师专业发展要求乡村教师与时俱进,不断更新自身知识体系,把握教育数字化转型带来的红利,加强乡村教师专业发展数字应用能力,成为一名“技术型”乡村教师。其次作为乡村教师,在教师群体上我们要整合所有的教育资源,要加强与其他乡村教师的合作与联系,整合为一,鼓励师范院校采取多种方式，长期跟踪、引导师范院校教师与乡村教师形成学习共同体、研究共同体和发展共同体。从教师来源的源头为乡村提供大量优秀有数字化意识、数学技术及时、注重合作的优质人才乡村教师。

通过分析孟老师的观点，发现乡村教师应该加强自身的数字化技术能力，抓住数字化发展的红利，其次要注重合作精神，加强与其他乡村教师的合作探讨，共促乡村教学建设发展。

编号5：李老师（来自河北邯郸）：在几年乡村教学总结出来的经验中，我觉得最为重要的便是培养学生们的创新能力。作为一名合格的乡村教师，最为重要的便是培养学生们的创新能力以及思辨能力，这种创新的思想要从小就树立在学生们的心中。使学生能够积极地融入社会，为国家的栋梁之材。同时这样也能够为孩子的以后考虑，使学生们能够凭借自己的能力走出去。同时作为一名合格的乡村教师，不应该以乡村的基础设施落后为理由，用那些还不能够解决问题的客观因素去“打幌子”，而应该积极发挥自己的主观能动性，去培养和调动孩子们的创新能力。就处于小学阶段的学生，学生可塑能力强，更利于培养和塑造孩子的创新能力。而当今社会需要学生们能够拥有创新能力，这是现代社会发展的必然因素，也是学生们必备的核心素养。提高学生们的创新能力和创新思维能力，这是作为一名乡村教师教书育人的应有之义，同时也是国家未来发展的千年大计。而且对于培养学生的创新能力来说，对于学生本身而言也是一种自我提升，比小学阶段的学生更容易用自己的眼睛去发现自然的美。同时在培养他们创新能力的同时，他们能够更好地去认识社会，去更好地塑造自己。所以培养学生们的创新能力是重中之重的。

通过分析和研究李老师的言论和观点，我们发现培养小学生的创新能力是非常重要的。

编号6:王老师(来自河北邢台):作为一名英语老师,我认为数学的专业知识素养是乡村教师发展的重要因素,是每一位老师应该具有的基本的能力。在乡村除了教学,平时也要负责处理同学间的矛盾,要进行家访,对学生的突发问题及时发现和正确处理。作为一位乡村教师,浓厚的乡村教育情怀是非常重要的,乡村环境落后,生活环境没有城市环境优越,所以要想让教师在乡村留下来,并愿意努力成长,我认为对乡村文化的喜欢和乡风习俗的热爱是非常重要的,是一个乡村教师最重要的心理基石。同时面对信息化时代,我认为乡村教师信息化教学能力和信息化教学认识也是非常重要的。

王老师的阐述,认识到乡村教师处理问题时的灵活应变能力,乡村教师在面临乡村复杂的教育环境时,应遵循善的本能,灵活应变合理地处理同学之间的矛盾。乡村教师要想得到成长,要想提升,要想取得与城市一样的教育质量,除了乡村教师自身教学水平的提高,掌握信息化资源和信息化技术也可以达到优质资源共享,实现教育公平。

编号7:李老师(来自河北邢台):在乡村教学中,我认为乡村教师的知识素养是非常重要的,乡村教师要有精深的专业知识,要了解所教专业的知识系统。我作为一名乡村小学教师,主要负责数学教学。我并不是数学专业出身的,缺乏对数学专业知识的体系认知,这也影响了我的专业发展。但是我在班级管理和学生的心理健康方面研究得比较深入,通过对核心素养的学习,我认为教师的管理和解决学生心理问题的能力也是核心素养的重要组成部分,这也是我的优点。

李老师认为专业知识是教师的核心素养的组成部分,但是教师的管理班级、解决冲突和维护学生心理健康的能力也是教师核心素养的重要组成部分。

编号8:董老师(来自河北石家庄):在农村小学中,大部分的学生家长在外务工,缺乏对子女的管教,也导致爷爷奶奶或是姥姥姥爷溺爱孩子的现象。部分学生的性格较为内向,有些学生的性格较为外向,不同学生的不同性格特点给班主任的管理工作带来了困难。因此乡村教师应该具有良好的班级管理能力,做好班级管理工作任务,构建完整的管理体系,逐步培养学生良好的生活习惯,树立学生健康成长的意识,确保农村学生以饱满的热情与积极的心态参与到学习与生活活动中。同时,作为一个好的乡村教师,应该和家长处好关系,家长是学生教育的重要的合作伙伴。教师在与家长关系中应更处于主动、积极的位置,一些偏远乡村地区的家长对于教育的理解有些落后,所以我们一方面要积极争取广大家长对学校工作、对教育的理解、支持与主动参与,另一方面要以专业化的知识、判断和反应积极支持和帮助家长更新教育观念,改善教育行为,掌握更多适宜、有效的教育策略和方法,增进家长与学生间的积极互动,提高教育能力共同促进幼儿的全面、健康地发展。

通过对董老师观点的分析,发现乡村教师应该具有良好的管理能力和与家长合作、建立良好关系的能力。

编号9:范老师(来自河北石家庄):我认为作为一名合格的乡村教师,要具有人文关怀,要做学生的良师。教师在教学过程中应该做到一视同仁,公正地对待和尊重每位学生,不能仅凭学习成绩来评价一个学生的好坏,要全面综合看待学生,不要过多说学生的缺点与不足,保护学生的自尊心和自信心。同时也要强调师生关系的平等,教师与学生不应该只是师生关系,还是朋友关系、合作关系。一名合格的乡村教师应该时刻关注学生的情绪状况并及时开导,成为帮助学生解决情绪问题的朋友。所谓教学相长也,教师给学生传授知识的过程中,自身也在不断进步,教师与学生是互相促进、不断提升的合作伙伴。我认为教师在教学过程中应该充分发挥学生的主观能动性,针对不同层次学生采取不同的应对方法,在与学生交流时多用心去相处。教师应该经常鼓励学生,每个人都是独特的个体,都应该有绽放自己和展示自己的机会。教师要让学生从课堂上感受和体验到人文关怀。只有基于人文关怀的价值引领和思想教育才能让知识"活化",让理性丰满。这种人文精神的观念在乡村学校更要大力发扬,让乡村小学更加朝气蓬勃、人才济济。

通过分析范老师的观点,我们知道了一位合格的乡村教师应该具备人文关怀的精神,教师与学生是共同进步、一起成长的益友。

编号10:赵老师(来自河北唐山):我认为要想成为一名合格的乡村教师,首先应当具有广博的数字技术知识和一定的数字技能水平。广博的知识可以解答学生们各种各样的问题,技能水平则可以辅助教学,特别是对于数字化的熟练程度和了解深度,对于教学会有巨大的帮助。比如在实际教学过程中,我们大多会采用PPT等多种数字化形式开展教学,而实际上,数字化在教学中应用的作用要远远大于只是枯燥的讲授,效果也会好得多,不仅能帮助学生更好地理解知识,同时也能增添很多趣味性,避免课堂枯燥乏味。乡村教师如果能拥有数字化的意识,便会自然而然地将数字化代入实际教学中,而这就需要全体乡村教师共同努力,在日常学习和研究中,有意识地培养和锻炼自己数字化的意识。在课堂上,乡村教师亦可将数字技术知识引入课堂,由浅入深,循序渐进,帮助学生们理解数字化概念,扩大知识和增长见识,为日后更好地运用数字化技能和适应数字化社会打下基础。生活于数字化的时代,我们认为如果能更早地提升学生们的数字化知识储备和培养他们的数字化水平,对于日后他们的学习生活和了解世界,具有重要且深远的意义。

通过分析赵老师的观点,发现乡村教师应当具有数字化意识和数字化知识和技能,注意将数字化应用在教学中。

编号11:刘老师(来自河北保定):我觉得作为一名乡村教师,要用发展、联系的眼光来看待乡村教育的问题,每一位孩子都是祖国未来的建设者,要培育好他们。首先,乡村教师最应该具备的就是要有足够的知识素养,才能更好地向孩子们传授科学文化知识。培育孩子要从智育、德育、美育、体育多方面进行,重视素质教育,促进孩子们的全面发展。乡村教师要平等地看待每一位学生,因材施教、以身作则,培育学生正确的人生观、价值观。时代在变化,教育也在变化,现代的教育方式要改革,把学生当作课堂的主人,不要一味地去灌输,要充分发挥他们的主观能动性,自主学习和思考才是最有效的。乡村不比城市,一些硬件软件设施都不齐全,但作为一名合格的乡村教师,要克服这些困难,为培养祖国未来的建设者和接班人要有奉献意识,给学生带来精彩的课堂。

通过分析刘老师的观点,发现乡村教师要有足够的知识素养和职业道德素养,有奉献精神,用爱来教学。刘老师主张以人为本、立德树人的教育方法,培养学生德、智、体、美、劳全面发展的教育目标,重视学生的道德教育和思想品德,尊重学生,树立发挥学生主观能动性的教育观念,让学生自主学习、快乐教学,同时也应追随时代的发展,开展数字化教学活动,丰富学生的素养和见识,课堂要有创新。

编号12:陈老师(河北定州):我觉得作为一名教师,在观念上,应该首先拥有一种良好的核心素养。良好的核心素养包括良好的综合性和整体性。综合性是指核心素养是个体在解决复杂问题中表现出来的综合性品质或能力,关注不同领域和不同学科的人应具备的共同品格和关键能力,具有跨学科和跨领域性质;整体性是指这些基本素养之间具有相互依存关系,具有相互促进和相互制约作用,是一个有机联系的整体。郑桂华认为核心素养的主体是人,核心素养是一种跨学科素养,所以任何一种核心素养都不可能靠单独的一门学科完成,不能单独进行培养或发展,尤其是当素养作为整个人的养成教育过程时,需要加强综合性和整体性。学生发展核心素养主要是指学生应具备的能够适应终身发展和社会发展需要的必备品格和关键能力。中国学生发展核心素养的三个方面以科学性、时代性和民族性为基本准绳,以培养"全面发展的人"为核心,分为文化基础、自主发展、社会参与三个方面。我们现在不能一味地学习课本上的理论和死知识,应用到实际生活中才是最主要的。实践才能出真知。现在的某些老师只会读死书而不能灵活地运用到生活实际中。他自己解决学生的问题只会刻板地从书上找到答案,而不会变通。也有些同学正确解答出来一个问题但不是标准答案,这时老师并不会认可他。那正确的做法是什么?应该发挥自己在书本上学习的知识,从这个学科跨越到另外一个学科,让这两门学科产生联系,去运用到实际生活中。不但给学生拓展了思路开阔了视野,这就发挥了一名真正教师的核心素养。学生既得到了认可,也增加了老师的成就感。

通过刘老师的分析,发现核心素养不只是在课本上、在书面上体现,最重要的是要在实践中去发现我们发现作为一名好老师,应该拥有一种好的核心素养并深入了解和探索。

编号13:胡老师(来自辽宁锦州):很多学校都想做数字化,但到他们学校去,很少能感受到数字化。我问为什么?他们回答:数字化是用到教学中的,你应该到特殊的教室中看。我的感受是,信息化的学校教育应该是一个系统。信息化,我们能做的第一件事就是用数字化重建管理服务。现在很多学校的管理服务只做发布通知、课表排查，没有为整个学校的教育做管理、做服务。如果学生或者老师的生活中没有数字化的内容，我们怎能相信老师能够带领孩子在教学中用好信息技术？当我们的老师不创新、拒绝用先进的技术改革我们的课堂时，当他们在怀疑能否做到这一点的时候，他们可能就没有办法来引领教学。只有我们的学校教育、生活、管理服务中弥漫着这种不可替代的信息技术应用气氛，数字化学习才能一步步深入。这就是我们把数字化学习做成常态的原因。要想我们的孩子有创新，至少老师要有创新。如果老师没有创新，至少可以做到宽容。我们对数字化的思考和做法就是基于创新和宽容。作为一名乡村教师如果没有创新，是做不成数字化的。如果没有宽容，也是做不成数字化的。教师的教育生活是我们数字化的目标之一，在我看来，数字化最重要的目标是革新教师的教育系统。教师数字化教学素养为鼓励探索开展理科实验教学的新方法、新思路，推动数字化探究实验在中学理科教学中的应用，提高教师对数字化实验使用的基本技能。

通过分析胡老师的观点，发现乡村教师应该树立数字化意识，提高自身数字技术技能，能够进行数字化教学创新。

编号14：安老师（来自河北隆尧）：作为新时代的乡村教师，我们首先最应该重视孩子们的品德教育。学校的品德教育往往注重表面功夫，却忽视了孩子们的内心品德素养。例如有些学校的品德教育时间太少，仅有每周一的升旗仪式和思想品德课。我个人认为，教师应当深入学生中间，了解他们的内心，在日常学习及生活中引导学生，潜移默化地提高他们的品德素养。小学、初中阶段正是孩子们价值观形成的重要时期，这个时期，教师的引导尤其重要，我们要教会学生如何做人，懂得一些浅显的做人道理，在学生们产生矛盾时，告诉他们‘退一步海阔天空’。其次，作为教师的我们，更要注重自身素养，提高师德素养，教师以身作则，学生们会以教师为榜样，因此我们教师需提高个人品德素养，在平时教学工作中严格要求自己，做学生的表率，提高思想觉悟，在教书育人的过程中，恪守师德师风的相关要求，以一颗仁爱之心实现自我价值，展现师者风采。

通过分析安老师的访谈，我认为教师首先要培养学生的品德，当然教师自身的师德素养也不能松懈。

在实际访谈结束整理资料过程中也征询了专家的意见，专家认为《义务教育课程方案和课程标准（2022 年版）》没用“学科素养”这一概念，而是强调核心素养的主体是学生而非学科，课程目标的架构是以核心素养为统领的复合型课程目标体系，其中正确价值观、必备品格和关键能力是核心素养的三个价值领域。核心素养是个体适应信息化时代和知识社会的发展需要，解决复杂问题和适应不可预测情境的高级能力与人性能力，乡村教师核心素养是乡村教师的关键素养和必备品格，具有整体性和综合性，乡村教师核心素养更多关注乡村教师终身发展的能力、必备的品格和正确的价值观，所以在进行乡村教师核心素养体系建构时去掉了专业知识这部分，因为这部分是对教师的基本要求。

通过对访谈文献的分析，本研究初步建构出乡村教师核心素养体系框架，包含师德素养、择宜素养和数字素养三个一级指标，分别对应《义务教育课程方案和课程标准（2022 年版）》核心素养的正确价值观、必备品格和关键能力，包含政治意识、政治信仰、乡村教育情怀、职业认同、人格魅力、审辩式思维能力、创新能力、沟通合作能力、管理能力、化解冲突能力、数字化意识、数字技术知识和技能、数字化应用、数字社会责任、数字专业发展十五个二级指标。

第五节　乡村教师核心素养体系最终框架

一、乡村教师核心素养体系框架

初步建构出乡村教师核心素养体系框架，包含师德素养、择宜素养和数字素养三个一级指标，分别对应《义务教育课程方案和课程标准（2022 年版）》核心素养的正确价值观、必备品格和关键能力，包含政治意识、政治信仰、乡村教育情怀、职业认同、人格魅力、审辩式思维能力、创新能力、沟通合作能力、管理能力、化解冲突能力、数字化意识、数字技术知识和技能、数字化应用、数字社会责任、数字专业发展十五个二级指标，如图 3-1 所示。

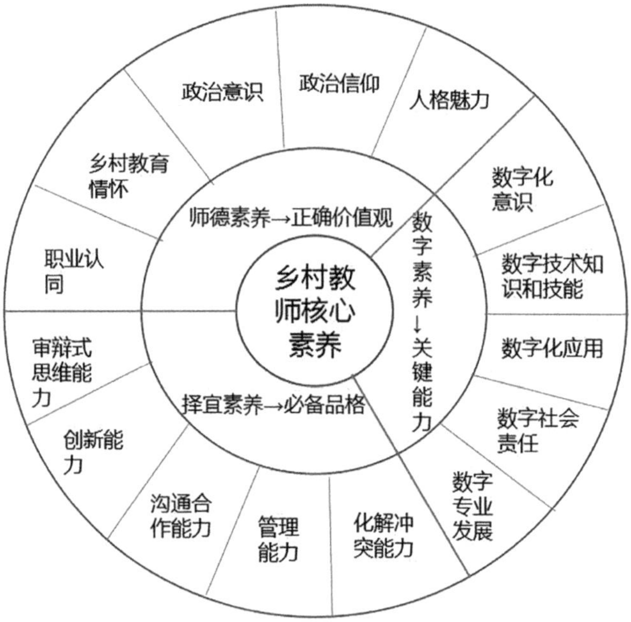

图 3-1　乡村教师核心素养体系框架图

二、乡村教师核心素养体系框架一级指标描述

（一）师德素养

《义务教育课程方案和课程标准（2022 年版）》是全面贯彻党的教育方针，落实立德树人根本任务，通过课程育人价值培养学生适应个人终身发展和社会发展需要的正确价值观、必备品格和关键能力。《中小学教师职业道德标准（试行）》《教师教育课程标准（试行）》和《教育部卓越教师培养计划 2.0 意见》等系列文件在教师的培养过程中，都把师德培育作为优秀教师的首要条件，由此可见，师德素养是教师核心素养的首要素养。《中学教育专业认证标准（第二级）》在践行师德毕业要求中提出要增强师范生对我国的思想认同、政治认同、理论认同和情感认同，所以乡村教师师德素养的首要内容是具有坚定的政治意识和政治信仰。乡村教师要具有为党育人、为国育才、为社会服务的政治意识，具有坚定共产主义理想信念和社会主义核心价值观的政治信仰。《中学教育专业认证标准（第二级）》在毕业要求践行师德中提出师范生要具有从教意愿，具有积极的情感，富有爱心和责任心等。由于乡村教师面临着工作环境差、社会地位低及工作负担过重等多重困难，要想为乡村培育“学高为师、身正为范”的卓越教师，就需要提升乡村教师的职业认同、敬业奉献、乡村教育情怀和人格魅力。乡村教师要提前对教师职业进行深入的职业探索并做出积极的职业承诺，具有良好的职业认同；乡村教师要爱岗敬业，树立坚定的职业理想，坚持对岗位的坚守和奉献；乡村教师要具有浓厚的乡村教育情怀，能够认同乡村教育的价值、喜欢乡村良好的民风民俗、具有传承乡村优秀文化的意识；乡村教师要具有平和宽容的心理观念，具有敬业爱生的工作作风，具有自谦愉快的生活态度，做一个真正具有人格魅力的教师，既感恩社会，帮助别人，也实现了自我价值。

（二）择宜素养

亚里士多德认为人的活动分为三种：一是理论沉思；二是实践；三是制作。教师工作被看成一种实践，同时也有很大的制作成分，要具有创造的激情和精湛的技艺。教师在面临复杂的教学实践情境下，择宜素养就是遇到问题不走极端，遵循“善”的目的，通过实践推理，依据具体情景采取最恰当的策略①。乡村教师面临的教育实践太复杂，教师也只有“在事上磨炼”，持有开放的态度，积极主动迎接“教育的美丽风险”，才能不断成长，所以择宜素养是乡村教师核心素养的重要组成部分。择宜素养不会无故产生和发展，只有在遭遇风险时，教师通过经历转化式学习，质疑自己的常规知识和行为，提高自己的审辩式思维能力和创新能力。乡村教师的择宜素养不是靠教师的孤军奋战，而是需要教师集体和社会群体的支持与合作，需要教师具有合作能力、有与他人建立良好关系的能力、具有管理和化解冲突的能力。

（三）数字素养

党的二十大报告明确提出要“推进教育数字化”，不断提升教师的能力素养。2023 年，教育部制定了《教师数字素养》标准，用于对教师数字素养的培训与评价。教师数字素养是教师能够恰当的利用数字技术获取、加工、使用、管理和评价数字信息和资源，发现、分析和解决教育问题，优化、创新和变革教育活动而具有的意识、能力和责任②。提升乡村教师的数字素养是乡村教师核心素养的关键所在，是乡村教育发展的新形态，有利于优质教育资源共享，实现教育公平，促进共同富裕。乡村教师应具有数字化意识，能够理解数字化在经济社会和教育中的价值，能够认识数字化发展给教育教学带来的机遇与挑战，具有主动学习和使用数字技术的意愿，能够战胜在数字化实践

---

① 陈向明. 教师最需要什么素养[J]. 中国教育学刊，2018(8)：3.

② 教育部关于发布《教师数字素养》教育行业标准的通知[EB/OL]. [2022-11-30]. http://www.moe.gov.cn/srcsite/A16/s3342/202302/t20230214_1044634.html.

中遇到的困难。乡村教师应具有数字技术知识和技能，能够认识数字资源，了解数字资源的基本原理，能够使用数字资源。乡村教师应具有数字化应用在教学中的能力，能够运用数字化进行教学设计、教学实施、教学评价和数字化协同育人。乡村教师应具有数字化社会责任感，能够遵循法治道德规范和数字安全保护法则。乡村教师还应具有运用数字化进行专业发展的能力，能够进行数字化学习和研究，能够进行数字化教学创新。

三、乡村教师核心素养体系框架二级指标描述

乡村教师核心素养包含政治意识、政治信仰、乡村教育情怀、职业认同、人格魅力、审辩式思维能力、创新能力、沟通合作能力、管理能力、化解冲突能力、数字化意识、数字技术知识和技能、数字化应用、数字社会责任、数字专业发展十五个二级指标。

政治意识。乡村教师要具有为党育人、为国育才、为社会服务的政治意识；要能够了解国家政治方面的文件和思想；要具有正确的政治态度，支持中国共产党的领导，赞同国家的教育方针和政治思想；对国家领袖、英雄和教育楷模要有敬仰之情；要热爱祖国，积极拥护中国共产党的领导；在复杂多变的形势下，始终保持清醒头脑，具有敏锐的观察力、鉴别力、判断力和政治定力，坚持坚定正确的政治方向。在教育教学过程中坚守政治底线，引导学生形成正确的价值观。

政治信仰。乡村教师要坚信中国化的马克思主义思想；要对中国特色社会主义理论信服和尊崇；要坚信中国特色社会主义道路；要具有坚定的祖国认同、政治认同和文化认同；要具有社会担当，有为祖国建设奉献的信仰。

乡村教育情怀。教育情怀是教师对教育和学生的一种心理体验。乡村教育情怀具有复杂的内涵，主要包含浓郁的乡土性、坚定的乡村教育理想和对乡村教育的认同。乡村教师要对乡土文化有深刻的认识，尤其要认识所在区域的文化精神和内涵，把这种文化精神融入教育教学中；乡村教师的专业

和教学发展要能够引领乡村文化走向积极正向的发展方向；乡村教师要具有服务乡村教育的坚定的思想政治素质和高尚的道德品质；乡村教师要能够认同乡村教育的价值和乡村民风民俗的教育作用、喜欢乡村良好的民风民俗、喜欢乡村安静纯真的自然环境、具有传承乡村优秀文化的意识；具有愿意服务乡村教育的行动。

职业认同。对教师职业具有正面的认识；对教师职业具有强烈的喜欢和热爱；具有坚定的教师职业理想、能够在教育教学工作中获得教师的成就感和责任感；认识到教师职业具有重要价值和非凡意义；对教育教学工作充满热情和自信；对教师职业充满热情和信心；具有高尚的师德意识和师德行为；遵守教师职业道德情操；认同教师在学生培育上具有重要的育人作用。

人格魅力。乡村教师要具有平和宽容的心理观念，具有敬业爱生的工作作风，具有自谦愉快的生活态度，做一个真正具有人格魅力的教师，既感恩社会，帮助别人，也实现了自己。具有渊博的知识储备；具有完善的个性和健康的心理；具有完美的自身形象，仪表端庄、谈吐幽默、举止大方；具有自我成长，自我实现和自我完善的意识；具有精湛的教学水平。

审辩式思维能力。审辩式思维能力能保证教师在未来不会被“百度”和“AI”所取代；在未来的劳动市场中，保证学校培养出的学生不会被一部智能手机或“Al”取代；教育的任务不再是培养“有知识的人”，而是培养“会思维的人”，所以教育的任务不再是向学生灌输一些特定的知识，而是发展学生的思维品质。审辩式思维能力是一种建立在逻辑基础上的理性判断能力和独立分析能力，是判断命题是否为真或是否部分为真的能力，是教师在处理复杂的教育情景时需要的极其重要的核心素养能力。审辩式思维是我们学习、掌握和使用特定技能的过程，是一种我们通过理性达到合理结论的过程，在这个过程中，包含着基于原则、实践和常识之上的热情和创造。审辩式思维能力最重要的特点是不懈质疑、包容异见、力行担责。具有审辩式思维的教师在面临复杂的教育情景时，会用自己的头脑独立进行思考、质疑，他们会认真分析原来的经验在这样的教育情景中对不对、是什么影响了事情解决的效果,这需要教师不断审问、慎思、明辨、决断。当然,这并不是拒绝和反对他人的意见,而是在经过认真的辨析之后,做出最合时宜的判断,接受或者拒绝他的看法。

创新能力。教育的根本目的在于促进人和社会的发展,人和社会的发展都是在不断的创新中进行的。创新能力是一个人整体素质的核心。它不仅表现为智力方面对知识的学习和运用,对新思想、新技术的发明,而且是一种追求创新的意识,是一种发现问题并积极探索的心理取向,是一种善于把握机会的敏锐性和积极改造自己、改造环境的应变能力,因而它更是一种人格特征、一种精神状态。

在科学、技术高速发展的今天,创新能力尤其重要,创新能力是教师专业发展的助推剂,素质教育的核心,是教师的首要必备。要培养学生的创新能力,教师自身必须做名创新型的教师。勤于思考、善于思考是教师创新能力中最必需也最重要的素质。教学生学会思考并养成思考的习惯是教师最重要的任务,而要完成这个任务,教师自身必须具备一定的思考能力和养成思考习惯。教师在面临一些挫折和困难,要保持恒心,坚定信心,不怕挫折,克服困难,让“创新”的旗帜,在自己的思想领地,在自己的教育教学实践领地高高飘扬。创新不是简单的操作,而是复杂的劳动,需要广博而深厚的知识做支撑。教师首先要具备教育学、心理学等方面的知识,能够结合学生各个年龄阶段的心理和生理特点,知识水平和接受能力,为学生的成长提供他们最需要的“营养”。

沟通合作能力。学校是一台机器,教职员工就好比各个零件,只有各个零件凝聚成一股力量,这台机器才可能正常启动。这也是同事之间应该遵循的一种工作精神或职业操守。所以乡村教师首先要充分认识到情商比智商更为重要的道理。在努力学习专业知识的同时,利用一切机会培养自己的情商,学会与家长和学生沟通,营造良好的师生关系。在处理复杂问题时有意识要求自己客观、冷静地分析自我和环境因素,从正确认识自身的能力、潜质、经验等出发,在“自觉”和“自信”的基础上选择最佳的解决方案;在与人相处时更多站在别人的立场或使用别人的视角考虑问题，用“同理心”避免人际交往中的猜疑、误解乃至冲突；在压力或冲动来临时多提醒自己“三思而后行”。乡村教师可以通过学习和实践提高人际交往的技巧与能力。例如，在保证日常学习教学的前提下积极参加学校组织的各项活动，寻找一些机会，或参加社会实践活动。在交往中，一定要遵循“以诚待人，平等交往”的根本原则。人际交往是一个相互的过程，只有你以诚待人，别人才会以同样的方式对待你，以乐观、豁达的心态看待人与人之间的差别，用最为自信和坦诚的心态取得他人的尊重。

管理能力。教师在学校教育活动中承担着不可推卸的组织者和管理者的责任，乡村教师核心素养中的管理能力主要指乡村教师在面临复杂的、突发的和自身的教育情况下，能够遵循善的原则，合理地进行班级课堂教学管理和自我管理。

首先教师要与时俱进拥有先进的管理理念，要树立“一切为了学生，为了一切学生，为了学生的一切”的以人为本的教育理念，学会倾听，学会理解，学会宽容，懂得赞美，善于交流，真正成为学生成长的伙伴。同时要结合教育学心理学知识，不断提升自己课堂教学管理和自我管理能力。

教师的课堂管理能力主要是指教师在课堂中灵活应用，依据教师职业道德的要求和人性“善”的本性正确地处理与学生的关系。教师肩负着教书育人的重任，教师在课堂上与学生的人际关系直接影响了班级的课堂管理，影响师生关系的形成与发展。第一，乡村教师要遵循“爱”的原则，要关爱学生，尊重学生。教师应该摆脱传统观念的束缚，确立民主、平等的师生关系，要学会尊重学生，尊重他们说话、思考、做事的权利。当学生犯错误时，允许他们有解释的权利；在讨论问题时，允许他们有争论的权利；在做事时，允许他们有思考、选择的权利。要学会尊重学生的自主性和个别差异。教师在教育中不只是活动的设计者、领导者，更应该扮演好对话者、引导者和帮助者的角色。教师只有学会尊重学生，就会得到学生的尊重。第二，教师要爱学生，要宽容学生。学生是成长中的人，在他们身上会有这样或者那样的缺点和错误。面对有缺点和错误的学生,尤其是少数“屡教不改”的学生,教师要看到学生的行为是有反复性的,不要期望经过一次教育,学生就能完全改正其不良行为和习惯。只要有了点滴的进步,就要给予鼓励、呵护、引导,帮助他们完善成熟。第三,教师要研究学生,关注学生。苏霍姆林斯基所讲的“尽可能深切地体味每个孩子的精神世界——这是教师和校长的首条清规戒律”。只有体味学生的社会、家庭布景、个性差异、乐趣快乐喜爱、心理转变、成长特点,我们才有与学生和谐相处。第四,师生之间建立一种互动关系。互动性是指师生通过交往能达到彼此心里上的相互影响、相互促动。教师在师生交往中要注意激发学生的内部动因,想方设法帮助各类学生获得不同程度的成功。课堂上对难易不同的问题,在提问不同层次的学生,使快生感到有高可攀,慢生也感到有成功之时。如果慢生总回答不出对的问题,会挫伤他学习的积极性。回答对了给予鼓励,回答不完全也给以鼓励的话语,如“老师相信你会回答出来的,不要紧张慢慢想想吧”等。

教师的自我管理能力主要是指教师要具有终身学习的能力,在如今信息化时代和倡导学习型的社会,一个人的学习能力格外重要。教师在教育教学工作中,要不断学习,不断完善自我。我们经常说,教师要给学生一杯水,首先自己得有一桶水,只有不断地学习,自己的这桶水才能保证永远是活水。教师通过不断学习,可以发现自己的不足,提高自己分析和解决问题的能力。教师不仅要学习与自己专业相关的知识,还要学习一些边缘学科知识,学习信息化和数字化相关知识,提高自己的学科知识范畴,让自己具有跨学科素养,在教育教学中游刃有余。教师的自我管理还包含教师的反思能力。教师在面临困惑、“高原期”或职业倦怠时期,要强化自己的主观能动性,做教育实践的有心人。乡村教师在教育实践过程中在面临问题时要常思考新方法、探索新路子,在自己的教学实践中进行分析和探索,总结规律,获得启示。教师还需要坚持写教学叙事,对自己的教学经验和教学故事进行及时总结,对自己的教学不断进行反思,在教学反思中获得成长。教师还要听取教学督导、同行和学生对自己教育教学实践的意见,根据他们的反馈,不断提升自己的教学能力。

化解冲突能力。乡村教师化解冲突能力主要体现在乡村教师化解师生冲突和生生冲突的能力。

在学生的日常学习和交往中,往往会因为一些事情发生或轻微或严重的冲突,我们称为生生冲突。面临生生冲突,教师首先得具有良好的心理品质,头脑冷静,情绪平和,智慧地解决学生间的矛盾,先稳定学生的情绪,然后树立教师和学生共同解决冲突的信心,最后安抚学生。面临生生冲突时,教师要了解解决冲突的基本原则,教师要具有兼顾解决冲突和课堂教学并存的能力,不能因为解决生生冲突而影响正常的课堂教学。教师要具备解决生生冲突的心理方法,对生生间的冲突要坚持无意识关注和有意识关注之间的相互转化。教师还可以使用教育机制遵循实际教学情景,发挥每个学生的优势,避免学生的劣势,关注学生身上的积极因素,正确处理生生冲突,取得积极的教育效果。

师生冲突是学校生活中常见的问题,师生冲突可能是教育资源的稀缺、师生双方的地位和目标不一致,或者是沟通不及时等因素导致的。从化解策略上来说,教师应采用合作、谈判的方式与学生化解冲突;要开展主体间的平等对话、相互尊重达到双方互相理解、彼此接纳,最终实现教学相长。从理念上来讲,教师要树立师生平等的教师观和学生观,要坚持“以人为本”的教学理念,把学生看成平等发展的个体,不能给学生贴上“优等生”“差生”等不同的标签;从行为上,教师要尊重学生,关爱学生,相信学生,在尊重和爱的基础上实现师生双方的相互理解和信任,并通过激励、对学生作出积极回应,不断强化积极的师生关系,最终达到师生之间的良性循环互动。

数字化意识。乡村教师要了解数字技术对国际数字经济竞争发展的作用;理解数字技术对推动教育教学数字化转型的意义;能认识到数字化技术推动教育创作发展;能认识到数字化技术可能会导致道德伦理方面的问题;具有主动了解数字技术资源的愿望;具有主动实施数字技术与教育教学改革融合的主动性,愿意运用数字化技术进行教学创新实践;能够战胜教育教学中面临数字化技术资源使用和方法创新的困难。

数字技术知识和技能。乡村教师能够了解数字技术的内涵；能够知道多媒体、虚拟现实、大数据等数字技术解决问题的程序和方法；能够在教育教学中选择数字化软件和平台；能够熟练使用数字化软件和平台，解决常见问题。

数字化应用。乡村教师能够运用数字评价工具对学生的学习情况进行分析；能够多渠道收集，并根据教学需求选择、管理、制作数字教育资源；能够依据教学目标，设计融合数字技术资源的教学活动；能够利用数字技术资源突破时空限制，创设网络教学平台等学习环境；能够利用数字技术资源有序组织学生教学活动；能够使用数字工具实时收集学生反馈，改进教学行为，优化教学环节；能够利用数字技术发展学生学习差异，开展针对性指导；能够合理选择并运用数字工具采集多模态学业评价数据；能够指导学生恰当地选择和使用数字技术资源学习；能够利用数字技术资源拓宽德育途径，创新德育模式；能够利用数字技术资源辅助开展多种形式的心理健康教育活动；能够利用数字技术资源实现学校与家庭协同育人，拓展育人途径。

数字社会责任。乡村教师能够遵守互联网法律法规，自觉规范各项上网行为；遵循正当必要、知情同意、安全保障的原则使用数字产品和服务，尊重知识产权，注重学生身心健康；遵守网络传播秩序，利用网络传播正能量；能够做好个人信息和隐私数据的管理与保护；在工作中对学生、家长及其他人的数据进行收集、存储和使用时要注重数据安全维护；能够防范和处置网络风险行为。

数字专业发展。乡村教师能够根据个人发展需要，利用数字资源开展学习；能够利用数字资源对个人教学实践进行分析，及时进行教学反思与改进；参与或主持网络研修共同体，共同学习，分享经验，寻求帮助，解决问题；面临数字化教学问题，能够利用数字技术资源支持教学研究活动；能够利用数字技术资源不断创新教学模式、改进教学活动、转变学习方式。

四、乡村教师核心素养体系框架的分析与讨论

(一)乡村教师核心素养体系的形成有坚实的理论基础

乡村教师核心素养体系的形成是以坚实的理论基础为支撑的,乡村教师核心素养体系的建构符合终身学习理论、教师专业发展理论和“符合互动论”的内容。

终身学习理论是乡村教师核心素养提升的基石,为乡村中小学教师核心素养的提升提供了强有力的支撑。党的二十大报告指出,要推动教育数字化,建设全民终身学习的学习型大国、学习型社会。终身学习的新生价值已经从个人价值上升成社会价值;终身学习的价值已经从满足个体生存和幸福生活需要上升成促进社会可持续发展的价值。伴随着我国教育数字化加快推进,终身学习理论在统领教育改革发展中占有重要地位。乡村教师核心素养注重乡村教师数字素养的培养,乡村教师的数字素养是乡村教师核心素养的关键所在,是乡村教育发展的新形态,有利于优质教育资源共享,实现教育公平,促进共同富裕。核心素养是“21 世纪素养”,是对信息化时代和知识社会发展时期对教育发起的挑战。加强乡村教师数字素养的培养是乡村教师核心素养终身学习理念的重要体现形式,可提升乡村教师对教育风险的抵抗力。

乡村教师核心素养是教师专业发展理论在新时代的体现,有利于提升教师专业素质和专业化程度,是“学科素养”概念的升华,它强调培养乡村教师面向经济全球化时代应该形成的关键能力、必备品格和正确的价值观。乡村教师不同的学科素养学习均指向核心素养的发展,只是权重不同、侧重点不同。乡村教师学科课程学习收获与核心素养的发展不是简单的线性因果关系,受到多种因素的相互作用,每一门学科课程学习都为乡村教师核心素养增加了可能性。乡村教师核心素养体系的建构兼顾了教师专业发展的社会

价值和个体价值，体现了乡村教师自主发展原理，促进了乡村教师的“情”“知”“能”全面和谐发展等。

符号互动论认为人的语言、表情、情感、态度和行为是在社会的互动中起作用的，人的创造性也是在社会实践中通过与环境等外部因素的互动发展起来的。符号互动理论认为教师的核心素养是在实践中产生的，教师的实践性知识是教师在复杂的教育情境中通过不断实践与反思形成的教师经验的体现。作为社会中的一员，教师在与他人的不断沟通和交流中增强了新知识，形成了新的理念，创新了新的问题解决方式，最终实现教师核心素养的养成。乡村教师核心素养中的择宜素养就符合户号互动理论的需求，择宜素养就是教师在面临复杂的教学实践场域中，遇到复杂的教育问题不走极端，遵循“善”的目的，通过不断的实践推理，依据具体情境采取最恰当的策略。乡村教师面临的教育实践太复杂，教师也只有“在事上磨炼”，持有开放的态度，积极主动迎接“教育的美丽风险”，才能不断的成长，所以择宜素养是乡村教师核心素养的重要组成部分。择宜素养不会无故产生和发展，只有在遭遇风险时，教师通过经历转化式学习，质疑自己的常规知识和行为，提高自己的审辩式思维能力和创新能力。

（二）形成了完善的乡村教师核心素养体系框架结构

通过文献分析、教育政策文件的凝练和访谈，凝练出乡村教师核心素养体系框架结构。

乡村教师核心素养体系框架结构包含师德素养、择宜素养和数字素养三个一级指标，分别对应《义务教育课程方案和课程标准(2022 年版)》核心素养的正确价值观、必备品格和关键能力。

师德素养是乡村教师核心素养的首要素养，对应学生核心素养的正确价值观。要想学生形成良好的正确价值观，教师首先具备崇高的师德素养，通过教师的言行举止潜移默化地影响学生的价值观。教师的师德素养首包括热爱祖国，认同祖国，具有敏锐的政治意识和坚定的政治信仰，引导学生形成正确的世界观、人生观和价值观。乡村教师还应具有坚定的职业认同、优良的人格魅力和浓厚的乡村教育情怀，爱岗敬业，热爱乡村，认同乡村，拥有良好的性格和平和的心理状态，引导学生热爱乡村，热爱家乡，有学成反哺家乡的教育情怀。

择宜素养是乡村教师核心素养的重要组成部分，对应学生核心素养价值观的必备品格。乡村教育场域很复杂，由于许多父母外出务工，很多孩子成为留守儿童，容易出现心理、品德和行为上的不良问题。择宜素养就是乡村教师遇到乡村孩子、家庭和学校等问题能够不走极端，遵循“善”的目的，通过不断实践推理，依据具体情景采取最恰当的策略。乡村教师在教育实践中发挥审辩式思维能力、创新能力、沟通合作能力和管理能力，发自内心的、创造性的，遵循“善”的原则愿意并习惯做出正确处理乡村教育的问题。

党的二十大报告明确提出要“推进教育数字化”，建设全民终身学习的学习型大国、学习型社会。教师数字素养是教师能够恰当地利用数字技术获取、加工、使用、管理和评价数字信息和资源，发现、分析和解决教育问题，优化、创新和变革教育活动所具有的意识、能力和责任，对应学生核心素养的关键能力。① 查阅文献，通过对文献进行深度分析发现，许多研究者认为教师核心的关键能力是教师教学设计能力、教师教学实施能力和教师教研能力，但是通过对核心素养的分析，发现核心素养是21世纪素养，是个体适应信息化时代和知识社会的发展需要，解决复杂问题和适应不可预测情境的高级能力与人性能力，所以作者认为教师教学设计能力、教师教学实施能力和教师教研能力是教师发展的基本能力，可以归入不同学科的学科素养里面。核心素养的人性能力在前面的师德素养和择宜素养中已经体现。随着信息化计划的高速发展，随着ChatGPT等人工智能技术的大量涌现，笔者认为数字素养是教师在未来教育中解决复杂问题和适应不可预测的高级能力。数字素养是提升乡村教师面临未来教育的风险抵抗力，乡村教育发展的新形态，有

① 教育部关于发布《教师数字素养》教育行业标准的通知[EB/OL]，http://www.moe.gov.cn/srcsite/A16/s3342/202302/t20230214_1044634.html.

利于优质教育资源共享，实现教育公平，促进共同富裕，对应学生素养的关键能力。

五、乡村教师核心素养体系框架的结论与建议

（一）乡村教师核心素养体系框架结论

通过文献分析、教育政策文件的凝练和访谈，凝练出乡村教师核心素养体系框架结构，包含师德素养、择宜素养和数字素养三个一级指标，包含政治意识、政治信仰、乡村教育情怀、职业认同、人格魅力、审辩式思维能力、创新能力、沟通合作能力、管理能力、化解冲突能力、数字化意识、数字技术知识和技能、数字化应用、数字社会责任、数字专业发展十五个二级指标。

（二）建议

乡村教师核心素养体系的建构具有坚定的理论基础和政策指导文件，充分的访谈具有可信度，为后期编制问卷提供了基础。但是由于疫情的原因，乡村教师的访谈好多采用电话访谈，所以没有进行三级指标体系的分解，在后期编制量表时需要从二级指标的内涵去分析。

乡村教师核心素养体系框架体现了一个完整的具有核心素养的乡村教师形象，并且对应《义务教育课程方案和课程标准（2022年版）》学生核心素养的正确价值观、必备品格和关键能力，为培养21世纪全面发展的学生奠定了教师基础。

第四章 乡村教师核心素养现状

为了使构建的乡村教师核心素养体系具有科学性和实践性，并为构建的乡村教师核心素养体系提供数据支持，研究团队根据构建的乡村教师核心素养体系框架编制乡村教师核心素养问卷，对乡村教师核心素养现状进行调查分析。

首先编制乡村教师核心素养问卷。根据构建的乡村教师核心素养体系框架和乡村教师各二级指标的具体阐述内容，进行乡村教师核心素养问卷编制。编制的乡村教师核心素养问卷采用李克特5点等级量表，每个题目采用完全不符合（5分）、不太符合（4分）、一般（3分）、比较符合（2分）和完全符合（1分）表达乡村教师对自身核心素养现状的评价程度。乡村教师核心素养问卷包含两个部分，第一部分是研究对象的基本信息，包含性别、年龄、受教育情况、婚姻情况、专业和从教年限等人口统计学信息；第二部分是乡村教师核心素养的问卷调查。乡村教师核心素养分为三个维度，师德素养、择宜素养和数字素养。师德素养对应培养学生的正确价值观，主要包含乡村教师的政治素养、职业道德素养、乡村教育情怀素养和教师的人格魅力等，乡村教师核心素养一级指标师德素养维度包含38道题，师德素养的五个二级指标每个指标包含约7道题。择宜素养对应培养学生的必备品格，坚守“善”的本能，妥善地处理教育问题，主要包含乡村教师的审辩式思维能力、创新能力、沟通合作能力、管理能力和化解冲突能力，乡村教师核心素养一级指标择宜素养包含28道题，择宜素养的五个二级指标每个指标包含约6道题。数字素养对应培养学生的关键能力，主要包含数字意识、数字技术知识和技能、数字化应用、数字社会责任和数字社会发展，乡村教师核心素养一级指标数字素养包含 27 道题，数字素养的五个二级指标每个指标包含约 6 道题。

然后进行调查问卷的实施。本研究的调查对象选择的是 H 省的乡村教师、地方院校教师教育者、乡村学校管理者，采用两种形式进行问卷调查。一种运用问卷星线上向联系好的调查对象发放问卷，增加问卷发放数量；另一种通过亲友的推荐，向符合条件的研究对象现场发放问卷或运用微信语音进行填写问卷。由于疫情原因，最终回收问卷 126 份，其中女性占 71.43%，男性占 28.57%，具体调查对象情况如表 4-1 所示。

表 4-1　调查对象基本信息表

基本信息	类别	样本数	百分比（%）
性别	男	36	28.57%
	女	90	71.43%
年龄	30 岁以下	76	60.32%
	31-40 岁	40	31.75%
	41-50 岁	6	4.76%
	51 岁以上	4	3.17%
教育情况	本科	84	66.67%
	硕士	0	0%
婚姻情况	已婚	83	59.47%
	未婚	43	40.53%
教龄	1-5 年	76	60.32%
	6-10 年	27	21.43%
	11-15 年	18	14.29%
	15 年以上	5	3.96%

为了保证乡村教师核心素养调查问卷的可靠性和有效性，对问卷进行了信度和效度检验。通过对乡村教师核心素养调查问卷的 Cronbach 系数检验，其克隆巴赫 Cronbach 系数为 0.984，系数大于 0.9，问卷信度非常好。对问卷进行效度检验，乡村教师核心素养问卷的 KMO 值为 0.821，说明各变量

之间存在显著相关关系,因子分析有效,问卷具有良好的效度。

第一节　乡村教师核心素养现状分析

乡村教师核心素养的现状水平,反映了乡村教师在师德素养、择宜素养和数字素养三方面核心素养的总体情况,从表 4-2 可以看出乡村教师核心素养的十五个维度的平均值都高于临界值 3,而且都在 4 分左右,说明当前我国乡村教师核心素养水平处于中上水平。

表 4-2　乡村教师核心素养现状

二级维度	N	Min	Max	M	SD
政治意识	126	1	5	4. 120	0. 729
政治信仰	126	1	5	4. 236	0. 764
乡村教育情怀	126	1	5	3. 675	0. 842
职业认同	126	1	5	3. 643	0. 699
人格魅力	126	1	5	3. 811	0. 674
师德素养(总)	126	1	5	3. 757	0. 725
审辩式思维能力	126	1	5	3. 821	0. 802
创新能力	126	1	5	3. 729	0. 784
沟通合作能力	126	1	5	4. 043	0. 770
管理能力	126	1	5	3. 825	0. 616
化解冲突能力	126	1	5	3. 786	0. 698
择宜素养(总)	126	1	5	3. 821	0. 713
数字化意识	126	1	5	3. 786	0. 679
数字技术知识和技能	126	1	5	3. 787	0. 679
数字化应用	126	1	5	3. 729	0. 616
数字社会责任	126	1	5	4. 014	0. 772

续表

二级维度	N	Min	Max	M	SD
数字专业发展	126	1	5	3.614	0.726
数字素养(总)	126	1	5	3.706	0.675

从表4-2可以看出,乡村教师核心素养的一级指标维度择宜素养上的得分最高(3.821),师德素养维度得分第二(3.757),数字化素养得分最低(3.706),但也达到了高出了临界值3,说明乡村教师的核心素养处于中上水平。乡村教师核心素养二级指标维度上的政治意志和政治信仰比较高,分别为4.120和4.236,乡村教师的乡村教育情怀、职业认同和人格魅力相对来说比较低,分别为3.675,3.643和3.891。由此可见,我国乡村教师核心素养水平处于中上水平,在国家意识上的师德素养比较高,但在乡村情怀、职业认同和认同魅力上的师德素养比较低。从乡村教师核心素养现状水平上来看,师德素养处于两极分化状态,一方面,从大局上能认识到应该具有大局意识,具有正确的价值观和人生观;另一方面,在面临乡村实际的教学环境和居住环境时,内心还是有抵触的。

第二节　乡村教师核心素养的人口统计学差异分析

一、乡村教师核心素养水平的性别差异

由于人们对乡村教师职业的刻板效应,乡村教师中男教师比较少,女教师比较多,有些地方达到1∶8的比例,有些地方甚至全是娘子军。在本研究中,由于调查对象普遍年轻,加上近几年国家对教师事业的支持,乡村教师男女比例为1∶3,总的来说性别比例比较合理。以性别为自变量,对乡村教师核心素养水平进行差异t检验,结果显示:在审辩式思维能力维度上存在性

别差异,男教师在 0.05 水平上显著高于女教师($t=2.13$,$p=0.043<0.05$),男教师的得分平均高于女生;在沟通合作能力维度上存在性别差异,女教师在 0.05 水平上显著高于男教师($t=-2.51$,$p=0.014<0.05$),女教师的得分平均高于男生;在数字化应用维度上存在性别差异,男教师在 0.05 水平上显著高于女教师($t=1.986$,$p=0.048<0.05$)男教师的得分平均高于女生。

表 4-3　乡村教师核心素养水平在性别变量上的差异分析

分量表	维度	性别	N	M	SD	t	p
师德素养	政治意识	男	36	3.43	0.79	1.174	0.300
		女	90	3.86	0.69		
	政治信仰	男	36	3.71	1.11	0.364	0.558
		女	90	4.00	0.58		
	乡村教育情怀	男	36	3.57	0.98	0.094	0.765
		女	90	3.71	0.76		
	职业认同	男	36	3.71	0.95	0.065	0.803
		女	90	3.57	1.13		
	人格魅力	男	36	3.86	0.69	0.136	0.718
		女	90	3.71	0.76		
择宜素养	审辩式思维能力	男	36	4.26	1.03	2.13	0.043*
		女	90	3.58	0.86		
	创新能力	男	36	3.96	0.85	0.364	0.784
		女	90	3.87	0.69		
	沟通合作能力	男	36	3.82	0.78	−2.51	0.014*
		女	90	4.21	0.89		
	管理能力	男	36	3.92	0.69	0.172	0.616
		女	90	3.89	0.78		
	化解冲突能力	男	36	3.76	0.67	0.062	0.798
		女	90	3.98	0.93		

续表

分量表	维度	性别	N	M	SD	t	p
数字素养	数字化意识	男	36	3.86	0.76	1.247	0.679
		女	90	3.64	0.87		
	数字技术知识和技能	男	36	3.99	0.64	0.249	0.879
		女	90	3.87	0.56		
	数字化应用	男	36	4.26	0.95	1.986	0.048*
		女	90	4.26	0.62		
	数字社会责任	男	36	4.21	0.76	0.594	0.772
		女	90	4.19	0.58		
	数字专业发展	男	36	3.76	0.84	0.783	0.626
		女	90	3.58	0.73		

二、乡村教师核心素养水平的年龄差异

近年来，随着国家不断加大对农村教育的投入，农村的教学设施和教师队伍都得到了很大改善。随着国家特岗教师制度、免费定向师范生制度和强师计划的实施，乡村学校已经有了新的教师力量。本着调查的方便性和乡村教师队伍逐渐年轻化的特点，本研究选择的乡村教师的样本偏年轻化。不同年龄阶段的乡村教师在教学经验、体力和精力等方面的不同，所以处于不同年龄阶段的乡村教师的核心素养可能会存在差异。为了探索不同年龄阶段乡村教师的核心素养现状的差异性，以年龄为自变量，对乡村教师核心素养水平进行方差分析，结果显示：在师德素养维度方面，乡村教育情怀（$f=2.691$，$p=0.031<0.05$）和人格魅力（$f=2.362$，$p=0.037<0.05$）存在显著年龄差异；在择宜素养维度上，化解冲突方面存在显著年龄差异（$f=2.623$，$p=0.024<0.05$）；在数字素养维度上，数字技术知识和技能（$f=2.192$，$p=0.042<0.05$）、数字化应用（$f=2.986$，$p=0.012<0.05$）和数字专业发展（$f=2.783$，$p=0.018<0.05$）存在显著年龄差异。

表 4-4 乡村教师核心素养水平在年龄变量上的差异分析

分量表	维度	年龄	N	M	SD	F	p
师德素养	政治意识	30 岁以下	76	4.03	0.79	0.584	0.692
		31-40 岁	40	3.96	0.69		
		41-50 岁	6	4.12	0.56		
		51 岁以上	4	4.02	0.68		
	政治信仰	30 岁以下	76	4.21	1.11	0.214	0.615
		31-40 岁	40	4.06	0.58		
		41-50 岁	6	3.98	0.64		
		51 岁以上	4	4.07	0.71		
	乡村教育情怀	30 岁以下	76	3.42	0.69	2.691	0.031*
		31-40 岁	40	3.71	0.76		
		41-50 岁	6	3.96	0.68		
		51 岁以上	4	4.32	0.59		
	职业认同	30 岁以下	76	3.75	0.95	1.591	0.247
		31-40 岁	40	2.81	1.13		
		41-50 岁	6	3.92	0.85		
		51 岁以上	4	3.72	0.76		
	人格魅力	30 岁以下	76	4.23	0.72	2.362	0.037*
		31-40 岁	40	3.84	0.89		
		41-50 岁	6	3.87	0.63		
		51 岁以上	4	3.71	0.76		

续表

分量表	维度	年龄	N	M	SD	F	p
择宜素养	审辩式思维能力	30 岁以下	76	4.06	0.75	0.720	0.697
		31-40 岁	40	3.79	0.76		
		41-50 岁	6	3.98	0.59		
		51 岁以上	4	4.35	0.58		
	创新能力	30 岁以下	76	4.16	0.85	0.564	0.682
		31-40 岁	40	4.08	0.71		
		41-50 岁	6	3.59	0.97		
		51 岁以上	4	3.77	0.69		
	沟通合作能力	30 岁以下	76	4.02	0.88	0.891	0.69
		31-40 岁	40	3.85	0.68		
		41-50 岁	6	4.09	0.72		
		51 岁以上	4	4.11	0.79		
	管理能力	30 岁以下	76	3.92	0.69	0.572	0.616
		31-40 岁	40	3.79	0.82		
		41-50 岁	6	3.97	0.76		
		51 岁以上	4	4.19	0.79		
	化解冲突能力	30 岁以下	76	3.76	0.67	2.623	0.024*
		31-40 岁	40	3.99	0.85		
		41-50 岁	6	4.06	0.79		
		51 岁以上	4	4.28	0.53		

续表

分量表	维度	年龄	N	M	SD	F	p
数字素养	数字化意识	30 岁以下	76	3.86	0.76	0.247	0.879
		31-40 岁	40	3.78	0.69		
		41-50 岁	6	3.94	0.73		
		51 岁以上	4	3.93	0.87		
	数字技术知识和技能	30 岁以下	76	4.19	0.64	2.192	0.042*
		31-40 岁	40	3.95	0.69		
		41-50 岁	6	3.98	0.72		
		51 岁以上	4	3.57	0.86		
	数字化应用	30 岁以下	76	4.26	0.575	2.986	0.012*
		31-40 岁	40	4.16	0.59		
		41-50 岁	6	3.92	0.74		
		51 岁以上	4	3.46	1.12		
	数字社会责任	30 岁以下	76	4.11	0.46	0.394	0.875
		31-40 岁	40	4.24	0.62		
		41-50 岁	6	4.13	0.37		
		51 岁以上	4	4.19	0.21		
	数字专业发展	30 岁以下	76	4.16	0.84	2.783	0.018*
		31-40 岁	40	4.01	0.65		
		41-50 岁	6	3.76	0.72		
		51 岁以上	4	3.78	0.76		

为了进一步了解乡村教师核心素养单年龄差异的具体情况，分别对乡村教育情怀、人格魅力、化解冲突能力、数字技术知识和技能、数字化应用和数字专业发展进行 LSD 多重比较，结果如表 4-5 所示。

表 4-5　乡村教师在年龄变量上的差异后检验

分量表	维度	(I)年龄	(J)年龄	平均值差值(I-J)	SD	P
师德素养	乡村教育情怀	30 岁以下	31-40 岁	-0.51	0.131	0.000**
		30 岁以下	41-50 岁	-0.54	0.136	0.000**
		30 岁以下	51 岁以上	-0.90	0.674	0.000**
		31-40 岁	41-50 岁	-.025	0.210	0.234*
		31-40 岁	51 岁以上	-0.61	0.234	0.000**
		41-50 岁	51 岁以上	-0.36	0.142	0.059*
	人格魅力	30 岁以下	31-40 岁	0.39	0.186	0.041*
		30 岁以下	41-50 岁	0.36	0.194	0.057
		30 岁以下	51 岁以上	0.52	0.368	0.000**
		31-40 岁	41-50 岁	0.03	0.113	0.892
		31-40 岁	51 岁以上	0.13	0.168	0.761
		41-50 岁	51 岁以上	0.16	0.231	0.752
择宜素养	化解冲突能力	30 岁以下	31-40 岁	-0.24	0.169	0.268
		30 岁以下	41-50 岁	-0.30	0.261	0.576
		30 岁以下	51 岁以上	-0.52	0.349	0.000**
		31-40 岁	41-50 岁	-0.07	0.163	0.863
		31-40 岁	51 岁以上	-0.29	0.214	0.069
		41-50 岁	51 岁以上	-0.22	0.176	0.075

续表

分量表	维度	(I)年龄	(J)年龄	平均值差值(I-J)	SD	P
数字素养	数字技术知识和技能	30岁以下	31-40岁	0.24	0.198	0.681
		30岁以下	41-50岁	0.21	0.176	0.694
		30岁以下	51岁以上	0.62	0.238	0.000**
		31-40岁	41-50岁	-0.03	0.168	0.861
		31-40岁	51岁以上	0.38	0.247	0.047*
		41-50岁	51岁以上	0.41	0.212	0.016*
	数字化应用	30岁以下	31-40岁	0.10	0.197	0.137
		30岁以下	41-50岁	0.34	0.163	0.067
		30岁以下	51岁以上	0.80	0.394	0.000**
		31-40岁	41-50岁	0.24	0.382	0.059
		31-40岁	51岁以上	0.70	0.397	0.000**
		41-50岁	51岁以上	0.46	0.214	0.038*
	数字专业发展	30岁以下	31-40岁	0.15	0.162	0.216
		30岁以下	41-50岁	0.40	0.178	0.031*
		30岁以下	51岁以上	0.38	0.213	0.046*
		31-40岁	41-50岁	0.25	0.194	0.068
		31-40岁	51岁以上	0.23	0.218	0.061
		41-50岁	51岁以上	-0.02	0.103	0.961

从表4-5可以看出，在乡村教育情怀维度上，各个年龄阶段的教师都存在显著差异。特别是30岁以下的乡村教师，与每个年龄阶段的乡村教师在0.01水平上存在显著差异，30岁以下的乡村教师的乡村教育情怀显著低于其他年龄阶段的乡村教师。从均值差异来看，30岁以下<31-40岁<41-50岁<51岁以上，这说明30岁以下的乡村教师在乡村教育情怀维度上素养素水最低。在人格魅力维度上，30岁以下的乡村教师人格魅力素养水平显著高于31-40岁和50岁以上的乡村教师。在化解冲突能力维度上，51岁以后的教师的化解冲突能力素养水平显著高于30岁以下的乡村教师。在数字技

术知识和技能维度上，30 岁以下、31-40 岁和 41-50 岁的乡村教师的数字技术知识和技能素养水平显著高于 51 岁以上的乡村教师。在数字化应用维度上，30 岁以下、31-40 岁和 41-50 岁的乡村教师的数字化应用素养水平显著高于 51 岁以上的乡村教师。在数字专业发展维度上，30 岁以下的乡村教师显著高于 41-50 岁和 51 岁以上的乡村教师。

三、乡村教师核心素养水平的学历差异

老师当中一定存在学历高低差距，学历的不同可能对教师的专业素养和育人意识有一定的差异。所以对乡村教师核心素养的学历方面进行差异分析，探索乡村教师核心素养在学历方面上是否存在差异。由于本研究的研究对象是乡村教师，乡村教师的学历普遍不高，本研究中乡村教师的学历主要为专科学历和本科学历，乡村教师的核心素养大部分维度在学历上不存在显著差异，个别维度上存在显著差异。在师德素养分量表中，乡村教师在乡村教育情怀方面在学历上存在显著差异，学历为专科的乡村教师乡村教育情怀显著高于学历为本科的乡村教师；乡村教师在职业认同在学历上存在显著差异，学历为本科的乡村教师职业认同显著高于学历为专科的乡村教师。在择宜素养分量表中，乡村教师的审辩式思维能力和创新能力反映在学历上存在显著差异，学历为本科的乡村教师显著高于学历为专业的乡村教师。在数字素养方面，乡村教师的数字化应用和数字专业发展反映在学历上存在显著差异，学历为本科的乡村教师显著高于学历为专业的乡村教师。

表 4-6　乡村教师核心素养水平在学历变量上的差异分析

分量表	维度	学历	N	M	SD	t	p
师德素养	政治意识	专科	42	4.08	0.64	0.821	0.827
		本科	84	4.21	0.72		
	政治信仰	专科	42	3.98	0.83	0.374	0.758
		本科	84	4.07	0.78		
	乡村教育情怀	专科	42	4.32	0.65	2.663	0.028*
		本科	84	3.91	0.71		
	职业认同	专科	42	3.88	0.65	-3.861	0.007**
		本科	84	4.33	0.71		
	人格魅力	专科	42	3.76	0.64	0.126	0.948
		本科	84	3.91	0.56		
择宜素养	审辩式思维能力	专科	42	3.86	0.68	-2.66	0.041*
		本科	84	4.08	0.74		
	创新能力	专科	42	3.76	0.85	-2.58	0.047*
		本科	84	4.17	0.69		
	沟通合作能力	专科	42	3.92	0.68	-0.781	0.953
		本科	84	4.01	0.79		
	管理能力	专科	42	3.90	0.79	0.276	0.816
		本科	84	3.79	0.98		
	化解冲突能力	专科	42	3.86	0.75	0.092	0.895
		本科	84	3.88	0.83		

续表

分量表	维度	学历	N	M	SD	t	p
数字素养	数字化意识	专科	42	3.76	0.86	1.127	0.376
		本科	84	3.85	0.77		
	数字技术知识和技能	专科	42	3.78	0.64	0.249	0.879
		本科	84	3.87	0.56		
	数字化应用	专科	42	3.96	0.85	2.986	0.024*
		本科	84	4.23	0.72		
	数字社会责任	专科	42	3.91	0.82	0.674	0.852
		本科	84	4.09	0.64		
	数字专业发展	专科	42	3.66	0.74	2.683	0.041*
		本科	84	3.87	0.68		

四、乡村教师核心素养水平的婚恋状况差异

乡村教师婚姻状况的不同可能会对其核心素养产生影响，为了探讨婚姻状况是否对乡村教师核心素养存在影响，以婚姻为自变量，对乡村教师核心素养现状进行差异分析，结果显示：乡村教师的教育情怀和职业认同存在婚姻方面存在显著差异，已婚乡村教师的乡村教育情怀和职业认同显著高于未婚乡村教师。

表 4-7　乡村教师核心素养水平在婚姻变量上的差异分析

分量表	维度	婚姻	N	M	SD	t	p
师德素养	政治意识	已婚	83	3.98	0.69	0.681	0.357
		未婚	43	4.16	0.76		
	政治信仰	已婚	83	3.93	0.82	0.564	0.658
		未婚	43	4.16	0.74		
	乡村教育情怀	已婚	83	4.02	0.75	2.663	0.038*
		未婚	43	3.72	0.61		
	职业认同	已婚	83	3.88	0.65	−2.971	0.024*
		未婚	43	4.23	0.71		
	人格魅力	已婚	83	3.96	0.74	0.146	0.748
		未婚	43	3.81	0.66		
择宜素养	审辩式思维能力	已婚	83	3.96	0.88	1.26	0.081*
		未婚	43	3.92	0.64		
	创新能力	已婚	83	3.96	0.76	0.561	0.467*
		未婚	43	3.87	0.62		
	沟通合作能力	已婚	83	3.79	0.58	0.751	0.853
		未婚	43	3.67	0.89		
	管理能力	已婚	83	3.90	0.79	0.276	0.816
		未婚	43	3.75	0.88		
	化解冲突能力	已婚	83	3.66	0.72	0.3472	0.925
		未婚	43	3.88	0.83		

续表

分量表	维度	婚姻	N	M	SD	t	p
数字素养	数字化意识	已婚	83	3.78	0.76	1.257	0.276
		未婚	43	3.65	0.74		
	数字技术知识和技能	已婚	83	3.79	0.74	0.469	0.772
		未婚	43	3.57	0.59		
	数字化应用	已婚	83	3.86	0.75	0.986	0.187
		未婚	43	3.93	0.68		
	数字社会责任	已婚	83	3.91	0.72	0.491	0.812
		未婚	43	3.89	0.74		
	数字专业发展	已婚	83	3.76	0.69	0.921	0.316

五、乡村教师核心素养水平的教龄差异

随着乡村教师教学工龄的增加，乡村教师处理班级和学生问题可能会越来越有经验，这些都可能影响乡村教师的核心素养水平。以乡村教师教龄为自变量，乡村教师的核心素养为因变量，进行单因素方差分析，探索乡村教师核心素养在教龄方面是否存在显著差异。研究结果显示：在师德素养分量表中，乡村教师的乡村教育情怀在教龄上存在显著差异；在择宜素养分量表中，乡村教师的管理能力和化解冲突能力在教龄上存在显著差异；在数字素养分量表中，乡村教师的数字化应用在教龄上存在显著差异。

表 4-8　乡村教师核心素养水平在教龄变量上的差异分析

分量表	维度	年龄	N	M	SD	F	p
师德素养	政治意识	1-5 年	76	4.03	0.79	0.584	0.692
		6-10 年	27	3.96	0.69		
		11-15 年	18	4.12	0.56		
		15 年以上	5	4.02	0.68		
	政治信仰	1-5 年	76	4.21	1.11	0.214	0.615
		6-10 年	27	4.06	0.58		
		11-15 年	18	3.98	0.64		
		15 年以上	5	4.07	0.71		
	乡村教育情怀	1-5 年	76	3.60	0.84	3.194	0.026*
		6-10 年	27	4.00	0.98		
		11-15 年	18	3.50	0.71		
		15 年以上	5	4.22	0.69		
	职业认同	1-5 年	76	3.70	0.84	1.591	0.347
		6-10 年	27	3.71	0.86		
		11-15 年	18	3.77	0.75		
		15 年以上	5	3.96	0.73		
	人格魅力	1-5 年	76	3.85	0.62	1.034	0.689
		6-10 年	27	3.74	0.79		
		11-15 年	18	3.77	0.74		
		15 年以上	5	3.81	0.68		

续表

分量表	维度	年龄	N	M	SD	F	p
择宜素养	审辩式思维能力	1-5 年	76	3. 72	0. 86	1. 620	0. 343
		6-10 年	27	3. 79	0. 59		
		11-15 年	18	4. 08	0. 81		
		15 年以上	5	3. 89	0. 68		
	创新能力	1-5 年	76	3. 76	0. 85	0. 814	0. 932
		6-10 年	27	3. 78	0. 71		
		11-15 年	18	3. 69	0. 97		
		15 年以上	5	3. 59	0. 69		
	沟通合作能力	1-5 年	76	3. 82	0. 88	0. 671	0. 89
		6-10 年	27	3. 75	0. 68		
		11-15 年	18	3. 90	0. 72		
		15 年以上	5	4. 01	0. 79		
	管理能力	1-5 年	76	3. 82	0. 69	3. 732	0. 013*
		6-10 年	27	3. 96	0. 82		
		11-15 年	18	3. 97	0. 76		
		15 年以上	5	4. 39	0. 79		
	化解冲突能力	1-5 年	76	3. 60	0. 77	3. 241	0. 021*
		6-10 年	27	3. 79	0. 75		
		11-15 年	18	4. 06	0. 61		
		15 年以上	5	4. 28	0. 73		

续表

分量表	维度	年龄	N	M	SD	F	p
数字素养	数字化意识	1-5 年	76	3.96	0.66	0.747	0.651
		6-10 年	27	3.88	0.89		
		11-15 年	18	3.64	0.63		
		15 年以上	5	3.63	0.77		
	数字技术知识和技能	1-5 年	76	3.89	0.74	1.192	0.583
		6-10 年	27	3.85	0.73		
		11-15 年	18	3.58	0.62		
		15 年以上	5	3.67	0.76		
	数字化应用	1-5 年	76	4.12	0.75	2.874	0.042*
		6-10 年	27	4.02	0.69		
		11-15 年	18	3.62	0.54		
		15 年以上	5	3.26	0.92		
	数字社会责任	1-5 年	76	3.81	0.66	0.694	0.924
		6-10 年	27	3.84	0.72		
		11-15 年	18	3.93	0.57		
		15 年以上	5	3.99	0.62		
	数字专业发展	1-5 年	76	3.86	0.74	0.693	0.594
		6-10 年	27	4.01	0.69		
		11-15 年	18	3.76	0.74		
		15 年以上	5	3.68	0.96		

为了进一步了解乡村教师核心素养在教龄方面差异的具体情况，分别对乡村教育情怀、管理能力、化解冲突能力和数字化应用进行 LSD 多重比较，结果如表 4-9 所示。在乡村教育情怀维度上，教龄为 1-5 年的乡村教师平均值最低，1-5 年的教师的乡村教育情怀显著低于 6-10 年和 15 年以上的乡村教师；教龄为 6-10 年的乡村教师的乡村教育情怀显著低于 11-15 年教龄的乡村教师；教龄为 11-15 年的乡村教师的乡村教育情怀显著低于 15 年教

龄的乡村教师。在管理能力维度上,教龄为15年年的乡村教师的管理能力水平显著高于1-5年、6-10年和15年以上教龄的乡村教师;在化解冲突能力维度上,教龄为1-5年的乡村教师的化解冲突能力显著低于教龄11-15年和15年以上的乡村教师;教龄为6-10年的乡村教师的化解冲突能力显著低于15年以上的乡村教师。在数字素养分量表中,15年以上的乡村教师的数字化应用素养水平显著低于教龄1-5年、6-10年和11-15年的乡村教师。

表4-9 乡村教师在教龄变量上的差异后检验

分量表	维度	(I)年龄	(J)年龄	平均值差值(I-J)	SD	P
师德素养	乡村教育情怀	1-5年	6-10年	-0.40	0.121	0.000**
		1-5年	11-15年	-0.10	0.142	0.612
		1-5年	15年以上	-0.62	0254	0.000**
		6-10年	11-15年	0.50	0.310	0.000**
		6-10年	15年以上	-0.22	0.351	0.286
		11-15年	15年以上	-0.72	0.104	0.000**
择宜素养	管理能力	1-5年	6-10年	-0.14	0.167	0.861
		1-5年	11-15年	-0.15	0.216	0.872
		1-5年	15年以上	-0.31	0.342	0.041*
		6-10年	11-15年	-0.01	0.289	0.972
		6-10年	15年以上	-0.43	0.172	0.000**
		11-15年	15年以上	-0.42	0.098	0.000**
	化解冲突能力	1-5年	6-10年	-2.81	0.179	0.068
		1-5年	11-15年	-0.46	0.137	0.000**
		1-5年	15年以上	-0.68	0.251	0.000**
		6-10年	11-15年	-0.27	0.192	0.083
		6-10年	15年以上	-0.49	0.273	0.000**
		11-15年	15年以上	-0.22	0.128	0.076

续表

分量表	维度	(I)年龄	(J)年龄	平均值差值(I-J)	SD	P
数字素养	数字化应用	1-5年	6-10年	0.10	0.167	0.781
		1-5年	11-15年	0.50	0.194	0.000**
		1-5年	15年以上	0.86	0.267	0.000**
		6-10年	11-15年	0.38	0.153	0.048*
		6-10年	15年以上	0.38	0.217	0.047*
		11-15年	15年以上	0.76	0.136	0.000**

第三节　乡村教师核心素养现状的分析与讨论

一、乡村教师核心素养整体水平差异分析

从对乡村教师核心素养的调查情况和数据分析来看，我国乡村教师核心素养十五个维度的均值最低为数字专业发展(3.614)，最高为政治信仰(4.236)，其余维度的均值都在3.75左右，按照五级水平进行评价，我国乡村教师核心素养水平处于中等偏上水平，处于良好状态。

从调查分析可以看出，乡村教师在政治意识和政治信仰方面的得分都超过4分，说明乡村教师具有正确的人生价值观，特别是具有坚定的祖国认同、正确的政治方向；具有热爱祖国、为党育人、为国育才、为社会服务的意识。出现这样的情况，可能是有以下几方面的原因：一是我国《中小学教师职业道德规范(2008)》的第一条内容是爱国守法，教师要热爱祖国，热爱人民，拥护中国共产党领导，拥护社会主义。爱国守法是作为教师的基本条件，教师应该深刻理解为谁育人、培育什么的人，坚定的认同国家道路和维护国家利益，所以乡村教师的政治意识和政治信仰得分比较高。二是近几年国家注重职前职后教师的思政课程和课程思政建设，先后颁布多部课程思政和思政课程建设政策文件。把培养什么人、怎样培养人、为谁培养人作为教育的根本

问题，注重将价值观融合在知识传授和能力培养之中，帮助学生树立正确的世界观、人生观、价值观；紧紧围绕坚定学生理想信念，以爱党、爱国、爱社会主义、爱人民、爱集体为主线，围绕政治认同、家国情怀，系统进行中国特色社会主义和中国梦教育、社会主义核心价值观教育等思政建设，所以职前职后教师的思政水平比较高，那么乡村教师的政治意识和政治信仰也就比较高。

从调查分析可以看出，乡村教师的核心素养处于中上水平，这表示一方面乡村教师的核心素养水平处于良好状态，另一方面乡村教师的核心素养还需要不断提升。乡村教师核心素养的这种情况主要有以下两方面的缘由。一方面是近年来我国教育部门开始注重教师教育振兴工程，特别是关注乡村教师队伍的建设。例如，2018 年 3 月，教育部等五部门印发《教师教育振兴行动计划（2018—2022 年）》的通知，明确提出要开展乡村教师素质提高行动。各地要以集中连片特困地区县和国家级贫困县为重点，通过公费定向培养、到岗退费等多种方式，为乡村小学培养补充全科教师，为乡村初中培养补充“一专多能”教师。加强县区乡村教师专业发展支持服务体系建设，强化县级教师发展机构在培训乡村教师方面的作用。培训内容针对教育教学实际需要，注重新课标新教材和教育观念、教学方法培训，赋予乡村教师更多选择权，提升乡村教师培训实效，为乡村教师核心素养的提升提供助力。2018 年 9 月，教育部发布《卓越教师培养计划 2.0 的意见》，指出要全面开展师德养成教育：将学习贯彻习近平总书记对教师的殷切希望和要求作为师范生师德教育的首要任务和重点内容，将“四有”好老师标准、四个“引路人”、四个“相统一”和“四个服务”等要求细化落实到教师培养全过程。要注重深化信息技术助推教育教学改革：推动人工智能、智慧学习环境等新技术与教师教育课程全方位融合，充分利用虚拟现实、增强现实和混合现实等，为乡村教师核心素养的提升提供可能性。2022 年 4 月，教育部等八部门印发的《新时代基础教育强师计划》和 2022 年 2 月教育部办公厅关于实施师范教育协同提质计划的通知，都坚持以师德教育为主，推动优质资源均衡，构建开放、协同、联动的高水平教师教育体系，完善农村教师培养支持服务体系，为中西部欠发达地区定向培养一批优秀中小学教师,这些都为乡村教师核心素养的提升提供了基础。另一方面,从2018年教师教育振兴行动开始,对乡村教师的培育才开始大力开展起来,核心素养也不是一朝一夕就能养成的,所以乡村教师的核心素养相比城市教师的核心素养还有一定的差距,还需要不断提升。例如,乡村教师的学生观水平相对较低,不能从发展性、能动性和独特性的角度看待学生发展,所以在进行班级管理和化解冲突能力上会有所欠缺。个别乡村地区比较偏僻,网络信息化不发达,所以乡村教师在数字化素养方面相比城市教师会有所欠缺,乡村教师的数字素养还需要不断提升。由于乡村教师面临的教育情景复杂,如留守儿童、教学设施落后和生活条件不方便等,这些多少会引起乡村教师对教师职业的复杂感情。

二、乡村教师核心素养人口统计学变量的差异分析

(一)乡村教师核心素养在性别上的差异分析

乡村教师在师德素养分量表中不存在性别差异,但在择宜素养和数字化素养分量表中存在性别差异。

在择宜素养分量表中,乡村教师在审辩式思维能力上存在显著性别差异,男性教师的审辩式思维能力显著高于女性乡村教师。审辩式思维能力是一种建立在逻辑基础上的理性判断能力和独立分析能力,是判断命题是否为真或是否部分为真的能力,是教师在处理复杂的教育情景时所需的极其重要的核心素养能力。人们普遍认为男性的左脑比较发达,左脑主要司掌大脑思维中的逻辑思维、理性思维、空间思维和数字计算等,与审辩式思维能力联系紧密,所以乡村男教师的审辩式思维能力显著高于乡村女教师符合人的生理特点。在现实生活中,我们常常看到男性比较理性,处理问题会更多从理论和实效性上分析问题,而大部分女性比较感性,难以从逻辑基础上去分析问题,更多的会从感情角度分析问题,所以乡村男教师的审辩式思维能力显著

高于女教师符合生活常识。在择宜素养分量表中，乡村教师在沟通合作能力上存在显著性别差异，女性教师的沟通合作能力显著高于男性乡村教师。由于社会对男性的刻板印象，男性一般是稳重的、寡言的，不应是滔滔不绝的，所以男性教师在解决学生问题和班级问题时不太容易与学生进行沟通；在现实生活中，我们也可以看到女性教师的共情能力一般比男性教师要强，当女性站在学生的角度去分析问题时，就很容易获得学生的信任，提高其沟通合作的能力素养。

在数字化素养分量表中，乡村教师在数字化应用上存在显著的性别差异，男性教师的数字化应用能力显著高于女教师，这与前人的研究一致。李玉梅认为男生的信息化操作性能力比女性要高，特别是在面对较复杂的信息操作技术时其应用能力显著高于女生。[①] 孙淼有研究通过调查发现，男生对信息技术的实践应用内容非常感兴趣，有时会为完成某一复杂问题将多种信息技术融合应用，所以男性在信息化应用操作能力方面明显优于女生；男生在学习信息化课程时，注重实际动手操作能力，信息化技术应用能力普遍比女性高。[②] 在现实生活中，我们也发现信息技术专业普遍是男生，男生天生对信息技术有一种独特的热爱。另外，男性爱玩网络游戏，就需要对信息技术应用具有很强的操作能力，所以男性乡村教师数字化应用能力显著高于女性教师也符合现实生活现象。

（二）乡村教师核心素养在年龄上的差异分析

在师德素养分量表中，乡村教师在教育情怀和人格魅力方面都存在显著年龄差异。在教育情怀维度上，30 岁以下的乡村教师显著低于其他年龄阶段的乡村教师。乡村教育情怀主要包含浓郁的乡土性、坚定的乡村教育理想和对乡村教育的认同。一方面，在乡村学校待的时间越长，对乡村教育的认

① 李玉梅，武爱萍. 应用信息技术实施项目导向教学模式的教学效果评价［J］. 中国市场，2016(1)：170-171.

② 孙淼. 性别差异对信息技术课程教学效果影响问题研究［D］. 长春师范大学，2017.

同价值越高,越容易接纳和认同乡村的民风民俗,越容易喜欢上乡村安静纯真的自然环境。另一方面,对于50岁以上的乡村教师,面对自己奉献了一辈子的乡村学校和乡村区域,会对乡村孩子的纯真、乡村环境的安静和乡村文化的认同具有一种深刻的内心体验。对于年轻的乡村教师,由于上学时期,学校与乡村隔离,对乡村有一种迷茫又彷徨的感觉;现在很多年轻乡村教师在县城有房,如果不深入了解乡村生活,很难激发其对乡村民风民俗的喜爱和传承,所以年龄大的乡村教师的乡村教育情怀显著高于年龄小的乡村教师,符合乡村教育情怀的养成特性。在人格魅力上,30岁以下的乡村教师显著高于其他年龄阶段的乡村教师。通过对学生调研分析,了解到乡村学生更喜欢年轻的、有朝气的乡村教师。年轻的乡村教师更加注重个人形象,一般具有完美的自身形象,仪表端庄、谈吐幽默、举止大方;年轻的乡村教师具有熟练的信息化技术能力,能给乡村学生带来不一样的体验;一些年轻的乡村教师多才多艺,能歌善舞,容易给乡村学校带来新的动力。所以年轻的乡村教师的人格魅力显著高于其他年龄阶段的乡村教师符合学生的喜好和审美观念。通过分析乡村教师师德素养的年龄差异,发现乡村教师的师德素养存在一些矛盾现象,人格魅力高的乡村教师其乡村教育情怀反而不高,所以探索特色的职前职后乡村教师培育路径是提高乡村教师乡村教育情怀的重要内容,也是提高乡村教师师德素养的重要途径。

在择宜素养分量表中,乡村教师在化解冲突方面存在显著年龄差异。年龄大的乡村教师的化解冲突能力显著高于年轻的乡村教师。在乡村教师化解师生冲突和生生冲突的能力方面,随着时间的流逝,年龄大的乡村教师逐渐对乡村学生和学校产生喜爱感情,对学生有了更多的包容和理解,能够从乡村教育的特点分析学生问题和教师问题,所以在化解冲突能力方面有一定的经验。年龄的乡村教师不了解乡村学生和乡村教育的特点,很容易站在理论的角度分析问题,所以年轻的乡村教师在化解冲突能力上显著低于年老的乡村教师符合人们对事物认知的发展规律。

在数字素养分量表中,乡村教师在数字技术知识和技能、数字化应用和数字专业发展上都存在显著年龄差异,年龄大的乡村教师在数字技术知识和技能、数字化应用和数字专业发展方面都显著低于年轻的乡村教师。社会发展日新月异,教师的信息化能力和数字素养日益重要。党的二十大报告明确提出要推进“教育数字化”,提高教师的数字素养。一方面,年老的乡村教师由于身体、视力等原因,接触信息化和数字资源的能力有限;另一方面,年轻的乡村教师刚刚从高校毕业,在高校需要时常进行信息化大赛和信息化课程学习,具有一定的信息化应用能力和数字素养,所以年龄大的乡村教师的数字素养一般比年轻的乡村教师的数字素养要低。

(三)乡村教师核心素养在学历上的差异分析

在师德素养分量表中,乡村教师在乡村教育情怀方面在学历上存在显著差异,学历为专科的乡村教师的乡村教育情怀显著高于学历为本科的乡村教师。随着乡村教师学历的提升,目前一般不招收学历为专科的教师,所以学历为专科的乡村教师一般工作年限比较长,已经认同了乡村的教育价值和接纳了乡村的民风民俗。还有学历为专科的乡村教师一般对自己职业的期望要求不是很高,能够很愉快的接受乡村环境。所以学历为专科的乡村教师的情怀显著高于学历为本科的乡村教师符合期望效应。同时我们也应认识到教育培训者应注重提高学历为专科的乡村教师的政治意识和关键能力,发挥(专科一般教龄长)年老教师的作用。乡村教师在职业认同方面学历上存在显著差异,学历为本科的乡村教师职业认同显著高于学历为专科的乡村教师。可能是因为本科学生比专科学生的责任感强,能够认识到教育的责任感和奉献感,本科教学比专科教学更加注重职前教师的职业认同培养,培养职前教师养成坚定的教师职业理想

在择宜素养分量表中,乡村教师在审辩式思维能力和创新能力方面学历存在显著差异,学历为本科的乡村教师显著高于学历为专科的乡村教师。在数字素养方面,乡村教师在数字化应用和数字专业发展方面学历上存在显著差异,学历为本科的乡村教师显著高于学历为专科的乡村教师。学历为本科

的职前职后乡村教师经历过严谨的学习过程,其逻辑思维、抽象思维、信息化应用、数字资源运用和创新思维能力都得到了很好的发展,所以学历为本科的乡村教师的审辩式思维能力、创新能力、数字化应用和数字专业发展显著高于学历为专科的乡村教师符合学习发展的规律性。

(四)乡村教师核心素养在婚姻上的差异分析

婚姻状况是乡村教师身心健康不可忽视的因素,对其核心素养的养成具有一定的影响作用。分析发现,在师德素养分量表中,乡村教师的乡村教育情怀和职业认同在婚姻方面存在显著差异,已婚乡村教师的乡村教育情怀和职业认同显著高于未婚的乡村教师。已婚的乡村教师一般都安定了下来,拥有自己的乡村生活和认可乡村的风土人情。随着在乡村的生活,已婚教师逐渐发现乡村教育的价值,慢慢内化为坚定的教师职业理想,愿意投身于乡村教育事业。

(五)乡村教师核心素养在教龄上的差异分析

在师德素养分量表中,乡村教师的乡村教育情怀在教龄上存在显著差异,教龄高的乡村教师的教育情怀显著高于教龄低的乡村教师。教龄越高,在乡村学校教学的时间就越长,对乡村教育的价值就越认可,越容易融入乡村的民风民俗和接纳乡村的风土人情。

在择宜素养分量表中,乡村教师的管理能力和化解冲突能力在教龄上存在显著差异,教龄高的乡村教师的管理能力和化解冲突的能力显著高于教龄低的乡村教师。教龄越高,乡村教师管理能力和教学经验越丰富,积累的管理经验和化解冲突的经验就越多,能够遵循“善”的原则妥善地处理班级管理问题和灵活地化解冲突。在数字素养分量表中,乡村教师的数字化应用在教龄上存在显著差异,教龄高的乡村教师显著低于教龄低的乡村教师。教龄高的乡村教师年龄一般偏大,其信息化接受能力和学习能力容易受到一定的限制,特别是现在信息化快速发展,其数字化应用能力存在一定的局限性。

第四节　乡村教师核心素养现状结论

一、研究结论

乡村教师在择宜素养上的得分最高(3.821),师德素养维度得分第二(3.757),数字化素养得分最低(3.706),都高出了临界值3。乡村教师核心素养十五个维度的均值最低为数字专业发展(3.614),最高为政治信仰(4.236),其余维度的均值都在3.75左右,按照五级水平进行评价,我国乡村教师核心素养水平处于中等偏上水平,处于良好状态。

乡村教师在审辩式思维能力维度上存在性别差异,男教师显著高于女教师($t=2.13, p=0.043<0.05$),男教师的得分平均高于女教师;在沟通合作能力维度上存在性别差异,女教师显著高于男教师($t=-2.51, p=0.014<0.05$),女教师的得分平均高于男教师;在数字化应用维度上存在性别差异,男教师显著高于女教师($t=1.986, p=0.048<0.05$),男教师的得分平均高于女教师。

在师德素养分量表中,乡村教师的乡村教育情怀($f=2.691, p=0.031<0.05$)和人格魅力($f=2.362, p=0.037<0.05$)存在显著年龄差异;在择宜素养分量表中,化解冲突方面存在显著年龄差异($f=2.623, p=0.024<0.05$);在数字素养分量表中,数字技术知识和技能($f=2.192, p=0.042<0.05$)、数字化应用($f=2.986, p=0.012<0.05$)和数字专业发展($f=2.783, p=0.018<0.05$)存在显著年龄差异。

在师德素养分量表中,乡村教师在乡村教育情怀方面学历上存在显著差异,学历为专科的乡村教师的乡村教育情怀显著高于学历为本科的乡村教师;乡村教师的职业认同在学历上存在显著差异,学历为本科的乡村教师的职业认同显著高于学历为专科的乡村教师。在择宜素养分量表中，乡村教师的审辩式思维能力和创新能力在学历上存在显著差异，学历为本科的乡村教师显著高于学历为专科的乡村教师。在数字素养方面，乡村教师的数字化应用和数字专业发展在学历上存在显著差异，学历为本科的乡村教师显著高于学历为专科的乡村教师。

在师德素养分量表中，乡村教师的乡村教育情怀和职业认同在婚姻方面存在显著差异，已婚乡村教师的乡村教育情怀和职业认同显著高于未婚的乡村教师。

在师德素养分量表中，乡村教师的乡村教育情怀在教龄上存在显著差异；在择宜素养分量表中，乡村教师的管理能力和化解冲突的能力在教龄上存在显著差异；在数字素养分量表中，乡村教师的数字化应用在教龄上存在显著差异。

二、建议

在师德素养分量表中，乡村教师在国家意识上的师德素养比较高，但在乡村情怀、职业认同和认同魅力上的师德素养比较低。从乡村教师核心素养现状水平来看，师德素养处于两极分化状态，一方面，能认识到应该具有大局意识，具有正确的价值观和人生观；另一方面，在面临乡村实际的教学环境和居住环境时，乡村教师从内心对乡村教育还是有所抵抗的，所以应注重探索提升乡村教师乡村教育情怀的特色培育路径。

年龄小的乡村教师具有高的人格魅力和数字应用能力，但是乡村教育情怀偏低，所以对年龄小的乡村教师的核心素养培育时应注重探索在地化乡村服务方式，让职前教师深入乡村教育环境，了解乡村教育实际，体验乡村教育情感，厚植乡村教育情怀。年老的乡村教师具有丰富的班级管理和化解的冲突能力，也对乡村教育具有深厚的乡村教育情怀，但其数字素养水平偏低，应注重培养其数字化意识和数字化应用能力，提高其整体素养水平。

第五章　乡村教师核心素养存在的问题及原因分析

乡村教师的核心素养整体处于中上水平,但也存在一些问题。为了探讨乡村教师核心素养存在的问题,本研究对乡村教师核心素养每个维度的所有题目进行了均值分析,探索乡村教师在具体情况下的素养水平,同时,结合对乡村教师的访谈,分析乡村教师核心素养存在的问题及原因分析。

第一节　乡村教师师德素养存在的问题及原因分析

一、乡村教师师德素养存在的问题

通过前期的分析,了解到乡村教师具有较高的政治意识和政治信仰,但是在乡村教育情怀、职业认同和人格魅力上存在一定的问题,为了探讨乡村教师师德素养存在的具体问题,对乡村教师师德素养分量表中的乡村教育情怀、职业认同和人格魅力维度所有题目做了均值图,如图 5-1、图 5-2 和图 5-3。并结合对乡村教师的访谈,深入探讨乡村教师师德素养存在的具体问题。

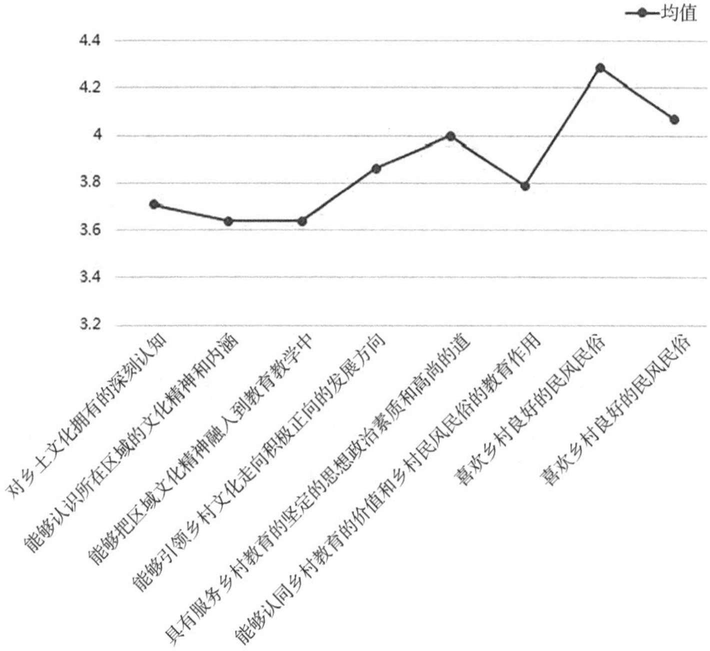

图 5-1　乡村教育情怀维度的所有题项均值图

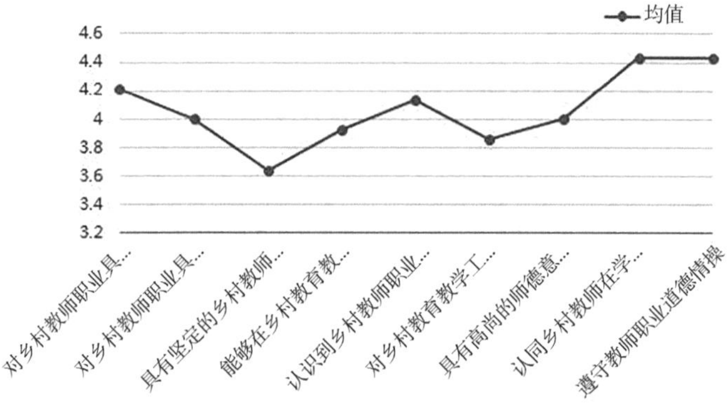

图 5-2　职业认同维度的所有题项均值图

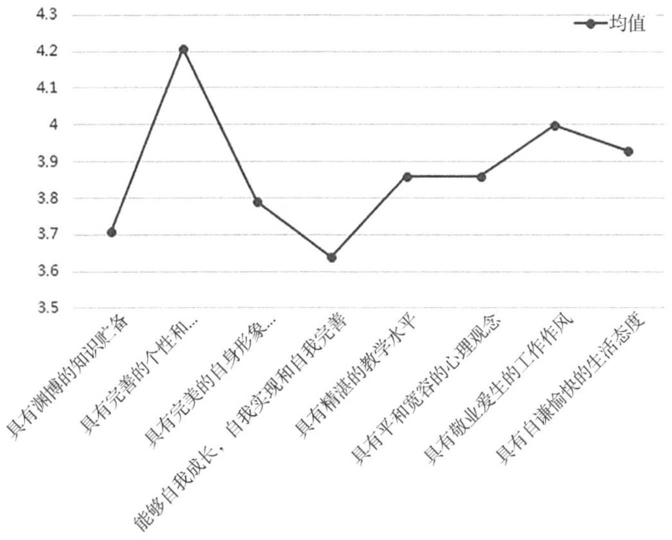

图 5-3　人格魅力维度的所有题项均值图

通过对量表各题目均值的分析和对乡村教师的访谈,了解到乡村教师师德素养主要存在以下问题。

第一,乡村教师在乡村教育情怀维度上存在的问题主要是对乡土文化没有深刻的认识,对所在区域的乡土文化精神认识不够,不能够深刻地认识当地传统文化的精神内涵和教育意义。许多教师第一次走进一个陌生的乡村地区,不了解当地的文化特色,师德素养培养要重视对乡土文化的深刻认识,从而更好地开展教育教学。

第二,乡村教师的师德素养主要体现了理论和认知方面,但在实际的教学中没有表现出来。在访谈过程中,有教师表示:师德素养是很抽象的内容,我们很难去衡量,有的教师年年是师德优秀,但是在实际的教学和生活中表现得不尽如人意。师德素养体现在实际教学中,依旧存在应用不到位的情况。这种情况源于师德素养应用实践能力不足,对其认识片面,理解不深。

第三,乡村教师缺乏人文关怀,个别教师喜欢戴着"有色眼镜"看待学生,缺乏对学生的关怀和人格魅力。有些教师仅仅把教师职业当成了谋生的手段，只是为了上课而上课，对学生的其他情况一概不知；一些教师只看重学生成绩，片面地评价学生，缺乏对学生的人文关怀。

第四，没有持之以恒的乡村教师职业理想。部分师范生为了找工作会选择乡村教师职业，但是很多教师会把乡村教师职业当成跳板，在服务期满后，会想方设法地调回城里。有的教师因为名额原因调不回城里，甚至选择辞职。

二、乡村教师师德素养的影响因素

（一）师德评价机制不完善

师德是教师深厚的知识修养和文化品位的体现，乡村教师师德评价机制应在乡村教育特色的新的历史方位，以体现乡村特色师德师风评价为支点，促进教师师德评价机制向多元化、综合化、全面化方向发展。要坚持高位引领，以乡村存在的问题和发展目标为评价指引，构建一个科学性、引领性和实践性有机统一的评价机制。

（二）师德评价内容不完整

许多乡村学校只把教师的政治思想、教学质量和人格魅力当成师德评价的内容，而忽视乡村教师师德素养的特色性，乡村教师的师德素养应包含深厚的乡村教育情怀、对乡土文化的认知与传承、为乡村教育事业奉献的精神等。

（三）缺乏优秀乡村教师典型示范引领作用

师德师风体现在立德树人上，也体现在人格陶冶上。各级乡村教育培训主体应组建师德师风宣讲团，深入挖掘师德楷模的先进事迹，线上线下全方位开展师德师风系列宣讲活动，推进校院两级师德师风宣讲常态化、长效化，引导教师形成崇尚师德、恪守师道的价值遵循，强化为人师表、教书育人、服务师生的职责担当。开展“师德先进个人”“师德师风标兵”“师德师风示范学校”等评选表彰活动，让师德第一标准入脑入心，形成积极向上的师德生态环境。

第二节　乡村教师择宜素养存在的问题及原因分析

一、乡村教师择宜素养存在的问题

择宜素养是教师在面临复杂的教学实践情境下，遇到问题不走极端，遵循“善”的目的，通过实践推理，依据具体情境采取最恰当的策略。为了探讨乡村教师择宜素养存在的具体问题，对乡村教师的审辩式思维能力、创新能力、沟通合作能力和化解冲突的能力等五个维度的所有题目做了均值图，如图 5-4、图 5-5、图 5-6、图 5-7 和图 5-8。并结合对乡村教师的访谈，深入探讨乡村教师择宜素养存在的具体问题。

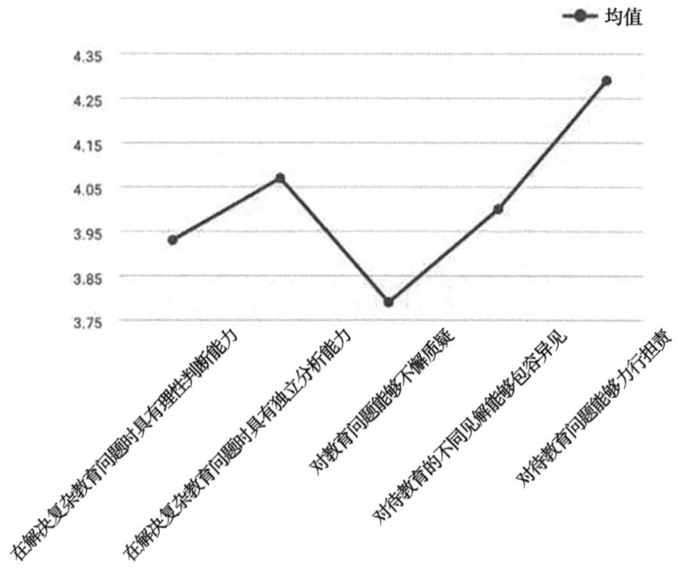

图 5-4　审辩式思维能力维度的所有题项均值图

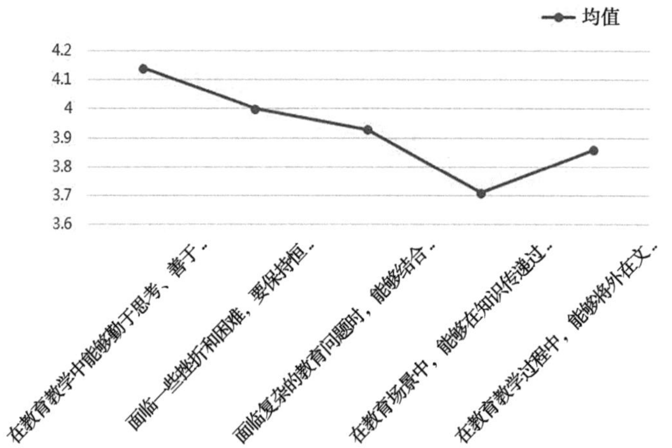

图 5-5　创新能力维度的所有题项均值图

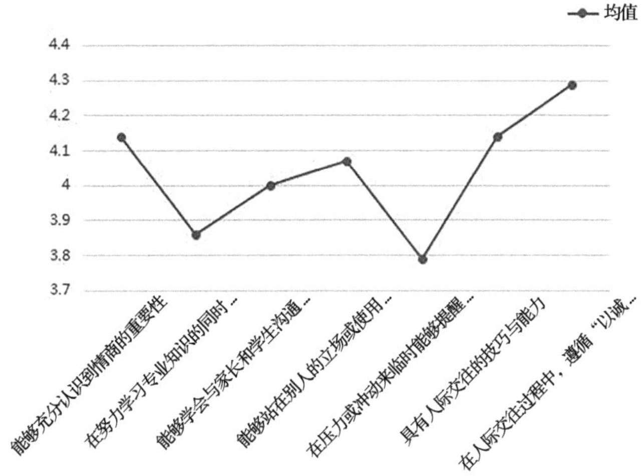

图 5-6　沟通合作能力维度的所有题项均值图

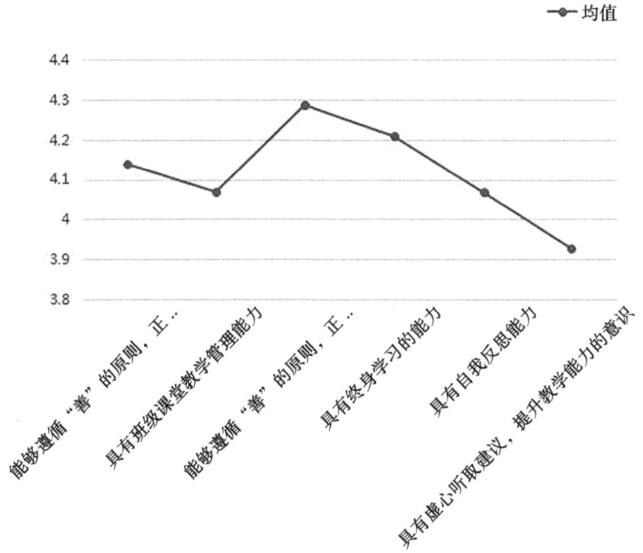

图 5-7　管理能力维度的所有题项均值图

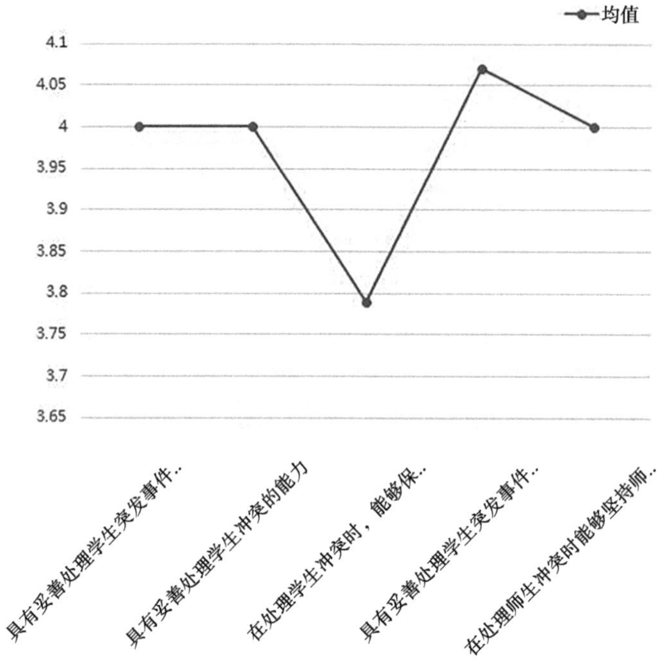

图 5-8　化解冲突能力维度的所有题项均值图

通过对乡村教师择宜素养各题目均值的分析和对乡村教师的访谈，了解到乡村教师择宜素养主要存在以下问题。

第一，乡村教师对教育的不同见解具有一定的包容度，但是对教育问题缺乏质疑。从审辩式思维能力和创新能力来看，乡村教师对教育问题不能够坚持不懈地质疑；在教育场景中，在知识传递过程中将知识向能力、情感、品德与实践等方面进行迁移的能力有所欠缺，可以推理出乡村教师的创新能力有所欠缺。这种现象可能与我们长期的灌输式学习习惯有关。

第二，乡村教师保持情绪稳定的能力有所欠缺。通过访谈发现，个别乡村教师化解冲突的能力有所欠缺。如王老师表示：有时候学生可能因为一点小事而发生大的摩擦，这时候作为教师要冷静处理，要尊重学生，保持情绪稳定，帮助学生分析问题、化解冲突，引导学生宽容大度。但是现实生活中，个别乡村教师在面临学生打架等突发事件时，总是脾气暴躁，怒骂学生，简单粗暴地处理问题。通过对乡村教师沟通合作能力、管理能力和化解冲突能力的分析发现：乡村教师在压力或冲动来临时能够提醒自己“三思而后行”和在处理学生冲突时，能够保持头脑冷静、情绪平和，智慧地解决学生间的矛盾题目上得分偏低，说明个别乡村教师在处理问题时不太容易保持稳定的情绪状态。乡村教师在面对复杂的教育问题时，如果没有稳定的情绪状态，很难遵循“善”的原则妥善地处理教育问题。

二、乡村教师择宜素养的影响因素

（一）制度可能成为教师教学创新的羁绊

很多乡村学校对教师的教学质量评估和教学优秀的评价急功近利，存在功利化和成果化，以学生的分数和教师的成果作为评价的主要内容。在分数就是一切的背景下，乡村教师一般不会搞创新。

（二）实践经验和传统教学习惯是乡村教师难以将知识顺利向情感和品德进行迁移的重要原因

真理是从实践中来的，实践经验越丰富，对真理的融会贯通和知识迁移就越灵活。传统教学上教师以讲解知识为主，以传授知识为主，部分乡村教师采用的是题海战术和灌输知识教学，已经形成了心理定势，所以在把知识向情感和道德等方面进行迁移时存在一定的困难。

（三）个人特质也是影响乡村教师择宜素养形成的重要因素

个人特质是一个人相对稳定的思想和情绪方式，是一个人所独有的神经心理结构，这种心理结构突出体现了人与人之间的心理差异。在访谈过程中，个别乡村女教师表示自己较为感性，遇到复杂教育问题时习惯用第一印象或直觉去判断事情，在理性分析问题和独立解决问题方面比较欠缺。

第三节　乡村教师数字素养存在的问题及原因分析

一、乡村教师数字素养存在的问题

数字素养是教师能够恰当地利用数字技术获取、加工、使用、管理和评价数字信息和资源，发现、分析和解决教育问题，优化、创新和变革教育活动所具有的意识、能力和责任。为了探讨乡村教师数字素养存在的具体问题，对乡村教师的数字化意识、数字技术知识和技能、数字化应用、数字社会责任、数字专业发展五个维度的所有题目做了均值图，如图 5-9、图 5-10、图 5-11、图 5-12 和图 5-13。并结合对乡村教师的访谈，深入探讨乡村教师数字素养存在的具体问题。

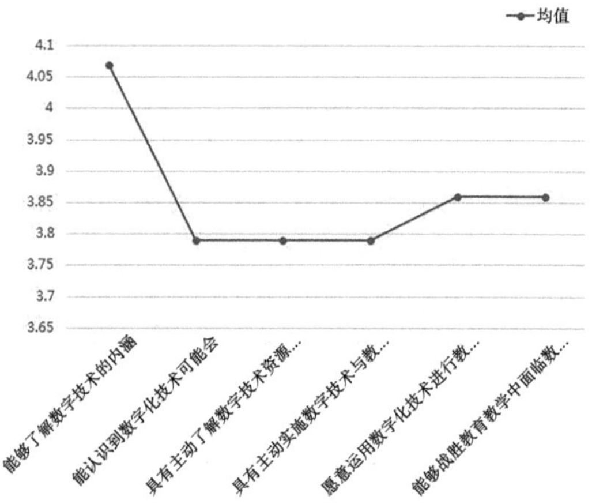

图 5-9　数字化意识维度的所有题项均值图

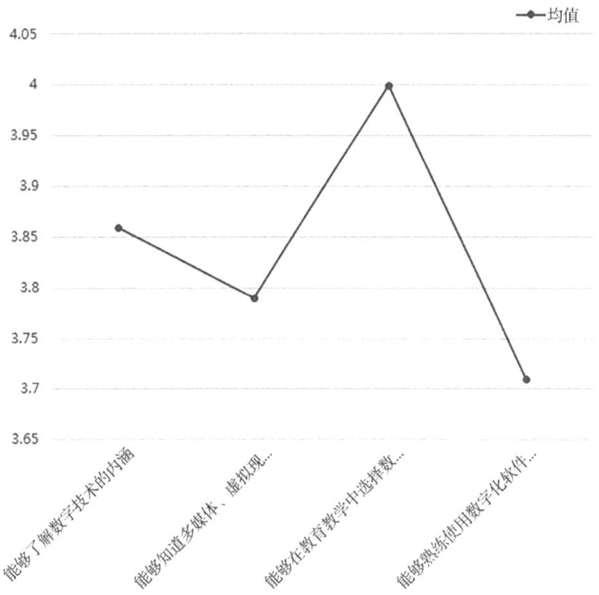

图 5-10　数字技术知识和技能维度的所有题项均值图

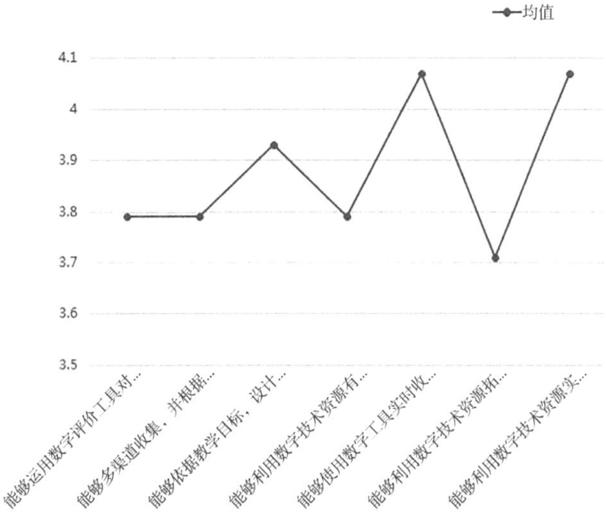

图 5-11　数字技术知识和技能维度的所有题项均值图

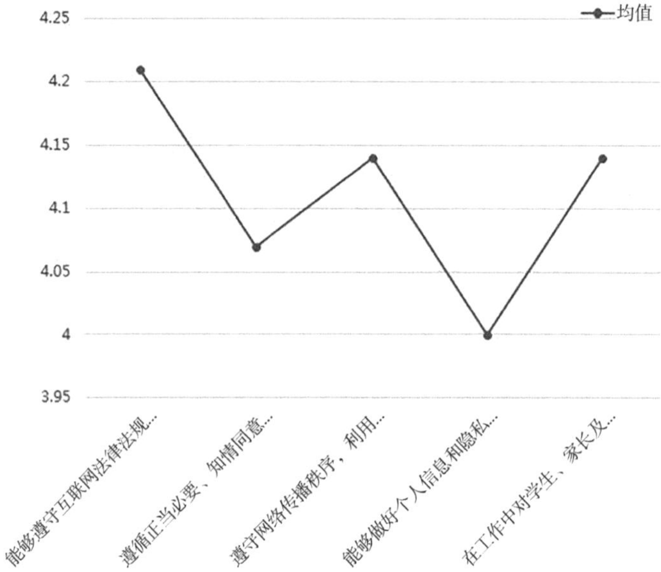

图 5-12　数字社会责任维度的所有题项均值图

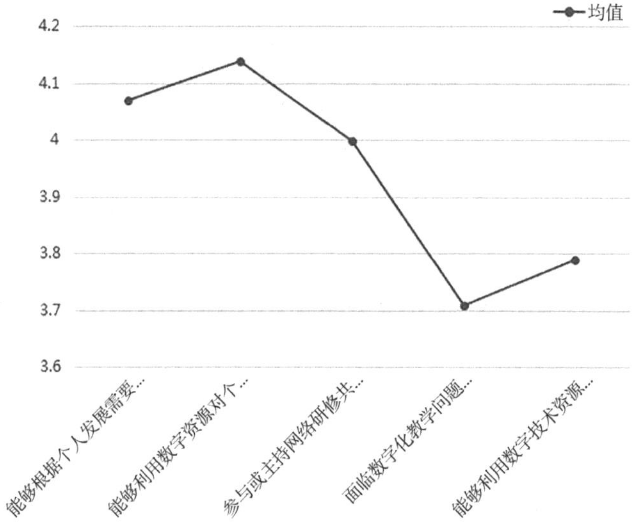

图 5-13　数字专业发展维度的所有题项均值图

通过对乡村教师数字素养各题目均值的分析和对乡村教师的访谈，了解到乡村教师数字素养主要存在以下问题。

（一）乡村教师对数字素养的认识不足，专业师资资源也普遍紧缺

调查显示，乡村教师只是认识到数字化技术会推动教育的发展，没有深刻地认识到数字化可能会导致道德伦理方面的问题，对于了解数字化技术资源、参与数字化应用和数字化实践教学创新的主动性不高。通过访谈了解到，教师资源匮乏一直以来都是乡村学校发展中的重要问题，对于数字素养这类新兴教育方向更是缺乏相应的人才储备。

（二）乡村学校现有的数字化教育资源尚未转化成教师的内在能力

在开展信息技术课程的乡村学校中，信息技术课程以单纯的信息技能为主，缺乏信息素养、交流协作等内容，以及在态度和价值观层面的有效引领。

二、乡村教师数字素养的影响因素

乡村教师具有较高的数字社会责任，但在数字化意识、数字技术知识和技能、数字化应用和数字专业发展方面有所欠缺，可能有以下三点影响因素。

第一，乡村教师淳朴善良和淡泊名利的特征是乡村教师数字社会责任水平偏高的原因。乡村教师淳朴善良，无私地奉献着自己的一腔热血和全部的爱心，用满腔赤诚点燃了一批又一批乡村孩子渴求知识的希望；乡村教师愿意关爱学生、爱护学生、保护学生的信息资源。国家要求教师具有较高的道德素养和一定的法律法规常识，所以乡村教师能够遵循法律法规，文明上网。

第二，乡村教师缺乏有效的数字素养培训。通过访谈了解到，大部分乡村教师缺乏数字素养培训，有的培训项目虽然有数字素养培训，但由于培训的教师数量比较多，很多数字培训项目只讲了数字理论知识，缺乏真正的数

字实践操作训练和数字应用教学创新的案例分析。

第三,乡村学校缺乏专业的信息化教师,在数字化的教学创新和数字化应用上存在一定的发展瓶颈。乡村教师在国培或省培时,如果没有得到有效的数字化素养培训,很难自力更生。

第六章 协同提质背景下乡村教师核心素养培养策略

钟启泉教授指出,在基础教育改革中,难以绕过“核心素养”培养问题。核心素养是适应个体终身发展需要和社会发展需要的必备品德和关键能力,是个体面对未来世界发展和自身终身发展的挑战。学校教育是面向未来的教育事业,对学生核心素养的培育是学校的重要课题。核心素养价值导向下基础教育课程教学改革是重点。新时代,基础教育课程改革如果不以核心素养为价值导向,那么教学改革就缺乏了灵魂。乡村教师队伍是乡村教育的核心文化力量,对促进乡村教育高水平发展、助力乡村发展、提升人民福祉至关重要。乡村教师作为培育乡村学生核心素养的引导者和服务者,也应该具备新时代乡村教师的“核心素养”,所以应以乡村教师核心素养为价值导向,培育“全面发展的乡村教师”。乡村教师作为我国教师群体的弱势部分,培育乡村教师核心素养是提升我国基础教育力量的重要内容,也是我国基础教育改革和教师教育振兴的重要内容,更是实现教育公平和共同富裕的重要途径。通过前期的调查分析和访谈,本研究结合乡村教师核心素养存在的实际问题和影响因素,从具体方面探讨乡村教师核心素养培育策略,并提供相应的乡村教师核心素养培育案例。

第一节 营造乡村教师核心素养培育氛围

党和国家在乡村教师核心素养的培育中起着重要的引领作用,只有在顶层明确了乡村教师核心素养的发展方向,各个层面、各个机构才能共同推进乡村教师核心素养的培育向着一致、正确的方向发展。所以,从国家角度上来说,要做好乡村教师核心素养培育的顶层设计,出台乡村教师核心素养培育的政策,对乡村教师核心素养培育提出明确的要求等,营造乡村教师核心素养培育的氛围。

一、做好乡村教师核心素养发展的顶层设计

乡村教师核心素养的培育是更加公平、更有质量的乡村教育的基础与支撑,是推进乡村振兴、全面建成社会主义现代化强国、实现中华民族伟大复兴的重要力量。乡村学校优秀教师在乡村学校教育教学过程中发挥着引领、示范作用,是保障乡村学校教育教学质量和实施乡村振兴战略的中坚力量。国家要做好乡村教师核心素养培育的治理体系,从顶层上确保乡村教师核心素养发展的方向。

依据治理目标,乡村教师核心素养培育需从“单维度管理目标”向“多元管理目标”发展,需从国家层面确立乡村教师核心素养培育的目标。2018年,为了贯彻《中共中央、国务院关于全面深化新时代教师队伍建设改革的意见》决策部署,落实《教育部等五部门关于印发〈教师教育振兴行动计划〉(2018—2022年)的通知》(教师〔2018〕2号)工作要求,根据《教育部关于加快建设高水平本科教育全面提高人才培养能力的意见》,教育部颁发《卓越教师培养计划2.0的意见》。《意见》指出,要立足全面落实立德树人根本任务的时代新使命,坚定办学方向,坚持服务需求,创新机制模式,深化协同育人,贯通职前职后培育,全面引领教师教育改革发展。培养造就一批教育情怀深厚、专业基础扎实、勇于创新教学、善于综合育人和具有终身学习发展能力的高素质专业化创新型中小学(含幼儿园、中等职业学校、特殊教育学校,下同)教师。《卓越教师培养计划2.0的意见》将教师的培养从数量管理上升到了质量管理,从传统的单维度管理上升到了多维度管理模式,特别是指

教师要以立德树人为本，注重培育教师深厚的教育情怀、创新能力和终身学习能力。2016 年，北京师范大学研究团队发布的《中国学生发展核心素养》，提出了具体的多元核心素养管理目标，自主发展、社会参与和文化基础。《义务教育课程标准方案（2022）》提出，义务教育阶段的课程教学要以育人为本，要着重培养学生的核心素养，并提出了核心素养的多元管理目标是正确的价值观、必备品格和关键能力。虽然国家在学生核心素养的培育上具有多维的管理目标，在培育卓越教师队伍上也提出了多维目标，但是关于教师核心素养的管理目标并不清晰，对乡村教师核心素养的管理目标也没有提出明确的要求，所以需要国家在中国学生核心素养发展的基础上，在教师教育改革的背景下，从顶层设计上确定乡村教师核心素养发展的多维管理目标，从国家层面营造乡村教师核心培育的氛围。

依据治理主体，乡村教师核心素养培育需从“国家相关教育结构的一元主导”向“教育机构、高校、中小学、社会和民众的多元协同共治”发展。教育部等五部门印发了《教师教育振兴行动计划（2018—2022 年）》，提出了加快乡村教师素质提升行动，还提出要建设教师教育改革实验区建设行动，支持建设一批由地方政府统筹，教育、发展改革、财政、人力资源社会保障、编制等部门密切配合，高校与中小学协同开展教师培养培训、职前与职后相互衔接的教师教育改革实验区，带动区域教师教育综合改革，全面提升教师培养培训质量，拉开了多元主体协同共赢、培育乡村教师的序幕。2022 年 3 月，教育部印发《教育部办公厅关于进一步做好“优师计划”师范生培养工作的通知》，提出广泛开展多元主体协同共赢、培育乡村教师。该通知一是突出“优师”特质，从理想信念、师德涵养、报国情怀等方面坚定教师的从教之志，从专业知识基础、教书育人能力等维度明确核心要求，突出服务欠发达地区教育振兴的主动性、适应度与胜任力；二是坚持实践导向，基于已有工作经验，着眼回应现实需要、解决实际问题、推广优秀经验、提升培养效果，提出目标明确、路径清晰、切实可行的指导意见，规范人才培养实践，推动育人质量提升；三是强调协同推进，从培养主体、培养内容、培养方式等多维角度，以及校内整合优质资源、校外加强横向联系、职前职后贯通发展、部门合作强化保障等不同层面，强调整合资源，协同推进。2022 年 4 月，教育部印发《师范教育协同提质计划实施方案》，按照“中央引领、地方支持、院校主体、社会参与”的原则，依托地方高水平师范院校、地方政府，支持中西部省份重点建设若干所服务脱贫地区、边境地区等特殊类型地区基础教育教师培养的师范院校，将多元主体协同共赢、培育乡村教师推向了高潮。在师范教育协同提质背景下，确定好高水平师范院校的职责和被帮扶师范院校的职责，从“优师”向“优师范”发展，发挥多元主体培育优势，实现区域教育资源互动，提升乡村教师核心素养发展水平，最终实现教育公平，促进共同富裕。目前，在乡村教师核心素养培育方面需要明确确立多元主体治理的基本方案，以确保乡村教师核心素养培育多元主体协同共赢。国家作为乡村教师核心素养多元治理的指挥家，已经从宏观层面把握乡村教师核心素养协同共赢培育的发展方向、制度和策略等；省级教育行政部门，作为乡村教师核心素养培育的引领者，需要精确的执行国家关于乡村教师核心素养培育的政策精神和发展方向，安排本省教师教育的发展和培育内容，提出具有地域特色的教师教育发展目标等；地方师范院校作为乡村教师核心素养培育的主体，需要积极响应国家和省级教育部门的教育精神和发展方向，确定好学校的发展定位，制定好师范专业的人才培养定位、课程设计和学生管理等工作等；乡村中小学校作为治理的受益对象，应在学校领导的带领下，了解学校教师的核心素养基本状况和需求，提出具体的培养方案和有针对性的计划，与培训机构积极对接。

二、提高乡村教师培育主体的核心素养意识

乡村教师核心素养的培育，培育主管具有更重要的职责，培育主管的核心素养意识对乡村教师核心素养培育具有至关重要的作用。要提高主管乡村教师培育教育主体的核心素养意识，使其充分认识乡村教师核心素养的内

涵和核心素养对教育改革的重要性。教育主体应认识由于科学技术的快速发展，产品更新迭代快速创新，人类职业变化日益加剧。教育培训和教育改革不仅要为创新驱动的职业做好准备，还要为智能技术快速发展导致的职业竞争做好准备，更要为尚未诞生的新型职业做好准备。教育培训主体要认识到具有广泛迁移性的核心素养是未来教育培育的首要目标，乡村教师核心素养的培育是培育乡村卓越教师的重要途径，是实现教育公平的必由之路。主管培育的教育主体应营造良好的人文环境，鼓励乡村教师通过各种形式参与培训，使其了解科技快速发展给教育带来的挑战，认识到未来教育需要的素养和能力，激发教师提升专业发展的内核力量。乡村教师核心素养的多元培育主体可以联合举办丰富多彩的核心素养活动，提升乡村中小学核心素养水平。地方院校作为乡村教师核心素养培育的主体，可以与其他多元主体联合举办丰富多彩的教学活动，潜移默化地提升中小学教师的核心素养水平。例如，为全面贯彻党的二十大精神，深入实施全民科学素质提升工程，2023 年 3 月 25 日，邢台学院和邢台市科学技术协会联合举办邢台市助推“双减”科普活动月，发挥邢台学院“全民科学素养科普教育基地”作用，面向邢台中小学校开展为期一个月的科普月活动。此项活动是落实习近平总书记关于“科技创新、科学普及是实现创新发展的两翼，要把科学普及放在与科技创新同等重要的位置”重要指示精神，是为了深入实施《全民科学素质行动规划纲要(2021—2025 年)》，动员全社会共同参与，多渠道传播科学知识、体验科技成就，充分发挥邢台高校科技教育资源优势，助推“双减”工作落地落实，不断提升邢台市青少年科技教育水平。邢台学院在此次科普活动中共开发开放了 10 个科普平台，包括地质标本科普馆、自然科学馆、天文馆、化学科普馆、气象园地、天文望远镜体验园、时间广场、直隶第四师范学校旧址、校园文化艺术街区、邢窑文化园。设置了趣味化学实验、陶瓷拉坯、天文望远镜观看天象、气象园地的数据提取与分析等实践体验环节。此项活动从 2023 年 3 月 25 日开始，每周六、周日全天开放，历时一个月，邢台 14 所中小学近千名师生走进邢台学院，参与科普活动。活动通过拓展科技基础设施科普功能，设计与学校教育教学有机结合的活动项目,探索参与式、体验式、互动式的科普新形式,激发中小学师生的科学兴趣。请中小学师生走进科学殿堂,感受科学的魅力,树立科学素养,引导师生全面发展。

三、发挥乡村中小学校开展核心素养活动的主动性

乡村中小学校作为乡村教师核心素养培育的受益者,应广泛开展丰富多彩的活动,将乡村教师核心素养培育纳入日常教育教学中,营造培育核心素养的良好氛围。

乡村中小学校可以开展丰富的活动,营造氛围,提升核心素养。例如,乡村中小学可以开展班级文化活动,培育教师和学生的核心素养。班级文化对学生的教育是潜移默化的,加强班级文化建设,不仅是建设良好的班集体的有效途径,还为学生素质的全面提高创设了良好的环境氛围。用文化的理念统领班集体建设,用文化的氛围熏染学生,用文化的互动影响学生,提升教师的文化素养和择宜素养。例如,榆林市吴堡三小在全校开展班级文化评比活动,增强了教师和学生的责任心和集体荣誉感,提高了师生的审美能力、实践能力和创新能力,促进师生核心素养的养成。

乐活泼
健康成

快乐学习
科学之光
防溺水

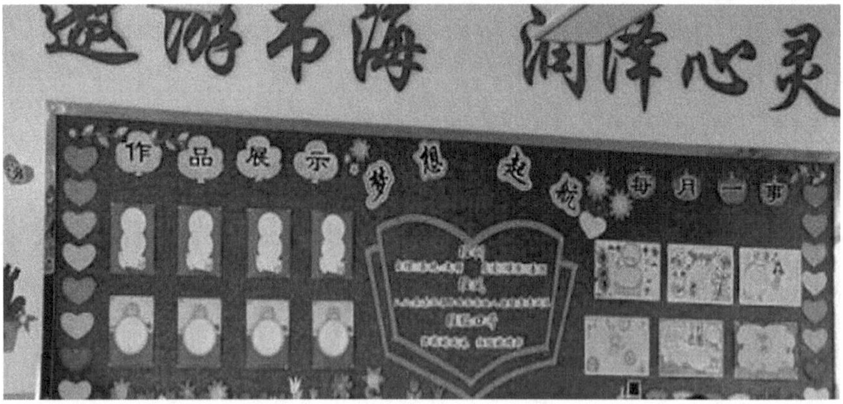
遨游书海
润泽心灵
作品展示
梦想起航
每月一事

乡村中小学校作为核心素养培育的受益主体，要抓住机遇，开展与地方高校和其他中小学校的合作，开展校际交流、协同共赢，共谋发展。例如，邢台市信都区基础教育牵手邢台学院北京师范大学教师教育研究中心太行分中心开展“新师范”实践教育新场景。地方基础教育与地方院校的校际联合，承担起为地方基础教育发展铸魂育人的时代重任，有助于双方教师的交流和实践，提升双方教师核心素养的发展，有助于教师队伍的高质量发展。在协同提质背景下，借助北京师范大学等高水平师范院校的师资力量，得益于北京师范大学、河北师范大学、南京师范大学和广西师范大学等高水平师范大学的指导和专业引领，“新师范”实践教育新场景整合多方优质教师资源和教育研究力量，积极探索教师教育学科前沿，有利于开阔乡村教师的视野，提升师范生的教育情怀，提高师范生和乡村教师面向未来教育的关键能力，提升师范生和乡村教师的整体核心素养。

中小学校可以开展共同体教研活动，针对新课标，对新课标学生核心素养进行知识迁移，发展教师的核心素养，研讨聚智慧，交流谋思路，携手并肩共同成长。还可以开展丰富多彩的主题活动，例如，维护消费者权益，普及安

全意识,向校园霸凌说不,劳动教育等活动,提升师生的核心素养。

第二节　优化乡村教师核心素养培育内容

核心素养具有综合性和整体性,具有跨学科和跨领域特征,如何科学合理地制定乡村教师核心素养内容是乡村教师核心素养培育的关键。《义务教育课程方案和课程标准(2022 年版)》没用“学科素养”这一概念,而是强调核心素养的主体是学生而非学科,课程目标的架构是以核心素养为统领的复合型课程目标体系,其中正确价值观、必备品格和关键能力是核心素养的三个价值领域。根据知识迁移理论,将乡村教师的师德素养对应正确价值观,择宜素养对应必备品格,数字素养对应关键能力,乡村教师培育的课程目标架构以乡村教师核心素养内容为统领建构复合型的课程教学目标。乡村教师课程的学习均指向核心素养的发展,只是权重不同、侧重点不同。乡村教师课程学习收获与核心素养的发展不是简单的线性因果关系,而是受到多种因素的相互作用,每一门课程的学习都为乡村教师核心素养增加了可能性。

一、重构乡村教师核心素养培育价值取向

教师培训是依据特定的教育价值取向展开的,教师培训课程的知识结构和培训方式直接反映了当时教育培育的价值取向,具体表现为教师培训的性质和任务,形成不同的培训效果和影响。

工具理性和价值理性是由德国哲学家马克斯·韦伯提出的,后来在法国学者马尔库塞、哈马贝斯等人的推动下发展起来。“工具理性”也是“技术理性”,主要指在工业社会中人们的活动被技术标准所引导和规范的倾向,马尔库塞将这种倾向描述成“以技术为中介,将文化、经济和政治融合为一个体系,体系的发展稳定了社会发展,把技术的进步包含在政治统治的框架

中”。“价值理性”是通过有意识地对某个特定的行为的——伦理的、美学的、思想的或作其他阐释的——对固有价值的坚定信仰，不管是不是能取得成就。坚信“价值理论”的人们会对自己提出某种要求，会规范自己的行为，会使自己的行为服务自己内在所认同的某种价值观点或信念，如尊严、理想、孝顺、美感、价值观、人生观、世界观等。在这个过程中，韦伯认为，无论采用什么方式，无论是否有成就，无论收入多少，他都会这样做，因为他觉得这样做有意义、有价值。所以说坚持“价值理性”的人更多关注的是行为本身代表的价值意义，是从某种价值理念的观点来看行为是否合理。从以上分析可以看出：工具理性者强调功利性，经常将金钱、技术、财富和效率作为主要目标，容易忽视对真、善、美等的精神追求；价值理性者一般会强调终极价值，会将精神追求和人们对公平等美好生活的需要作为人的精神丰富和成长的主要目标。

教育领域中历来存在工具理性与价值理性两种价值取向。教育的工具理性强调加强教师知识和技能的充实和提高，教育的价值理性注重教师精神价值、思想品德和心理品质的发展与完善，两者都有合理性，相互影响、相互促进。目前，基础教育改革的方向主要有两个明显的特点。第一，强化教师和学生的核心素养发展，也就是强调教育对象和教育者的价值理性追求，要打破传统的知识和技能本位，重在培养学生面对未来教育发展应该具备的高级能力和人性能力，要培养学生形成正确的价值观、世界观和人生观，培养学生具有较强的社会责任感和创新能力。第二，学生核心素养的培育要打破学科限制和脱离实践教学的情况，注重学科的融合性和整体性，注重学科教学的生活性和实践性，培养学生广阔的学科视野和融会贯通的教育迁移能力，提高学生和教师的实践应用能力。基础教育改革的方向要求教师要改变单一的教学理念，追求价值理性和工具理性的有机融合，在知识学习过程中融合价值观念和精神追求，把对学生核心素养的培养融合在知识的课堂教学中。要想提高乡村教师核心素养的培训效果，就要从根本上先改变乡村教师培课程的价值取向。

(一)强化乡村教师职前职后培训目标的价值内涵

在乡村教师的职前职后培训过程中,在培训目标上要打破传统的工具理性取向,建立价值理性和工具理性相结合的价值取向。第一,师范院校和继续教育培训机构要认识到“素养关系到价值的养成性,知识关系到技术的形成性”。对一个国家来说,正确的价值观念关系到国家的发展方向。技术则为实现正确的发展方向提供了知识、方法和工具。价值理性和工具理性是辩证统一的,价值理性为工具理性提供了精神动力和价值信念,工具理性则是价值理性顺利发展的知识力量,两者相互左右,相互促进。第二,帮助乡村教师认识到教师的终极目标,树立坚定的乡村教育职业理想和教育信念。对乡村教师职前职后的培训最重要的是帮助乡村教师认识到教育的最终目的是培育全面发展的人,是培育完整的人,不是只传授学科的知识和技能,乡村教师不仅是知识的传播者,更是学生智慧的启迪者、学生美好心灵的铸造者;乡村教师要认识到合格教师的首要因素不是对教材与学科知识熟知和过硬的教学基本功,应是教师素养和精神品格,教师的乡村教育情怀和人文情怀,乡村教师的智慧和洞见。乡村教师不仅需要把书本上的知识教给学生,还要通过知识将自己对乡村的热爱、对生命的理解、对生活的体验、对知识的思考和对学生的关爱之心传递给学生,用自身行为、科学精神和人文情怀去启迪学生。知识和技能占据主要地位的课堂是缺乏思想内涵的课堂,只有在传授知识的过程中闪耀着价值观念、思想光辉和生命意义时,教师才不再是传统的“教书匠”,而是新时代基础教育改革呼唤的有个性的教育家。

(二)实现乡村教师培训课程的综合性和完整性

核心素养具有综合性和整体性,新时代,教师和学生核心素养的培养打破了学科性。第一,乡村教师职前职后的培训要在工具理性和价值理性相结合的基础上,注重改革乡村教师培育课程结构。乡村教师的培育要以教育终极价值核心素养的培养为核心内容,打破单一学科为中心的课程培育体系,建立不同学科相融合的主题教学,建立科学与人文相结合的主题教学,建立知识与情感相融合的主题教学,建立教学与社会服务相融合的主题教学,等等。在乡村教师核心素养的职前培育过程中,可以根据相近学科知识,综合运用多学科知识进行教育教学,拓宽学生的视野,帮助学生了解人文与自然、自然与社会、相关学科的内在联系,最终形成对世界的整体性和综合性认知。分析问题的能力,是新时代乡村教师应具有的核心素养的关键能力,也是新时代基础教育新课改取得突破性进展的关键。乡村教师职后培育课程承担着更新乡村教师知识结构的重任。对于已经在乡村工作多年的乡村教师,随着时间的推移,可能会出现知识老化现象。乡村教师职后培育机构根据新时代和新改革的理念建构完整性和综合性的培训课程体系,能够及时更新乡村教师知识结构,为乡村教师注入新鲜的教育理念和价值观念。具体来说,乡村教师核心素养职后培育要在保持必要的学科培训内容、教学理论和教学方法培训的同时,加大教育哲学、教师职业理想和职业精神、乡村教育情怀、科学与人文、教师专业发展、艺术与社会研究、信息化与数字化教学等方面的培训,拓展乡村教师的学术视野和社会认同,厚植乡村教师的乡村教育情怀,提高乡村教师面对未来教育的数字化教学能力,提高乡村教师的核心素养,提升乡村教师在复杂情境中解决问题的能力。

(三)完善乡村教师核心素养培训课程评价体系

对乡村教师核心素养课程的评价要坚持“破”和“立”的嬗变。课程评价的“破”是指破除以知识为中心的评价观念。第一,乡村教师核心素养培育的评价不再简单地以知识和技能为标准进行评价学习效果。第二,最重要也是最难的是要破除教师的知识本位或单一知识评价思维定式,让乡村教师认识到知识和技能的评价不再是评价学生的唯一标准,对学生和教师的评价应该有丰富的内涵,如积极的心理品质、正确的价值观、审辩式思维能力和职业道德素养等。“立”是乡村教师核心素养培育课程要建立多元一体的评价理念和评价标准。乡村教师培育课程的评价体系要正确把握知识评价、价值评价、心理品质评价、职业道德评价等的内在有机联系，明白多元相互结合，最终形成一体化教师核心素养评价体系的重要性。建立多元一体的乡村教师课程培育评价体系，有利于推动乡村教师培训课程价值取向的实现，以评价杠杆的改革引导乡村教师价值取向观念的改变。

二、建设基于核心素养的乡村教师培训课程体系

张坤香提出，乡村教师核心素养培育的痛点是没有与之相匹配的乡村教师核心素养培训课程体系，因此要以乡村教师"核心素养"为培育价值取向，基于乡村教师"核心素养"内容提炼乡村教师培育"核心主题"，按照"基础→条件→动力→补充"课程功能，从课程模块、课程主题、课程专题和课程单元构建乡村教师"核心主题"培训课程体系结构。①

乡村教师培训是有目标、有计划地组织乡村教师参加教育教学相关的培训活动，旨在更新乡村教师的专业知识、教育理念和整体素养，开发教师人力资源潜能，使乡村教师适应基础教育改革和社会发展需要的教育活动，促进教师核心素养发展来服务学生核心素养的培育。《义务教育阶段课程标准(2022)》提出，学生核心素养主要指学生能够适应未来社会和养成终身学习的主要素养和能力，学生培育的终极目标不再是"知识人和技术人"，而是"全面发展的人"，应该具有正确的价值观、必备品格和关键能力。教师作为培育学生核心素养的引导者和服务者，也应该是"全面发展的人"，所以乡村教师的培育应以核心素养为价值导向，培育"全面发展的教师"。

人本主义理论认为乡村教师课程培训的重心应该从学问知识过渡到开发学习者的潜能，课程内容要与学习者的生活和现实问题紧密联系，强调知识课程、体验课程和情感课程的多层结构。问题导向的乡村教师培训课程，通过对成人学习规律和教育的终极目标进行分析，认为乡村教师的培训要从

① 张坤香. 乡村教师培训"核心主题"课程体系建设：价值取向、框架结构、技术路径[J]. 中小学教师培训，2019(11)：4-10.

“3r”(reading,writing,arithemtic)转向“3c”(care,concern,connection)。教师培训指导标准强调教师培训的6个培训领域、20个培训核心能力和102个具体能力指标,注重关注教师的学习素养和关系素养。对于乡村教师来说,由于乡村教育场域的复杂性,乡村教师面临着许多复杂的现实问题。张坤香认为基于核心素养培育的需求,采用主题聚焦方式进行乡村教师培训课程体系建构,既关注了乡村教师的专业能力,也注重培育乡村教师的职业理想、价值观、师德素养、创新能力和自我认识,有利于乡村教师适应乡村教育的发展,同时养成适应社会发展需要和终身学习需要的核心素养,如图6-1所示。张坤香认为要以乡村教师“核心素养”培育为课程培训的出发点,提炼培训课程“核心主题”,建构乡村教师培训课程体系,服务乡村教师解决复杂的乡村教育问题的逻辑思维能力,使乡村教师在面临现实问题时能够以“善”为本,通过创新能力和知识转化,顺利解决乡村现实问题。基于“核心主题”的乡村教师课程培训体系将关于乡村教师的学科知识、教育知识和各种资源、经验等进行整合,针对乡村教师实际问题,以主题、项目等形式进行多样化、本土化和弹性化的“核心主题”课程。乡村教师“核心主题”培训课程体系关注了乡村教师的实际问题,采用参与、探究的方式鼓励乡村教师在真实乡村任务中学习、挖掘乡村教师的综合、创新、审辩、预见、反思等思维能力,获得沟通、管理和人格魅力等解决乡村现实问题的必备品格。从乡村教师培训“核心主题”课程体系结构框架图中可以看出,以“核心主题”建构的乡村教师课程体系坚持以“核心素养”为培育价值导向,坚持了工具理性和价值理性的有机融合,确保基于乡村教师职业理想和社会发展需求的外在价值、学科知识的实践价值和教师专业发展的本体价值,打破了学科本位的单一学科建设的培训课程模,创建了学科综合能力、乡村教育情怀、创新实践能力等有机融合的综合性培训课程体系。

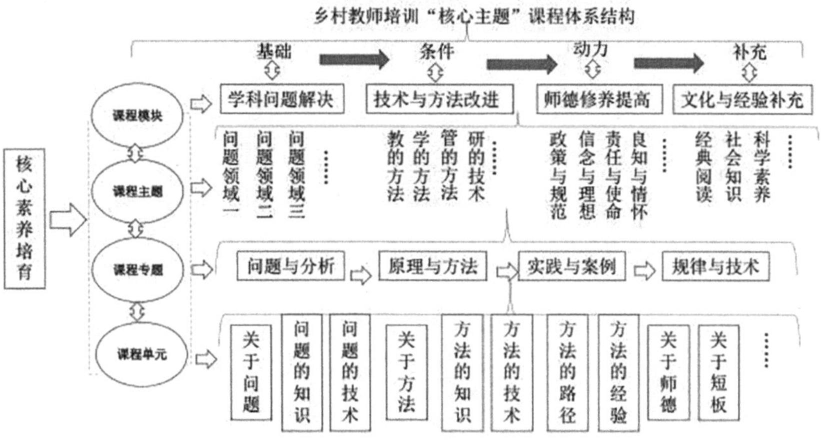

图 6-1　乡村教师培训“核心主题”课程体系结构框架图

三、提升乡村教师数字化素养，培养其面对未来教育的关键能力

党的二十大报告指出，要推进教育数字化，提升教师的数字素养，建设终身学习的学习型社会和学习型大国。促进乡村教师数字化素养，是数字化时代社会发展和高质量教育发展的现实要求，是乡村教师终身学习、实现自我成长的必经之路。冯晓英认为教师数字化教学能力不再只是信息技术的掌握，而是要有正确认识、判断和选择数字平台和数字资源的能力，针对这种现象，探索信息技术支持下的乡村教师培训教学模式也是提升乡村教师核心素养的重要内容。①

冯晓英认为要提升教师的数字教学能力，要以独立信息化教学的综合性能力为培育目标，运用设计性学习的研修模式进行教学设计，通过“观察→体验→设计→反思→实践”连续又系统的过程，促进教师数字素养螺旋上

① 冯晓英，何春，宋佳欣等．“互联网+”教师专业发展的实践模式、规律与原则——基于国内外核心期刊的系统性文献综述[J]．开放教育研究，2022，28(6)：37-51.

升。冯晓英的研修模式适合乡村教师数字核心素养的培育,在乡村教师核心素养的课程培训过程中可以使用研修模式。第一,观察中学习。对乡村教师数字素养主要模块进行培育时,要充分发挥培训者和教师教育者的示范作用,为乡村教师提供数字教学重构的案例。培训者可以通过教学设计示范、策略示范、内容展示、信息技术示范等,让乡村教师在观察中学习,为乡村教师提供数字化学习的具象化认知。第二,体验中学习。为了增加乡村教师对研究活动的参与性和情感体验,让乡村教师参与实践教学活动,通过研修方式体验数字化教学,在真实体验中直接感知对数字化教学的理解。第三,设计中提升。提升乡村教师数字教学能力最主要的就是让其在教学设计中学习,以乡村教师自身真实的教学任务为内容,以数字资源和数字平台支持下的教学模式设计任务为驱动,最终在培训者的支持下,将所学的理论与实践在教学设计中融合。第四,反思中提升。乡村教师不断反思自己的教学设计和教学活动,通过"设计→反思→改进"循环迭代,增强对数字素养的认知。第五,实践中提升。在日常教学生活中,鼓励乡村教师将数字化教学设计方案应用在实际的教学中,逐渐形成成熟的信息化教学设计模式,提升其信息化素养。

提高乡村教师的数字素养,共建网络安全,共享网络文明,共提网络信息技术应用能力,多元培育主体可以开设多种网络安全和网络课程开发等多项专题微课,通过大量贴近生活实际的案例积极推动乡村教师数字素养,提升乡村教师面临未来教育的风险抵抗力和网络安全应用能力。例如,北京师范大学为职前教师提供了系列网络安全教育微课,提高职前教师的数字素养。例如,"网络素养面面观"微课,介绍了网络素养概念的起源与发展,并详细说明了媒介与信息素养的全球框架与五大法则,从能力、视角、发展性过程三个方面阐释了媒介素养和网络素养是什么,提出了广大青少年朋友在提高网络素养方面的建议。"媒体背后的价值观是怎样的?——跨文化传播",介绍了不同地区的新闻媒体价值观,将媒体与政治、宗教等联系起来。最后引领职前教师思考在跨文化的影响下,媒体报道是不是都是真的。"'我的网络我做主'——自我调节ABC",介绍了网络时代的自我调节,结合心理学的ABC理论,介绍了两种信念:自我管理和网络使用。最后专家介绍了再定义技术,帮助职前师范生做网络时代的主人。"如何提高对网络信息的批判能力?——批判性思维",介绍以理性、反省为关键词的批判性思维,强调了批判性思维的精髓在于提问,网络时代批判性思维的重要性及我们如何培养批判性思维。在网络时代,培养批判性思维要学会发现和质疑前提假设、确认逻辑是否一致、注重特殊情况和背景、区分事实和观点。"游戏真的百害无利吗?——网络游戏的前世今生",从历史和汉字的角度解析中国文化对游戏的偏见是如何产生的。游戏也可以承载严肃的文化内容,传递正向的价值观,对现实产生积极的影响。我们应打破对游戏的固有认识,掌握游戏素养的相关知识,有效利用游戏,激发游戏传递文化、教化育人的潜力。"依法治网——网络不是法外之地",介绍了网络环境下依法治网的相关知识,以及网络空间的违法犯罪行为开始向未成年人蔓延的趋势。在网络环境中更应增强自身的法律意识,提高对互联网信息的判别能力,避免成为网络犯罪的受害者。"是真是假?——揭露网络广告的外衣",介绍了网络广告最大的隐蔽性,如果我们在网络游戏、博主视频中发现了商品或品牌的信息,或是接收到商品推荐,抑或是在搜索商品时看到了某商品或品牌的信息,都需要提高警惕,因为它们很可能就是"隐藏"的网络广告!"网络隐私面面观——我的隐私我做主",教我们认识什么是隐私、什么是隐私权以及关于隐私的立法。通过了解欧盟通用数据保护条例(GDPR)这一全球范围内关于隐私的典型条例,分析大数据的伦理问题(Ethical Issues of digital data)以及真正知情的通知和同意(truly informed notice and consent)的相关内容。

四、增加乡土特色培育内容

为乡村学校培养"下得去、留得住、教得好"的优秀教师,打造一支高素质专业化的乡村教师队伍一直是各级教育行政部门和师范院校面临的难题。

尼克·凯利根据乡村社会空间模型,提出了师范生从事乡村教师岗位的障碍模型,认为影响师范生从事乡村教育主要有外部原因和内部原因,明确了师范生到乡村任教的主要障碍。尼克·凯利认为师范生到乡村任教的外部障碍,主要是薪资水平、学校环境、职业发展、情感支持和入职指导,并认为这些外部障碍的改善受到国家教育政策的影响;师范生到乡村任教的内部障碍主要包括正确的价值观、情感接受和知识视野,内部因素是相互联系、相互依存的,任何一个因素的改变都会导致其他因素发生变化。职前教师进入乡村学校任教的原因是错综复杂的,不仅涉及职前教师所处乡村的社会空间的经济、政治和文化情况,更重要的是教师内心对乡村环境的热爱、乡村教育的认同和乡村教学的价值观和情感态度。

目前关于乡村教师职前培育理念的研究,研究者更多把目光聚焦在了乡村教师的“地方意识”(Place-Consciousness),注重乡村教师培育的地方特点和地方特色。研究者认为应该让乡村职前教师对他们可能身处的社区和环境的多样性和复杂性做好准备。在乡村教师的职前培育中,教育者要在教师教育课程中注重地方意识的教学,将师范生与他们未来将要工作的地方以及他们未来要教的学生联系起来,为职前教师进入乡村社区和乡村教育做准备。对于乡村教师的培养要注重乡村地方意识,注重特定地域的生态社会和文化发展,增加乡村地域特色文化,注重乡村职前教师乡土情怀的生成与培养,提高乡村职前教师任教乡村学校的内在动力和情感力量。

为了解决这个困难,澳大利亚教育部门从乡村教师的职前培育方面入手,以师范生的内在情感为突破口,基于地方文化意识为核心培育理念,注重师范生的乡土情怀培育,不断优化师范专业的培养目标、课程设置、教学实践和评价体系,形成了以乡土情怀取向为主要乡村培育特色的乡村教师职前培育模式,为澳大利亚乡村培育了能力突出、乡村教育情怀浓厚、甘于奉献的乡村优秀教师。澳大利亚教育部门认为以前的“城市化”为导向的乡村教师职前培育模式没有为乡村职前教师提供所需要的知识与技能,为此专门开设了关于乡村的教学课程,帮助乡村职前教师了解乡村社区、乡村学生和乡村学校;在实践教学中,使乡村职前教师深入到乡村教学活动中,深入到乡村社区获得地方性文化,改善职前教师对乡村复杂教学环境适应困难现象。澳大利亚政府注重乡村职前教师正确价值观、情感态度、必备品格和关键能力的培养,通过乡村特色课程设置、乡村教育实践和乡村观摩学习等系列活动消除职前教师对乡村社区的疏离感,引导其熟悉乡村、接纳乡村,树立在乡村学校任教的信心和决心,涵养乡村职前教师服务乡村学校的使命感和责任感。

澳大利亚教育部门在乡村教师职前培育的课程体系中增加了鲜明的乡村元素,从乡村社区、乡村学校和乡村课堂三个重要领域,嵌入六个乡村职前教育课程关键因素。第一,乡村体验。该课程模块考虑到乡村社区在地理、人口和经济等方面的多样性,主要用来帮助乡村职前教师提前了解城市和乡村地区由于教育政策、经济发展、教育资源和教学方式不同而形成的差异。此模块涵盖乡村社区变革对乡村地区教育的关系,乡村教育的历史发展、存在的问题和处理对策,乡村教师的就业与留任问题。第二,社区准备。该课程模块注重帮助乡村职前教师认识乡村社区的多样性和复杂性,强调对“地方意识”和“乡村社会空间”的认识,注重学生对乡村社区的认同心理。第三,认识乡村学校。该模块侧注重了解乡村教师的身份和职业,了解乡村教师从事的工作。该模块注重帮助乡村职前教师认识其在乡村社区的个人角色和专业角色,帮助乡村职前教师在乡村社区内顺利开展工作和生活。了解与乡村社区合作,侧重于乡村社区伙伴关系,为乡村职前教师提供了与乡村社区人员、同事和其他专业人员建立伙伴关系的策略,以提高乡村职前教师的人际沟通能力,建立相应的文化资本和社会资本。第四,了解乡村课程和乡村学生。该模块主要包括了解乡村学生的生活和进行乡村教学体验。提高乡村职前教师的学习策略需要发展其对地方乡村学生的了解和学习体验,这一模块需要了解乡村学生的生活情况、学习情况和家庭情况,还需要了解乡村学校提供的教育环境和教育资源,方便乡村职前教师提前对乡村学生的学习有所准备。乡村职前教师对乡村真实环境的体验是从事乡村教学的最大动力。在职前教师的教育实习和实践中,使职前教师真正参与到乡村社区和乡村学校中，体验真实的乡村课堂教学。第五，为乡村事业做准备。职前教师在决定申请或应聘乡村教师时需要考虑的问题，包括为乡村教育事业奉献的决心、坚定的教师职业理想、优良的心理品质。当职前教师准备入职乡村学校时，需要做许多的精神准备，以确定自己能成为“下得去、留得住、教得好”的“四有”好老师。

乡村职前教师需要的乡村社会空间文化知识、乡村儿童发展的实践教学知识和契合乡村发展的教育理念等分布在师范院校、乡村社区和乡村中小学等空间中，需要不同空间主体沟通交流，彼此配合，协同共赢，建立联合培养的长效机制。图 6-2 为澳大利亚为乡村教师职前培育高校—社区—中小学校联合培养关系图。

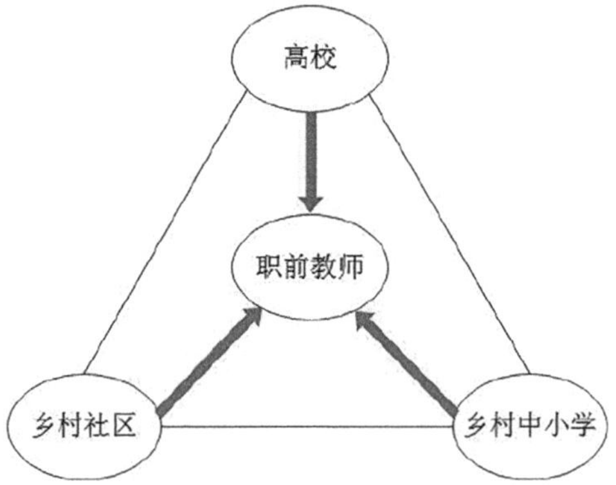

图 6-2　澳大利亚为乡村教师职前培育高校—社区—中小学校联合培养图

总结前人的研究，根据我国核心素养育人价值导向特点，对乡村教师的乡土特色培育进行总结。首先，要注重思政课程和课程思政的双重育人效应，增强乡村教师的政治意识和政治信仰，让乡村教师明白我们为谁培养人、培养什么人、怎样培养人的教育根本问题。其次，根据乡村教育的特点，教师教育者在进行课程设置时应注重地方意识，在课程内容建构时应增加乡村教育内容特色，如对乡村文化的认知、乡村教育的价值、乡村教育的需要和乡村振兴对国家富强的重要性等，提高乡村教师的乡村教育情怀。最后，应增加课程实践性内容，在课程实习和实践中让师范生和乡村教师在复杂的教育场景中用人性的“善”的本能，运用反思和申辩能力，通过团队合作，创造性地解决教育实践问题。

第三节　探索乡村教师核心素养培育的特色方法

改革开放以来，乡村教育始终面向现代工业主义的需求，以工业化、城市化为导向，使得农村人才乡土意识淡薄，离农倾向明显，与乡村实际需求有所脱节。“过度工业主义”模式下乡村教育的阙如，使乡村学校难以具有高素质的优秀教师。提升乡村教师核心素养，振兴乡村教育发展，是我国亟待解决的时代问题。乡村振兴战略强调城乡共融、绿色发展之路，提升农耕文明，兴盛乡村文化。这意味着以前的“仿城发展论”“资源倾斜论”和“撤并进城论”等提升乡村教育质量的方法都无法实现乡村振兴目的。目前，将地方资源引入乡村教师核心素养职前职后培育在地化服务，是当前实践中研究者探索乡村教师核心素养培育的特色方法。

一、在地化教育

（一）在地化和本土化

在研究乡村教师或乡村教育服务乡村社区的众多文献中，研究者常用“在地化”和“本土化”两个词，“本土化”的使用频率远远高于“在地化”，那么“在地化”和“本土化”是否一致呢？是否表示的是同一个意思呢？通过查阅中国知网和《现代汉语词典》，“本土化”一词主要是指“从国外引进的产品或先进技术，然后根据我国国情进行修订或改造，使之适合我国的需要，或者使产品具有鲜明的本地区或本民族特色”，在心理学或其他学科常常对翻译的国外测量量表进行本土化转变，使之适合我国人民的基本情况。所以“本土化”涉及的内涵是“Location”,是“国外到国内”,是一种“由外向内的转化机制”。“在地化”强调的是乡村教育与地方文化或传统民俗的一种耦合,强调的是“place-based teaching”。“在地化教学服务”是一种基于一方水土的新型的乡村教师培育的生态教育方式,强调教育的地方性以及乡村社区与学校之间的教育联动,是基于“地方的学校行动”,所以“在地化”不是“由外向内的转化机制”,是一种“乡村与教育互动的联结机制”。

(二)在地化教育

乡村教育在地化在我国历史上不算是一个创新的教育思想,我国著名的乡村教育家梁漱溟将乡村教育理论与乡村教育的实践紧密结合在一起,对近代乡村的改造和社会发展产生了深刻的影响,对当代乡村振兴具有重要的借鉴意义。我国著名教育家陶行知从事并重视乡村师范教育,他希望培养出乡村农人和儿童敬爱的老师。陶行知的“生活即教育”“社会即学校”教育思想,旨在弥合“过度工业主义”教育的“伤口”,对于乡村教育的未来改革具有方向性意义。乡村社会是一个拥有自然资源与地方文化等先赋优势教育资源的场所,学生浸润在大自然的熏陶中,本身是一个最基本、最理想的教育状态;乡村社区中,家族纽带、熟人互助、节日习俗场景等又有助于在潜移默化中传承传统文化。

从理论上来说,将“乡村社区”重回学校教育不是一个新的理论观点。例如,从教育学视域角度论述,乡村教育为乡村社区服务,关注乡村教育核心素养培育的乡土性,乡村教师的培育应该注重“农”,而不是“城”。从社会学角度对乡村教师和乡村教育的论述来看,乡村教师的培育缺乏乡土性、地域性是一种“文化冲突下的不平等教育”,给乡村教育附上了浓厚的“社会空间”单一色彩。如果把乡村教育看作地方特色教育,就突出了乡村教育多元价值理论。也就是说,若乡村教育和乡村教师的培养注重“地方意识”维度,“乡村教育”则是一块蕴含丰富多彩教育意义的“宝藏之地”。

“在地化教育”是一种承认和重建乡村教育与地方区域之间具有内在联

结的教育实践形式,在地化包含乡村教师和学生的生活环境、地方的自然条件和经济条件、地方的社会关系和文化资源等。“在地化教育”的核心就是学校及机构、儿童和社区三者之间相互联系的过程,旨在促进教师或学生的地方认同,改善地方学校教育质量,促进教育公共和重建地方教育生态与社区福祉。

(三)在地化服务对乡村教育的意义

地方院校应成为培育乡村教师职前职后培养的主阵地,一方面有利于地方院校的稳固发展,另一方面,由于地方院校的学生大部分来自地方县域,与乡村地域有千丝万缕的联系,有利于为乡村留下稳定的乡村教师队伍。乡村教师核心素养的培育往往将乡村看作“地方”,是一场突出乡村地域多元价值、回归乡村教师培育中的“价值意义场”的尝试,认为“乡村”是乡村教育培训在地化服务的重要场所。回归“乡村地方”维度,注重个体日常生活和生命记忆原始场域载体,是乡村教师职前职后培育的成长价值依附,是乡村教师培育从脱离实际场域环境到走向地方文化和个体成长的亲切体验,是从教室走向田野,打破既定知识的固定性,丰富知识的解释框架,是一种知识创新的成长空间。

1. 注重个体成长的地域价值空间,有利于乡村教师找到存在感和归属感

乡村作为乡村教师服务和成长的地方,承载着乡村教师的现在,连接着乡村教师的未来,是乡村教师成长的活动场域和作为社会符号存在的归属地。乡村地方性作为一个带有归属地的地方标志符号,是乡村教师维持和延续生命的主要场域。乡村教师对地方的水土文化、地方环境设施、自然环境和其他的地理知识的了解都有利于乡村教师核心素养的提升,有利于乡村教师对乡村地域文化的接纳和喜欢,提升乡村教师的乡土教育情怀。乡村的地方性不仅表现在地理环境中,更多表现在乡村教师对乡村地方风土人情的认同,对乡村环境的价值认同,是乡村教师在不断的成长过程中将自己与乡村地方的互动化成一种对乡村地方的情感输出,对乡村地方产生了一种安全、

喜欢、亲切、依附、存在感和归属感。乡村教师对于滋养其成长的乡村地方的地域环境的存在的喜欢和意义的链接，如乡村的小河和山坳，乡村的方言和习俗，乡村美丽的山坡和花朵，乡村人们的朴实和纯真，乡村的宁静和安逸，乡村的收获和丰收等。国外研究者曾用“亲切体验”诠释个体对乡村的存在感和归属感，“亲切体验”是埋藏在乡村教师内心深处，难以用语言表达，也很难引起他人和乡村教师的注意，是一种个体化的、个性化的，是乡村教师通过对乡村地区的了解和互动建立的一种潜在个体经验。这种特殊的潜在的个体经验会令一个精力充沛的乡村教师渴望获得认同和归属，那种安全和依恋的价值认同是一种“深度真诚”形成的情感和价值认同，是乡村教师对乡村地方意识的认同和归属，是乡村教师认为要扎根服务的地方，拥有了扎根服务世界和国家的坚固的物理和精神基点。

2. 符合知识叙事结构的生长空间，有利于知识创新

人类的发展史是一部知识的进步史，知识的丰富性和纵深性是现代社会进步的源泉。现代社会中，“知识”是随着人们的创造不断生成的，是在人们实践和活动过程中不断集合形成的，不再是课程上固定的知识。在知识爆炸的时代，同时又是知识创新的时代，推进知识的开创性、丰富性和纵深化是学校的使命。乡村地方具有广阔的天地和丰富的人文知识，是一个充满灵感的空间，是一个发现创新知识的生长空间，乡村教师核心培育从乡村地方性入手，尊重乡村地区的多样性，有利于发现知识和创造新知识。

从地方的维度出发，知识的构造是未完成的，是不断积累和学习的过程。简单来说，通过课程知识我们了解了自然科学知识的部分原理，但是在乡村地方场域下面临乡村的问题，我们实际的操作情况一定要结合实验原理，按照实验室的操作步骤进行吗？得到的结果会一样吗？由于乡村教育的复杂性，乡村教师在处理乡村教育问题时一定要与乡村的实际环境相适应，尊重当地的民风民俗，了解当地的经济状况和学生的家庭情况。

从地方的特性来说，乡村地方的多元性为知识的解释和丰富提供了很多背景性和实践性的材料。现代知识分为两种，一种是理论知识，一种是实践

知识。理论知识一般是抽象的，实践知识一般是知识的具体形式，而知识的具体形式有很多，在乡村多元的知识背景下，就可以将很多解释性的理论知识应用到实践中。乡村作为一个实体空间，在地理构造和外部环境与其他地方都有可能存在不同，如不同的生态植被和传统文化。注重乡村教师核心素养培育的乡村地方意识，有利于将科学的知识与生活化、具体化和经验化的地方知识联结起来，拓展教师对乡村多元知识的了解，丰富乡村教师的核心素养。例如，王红通过对生长在四川乡村的野草转化为杀虫剂的故事叙事，就有利于提升乡村教师的核心素养，有利于乡村教师对知识的发现和创新。①

> 四川巴中市平昌县实验小学的小学生胡丁丹喜欢在假期的时候到乡下姥姥家玩耍。在户外玩耍的她发现，姥姥家旁边山坡上有一株开着紫花的草很特别，周围的草都有被昆虫侵害的痕迹，唯独这株草没有遭虫吃。另外，牛儿满坡吃草，却惟独不吃这种草。“为什么没有虫吃它？牛为什么也不去吃它呢？”姥姥告诉她，那是紫花鱼灯草，可以杀虫的。紫花鱼灯草，在当地人口中叫做“羊不吃”，也叫断肠草，是一种有毒的植物。胡丁丹带着好奇将这种野草带回了学校，并在吴臻华老师的辅导下，与同学袁祯阳和王睿一起研制出可杀死三种常见害虫并对人畜无害的“王者农药”，她们因此获得了第32届全国青少年科技创新大赛的一等奖。看似一件平凡的故事却诠释了知识的抽象内容与具体形式之间的互动与转化，生长在乡村的紫花鱼灯草作为一种具体的背景性材料，当被三位小学生和老师将科学性知识与紫花鱼灯草的具体特性相结合时，原来停留在书本上的既有知识内容拥有了新的解释空间，因此所研制出来的杀虫剂既是对具体背景性材料的一种提升，又是对既有知识内容的一种新型解释框架。

① 王红. 乡村教育在地化研究[D]. 东北师范大学,2020.

3. 有利于为乡村教师的学习提供经验补充空间

新时代,成人的学习应符合终身学习理论,乡村教师的可持续学习能力是乡村教师应对社会转型和时代发展的重要生存资本。乡村教师的培训已经从注重知识和技能的习得转向了对核心素养发展的培育,强调乡村教师的乡村认同和乡村生活经验。地方作为乡村教师生活的教育场域和教育素材,有利于为乡村教师的终身学习提供知识转介和补充空间。

杜威认为人在经验中的连续学习对个体经验成长的习惯性和个体行为具有很大的改造作用。个体新经验的习得会受到旧经验的影响,个体的生活成长经验是在经验连续的基础上形成的。乡村教师在地化服务培育方式有助于乡村教师对乡村生活中的经验进行总结,根据个体乡村生活环境的情况和需要与个人需要、能力和愿望发生交互作用,创造习得学习经验。

杜威的这种交互作用学习经验强调了具身实践教育的重要性,强调了从具体的生活经验中能够拓展学习的空间,创造和丰富学习经验。杜威认为有许多学生虽然学习了一些专门的学习理论和学习方法,但是在面临实际情况下却丧失了学习动机,他们在新情景下的行动能力受到了限制。因而,从交互性的经验出发,在对乡村教师核心素养进行培育时选择与乡村教师学习和成长有着共同因素的场景,通过“做中学”,提高乡村教师的终身实践学习方式,有利于提高乡村教师的核心素养,培育乡村骄傲是认同乡村、热爱乡村和喜欢乡村,愿意扎根乡村、为乡村教育事业奋斗终身,并能够顺利处理乡村教育问题。

(四)在地化教育的实践案例

李森和高静提出运用在地化乡村服务学习方式提升职前教师的乡村教育情怀和社会责任感①。服务学习(Service Learning),是针对教育领域注重知识学习与技能培养,重学科而轻素养的倾向,突出表现为师范生缺乏对社

① 李森,高静. 新时代乡村教师的社会责任感及其培育[J]. 教育研究,2022,43(12):130-140.

会和社区的关怀这一现实问题,将学习和社区服务整合起来,通过服务进行学习的学习方式。在地化乡村服务学习就是为有志于从事乡村教育事业的师范生提供在地化的乡村服务学习机会,帮助师范生将学习延伸到乡村,从离身教育走向具身教育,根据乡村教育的需求特色,在真实的乡村环境中进行乡村教育,意识到乡村教育需要改正的地方和自身在乡村教育中的重要作用,激发师范生的乡村教育情怀和社会责任感。

邢台学院作为教育部师范教育协同提质计划重点支持院校,运用在地化乡村服务学习方式,服务地方基础教育,提升师范生的核心素养。例如,邢台学院通过对邢台威县枣庄的调研,了解到威县枣庄学校缺乏美育教师,根据威县枣庄学校的实际需求组建音体美师范生学生团队和指导教师团队,构建威县“双师课堂”,通过“线上+线下”的协同教学和协同调研,以“专递课程”的形式,安排音体美师范生和教育专业师范生对威县枣庄学校进行长期的服务学习,提升师范生的乡村教育情怀和社会责任感。教育数字化是推动乡村教育高质量发展的重要手段,邢台学院通过对威县乡村学校的调研,为威县个别乡村学校购买信息化教学设备,组织师范生在威县乡村学校开展“云上乡村美丽学校”服务学习活动,将数字技术赋能乡村基础教育,提升师范生的数字素养。邢台学院通过对威县桑家庄学生和家长的调研,了解到桑家庄家庭教育的需求,通过与威县教育局和桑家庄村委会的对接,组建教育学专业师范生和指导教师对威县桑家庄全体村民和威县第四小学学生开展“桑家庄家庭教育学校”,提升师范生的教育情怀和择宜素养。

邢台学院建立“U-G-S”教师教育培育模式,以师范认证为契机,以在地化乡村服务为主要培养方式,使师范教育人才培养与区域基础教育师资需求高度契合,注重乡村中小学校对师范生的培育需求,建立协同培育模式,有力引领邢台区域基础教育发展。邢台学院运用“U-G-S”合作承担国培项目,对乡村骨干教师进行在地化培养,着重运用教育叙事研究方法,促进乡村教师培育过程中理论研究和实践活动的双向建构,激发种子教师专业发展自觉。苏霍姆林斯基说:“我建议每一位教师都来写教育日记。教育日记并不是什么对它提出某些格式要求的官方文献,而是一种个人的随笔记录,在日常工作中就可以记。这些记录是思考和创造的源泉。那种连续记了10年、20年甚至30年的教师日记,是一笔巨大的财富。每一位勤于思考的教师,都有他自己的体系、自己的教育学修养。”教育叙事研究是教育教学反思的重要方式,是指行为主体立足于自我以外批判地考察自己的行为及其情景的能力。教学叙事研究能为乡村骨干教师生成丰富的教学经验。教学经验并不会自然地成为学习资源,只有经过反思的经验才是教师的自我财富。美国心理学家波斯纳提出了教师成长的公式:成长=经验+反思。相反,如果一个教师仅仅满足于获得经验而不对经验进行深入的思考,那么即使是有“20年的教学经验,也许只是一年工作的20次重复;除非……善于从经验反思中吸取教益,否则就不可能有什么改进。”邢台学院鼓励乡村骨干教师进行教育叙事,讲述自己过去乡村教育生活中司空见惯的细节并重新审视,去发现其中细微的乡村教育蕴涵,从而把自身的思维触角引向自我乡村教育生活的深层。

在地化服务培养中,强调多方参与者成为专业自觉发展主体和教育知识及教师教育知识创新者的身份,培养区域优秀乡村国培种子教师,培育种子乡村学科组,建立学习共同体,创造乡村区域特色文化教育,注重地方意识,实现“U-G-S”合作下乡村教师核心素养的发展,强调乡村教师培育主体共同体共同服务于乡村教师核心素养发展,提高乡村教育质量,促进教育公平。

第一,以乡村学校内生型教育问题为抓手。乡村教师核心素养的培育基于乡村教师在小班化教学情况下开展小组合作教学面临的教育困惑,比如缺乏对新课标核心素养的认识和对主题教学与单元教学认识不足,对乡村儿童生活和心理理解不够,缺乏开展探究式学习的教育技能等,设计了新课标核心素养分析、乡村儿童心理教育健康、乡村儿童社会性发展和主要学业成就等交叉融合的学习内容,围绕乡村教师发现乡村儿童或乡村社区问题和解决问题的能力开展系列研究。

第二,注重乡村地方意识的培养,通过提升地方乡村文化的认同来培育职前职后乡村教师的地方意识。对地方文化的认同是一个人将其他个人或社会群体的思想观念、行为方式、价值标准等经过模仿，逐步内化于心。对地方乡村文化的认同和接纳，主要包括对乡村的物态文化的认同、乡村制度文化的认同、乡村行为文化的认同和乡村精神文化的认同。

乡村物态文化，指乡村文化那些可触知的具有具体物质实体的事物，可以是具体的器物、乡村建筑、乡村聚落、民族服饰、乡村劳动产品，也可以是这些器物的生产技术和工艺，还包括乡村耕作制度、乡村农耕习俗、乡村节日时令和生活习惯等。如在乡村教师职前职后培育过程中增加河北邢台传统村落英谈古镇的乡村建筑特色。英谈村地处河北省邢台市信都区，距今已有六百多年的历史，是我国北方保存最完好的古石寨之一，素有"江北第一古石寨"的美称。一座座石头民居依山就势、高低错落。石屋、石墙、石门、石街……在太行山深处，英谈村静静地伫立在青山绿水间。引导乡村职前职后教师认识英谈村的红色遗迹，认识英谈古寨人民的建筑智慧和革命热情：英谈村地处太行山深处，隐藏于山冈下、丛林中，凭借易守难攻的独特优势，成为抗日战争时期重要的敌后根据地，村中汝霖堂的正宅大院曾为八路军总部旧址，中国人民银行前身——冀南银行总部也曾迁于英谈村。引导乡村职前

职后教师认识英谈村的美食，能够喜欢和接纳太行山区特有美食——饸烙面、老豆腐、锅盔饼、玉米面煎饼、冷水鱼等，培养乡村教师对乡村地域特色的物质文化的喜爱。

乡村制度文化又称乡村社会文化，是乡村长期发展过程中沉淀下来的用来维护乡村稳定与秩序伦理的道德规范，是我国乡村社会发展的治理智慧，并具有鲜明的地方性和民族性，蕴含着丰富的传统文化内涵，对乡村发展起到重要的协调和稳定的作用。乡村制度文化主要包括法律规范、公民行为准则、乡规民约和近些年来在乡村地区涌现的非正式行为规范。“乡约”是邻里乡人互相劝勉、共同遵守，以相互协助救济为目的的一种约定，通过乡民自约和互约来保障乡土社会成员的共同生活和共同进步。随着时代的发展，燕赵大地的乡规民约并没有消失，也在随着时代在进步，依然影响着河北人民的生活。例如，石头村的《柳池禁约》，河北省井陉县于家石头村靠旱池、水窖赖以为生，因为缺水，便对用水、节水高度重视。为避免因汲水而造成秩序混乱，清乾隆三十九年(1774 年)四月，于家石头村以庄重的形式订立了《柳池禁约》，对旱池的维护、水量分配都有明确规定。禁约不仅具有强制性和道德约束力，且对鳏寡孤独等弱势个体给予体恤照顾，在保障村民比较公平、充分地享用稀缺的水资源的同时，也重建了乡村的自然法理和社会秩序。石头村《柳池禁约》不仅具有明确的乡规民约，还弘扬了石头村人民勤俭节约、创新发展、和平共处的文化传统，符合我国社会主义核心价值观，有利于培养职前职后乡村教师的正确价值观和必备品格。下面是石头的诉说，详细介绍了石头村《柳池禁约》前世今生。

石头的诉说

石头村，是石头的世界，石楼石阁、石房石院、石街石巷、石桥石栏、石梁石柱、石门石窗、石鼎石案、石榻石龛、石磬石匾……目之所及皆是石头。

这是石头的天地。于家石头村四百多户人家，共有石头房屋四千多间、石头街道三千七百多米、石头井窖池一千多眼、石梯田两千多亩、石头用具两千多件、石头碑碣两百多块（现尚存数十块）。全村有六街七巷十八胡同二十二夹道，青石砌道，阡陌相通，沟渠相连，所有建筑、街道错落有序，宛如一首石头奏出的精美乐章。

于家石头村于姓居多，全村95%以上属于于氏家族。据说这里是明代政治家、民族英雄于谦的直系后裔的发祥地。五百多年前，于谦遇害后，其子逃往冀晋交界处娘子关外的南峪村隐居，后生有三子。明成化年间，因生活所迫，于谦的长孙于有道迁居于现于家石头村。

石头村四面环山，犹如一座天然的城池，有“不到村口不见村”之说，颇为隐蔽。沿路而行，目之所及青山葱郁，却不见村庄踪迹。问道田间老农，老人手指大山深处。按老人所指方向蜿蜒前行，下山之后眼前豁然开朗。村民说，先祖于有道之所以选择这里安家落户，就因这里偏僻难寻，是避难的理想所在。

于氏到此开山凿石，砌屋修道，代代繁衍生息，村落渐成规模。石头建筑坚固结实，加之保护得当，村中古建众多，犹如一座石头艺术博物馆。

凿池而饮。“平山不平，井陉没井。”其实，井陉县井最多，不过只是旱井多，泉井少，因而才有其说。

太行山缺水，石头村附近无河无溪，也无泉眼可供汲水。没有屋子可以就地凿石，没有水怎么办？古人的智慧是无穷的。可以靠天吃饭，就可以靠天饮水。人们“凿池而饮”，在山坡低洼处挖出一个大坑，坑底、坑壁用石头砌筑，下雨的时候，雨水从山坡上汇集到水池里，得以保存下来。

石头村村南的山坡上有五个旱池，取名“大月池”“二月池”“三月池”……个别旱池保存完好，至今依然在使用。石头村村民、专业讲解员郝雪端说，其实当初名字应该为“大爷池”“二爷池”“三爷池”……先祖于有道有五个儿子，天长日久，人口渐增，一池之水已难应付现实，于是五个儿子分头打池：在南山挖了五个水池，饮水问题才一度得以缓解。

太行山山多石厚，石头村四周树木成荫，郁郁葱葱。沿着山道爬上去，山腰低洼处就能看到先民修建的这些古老水利设施。旱池口阔底小，上面直径十来米，深约五米，坑壁四周砌有石头。旱池巨大，从池口到池底修有台阶，随着水位下降，人们可降阶取水。前几天刚下了一场小雨，池里蓄积起了一汪清水。

旱池四周长满了树木，郝雪端告诉记者，这些树木盘根错节，如同建筑中的钢筋，对旱池起到了保护作用，“几百年前，先民们修建了这些旱池，几百年过去了，这些旱池依然在发挥着作用。”

旱池在山腰处，旱池往下就是石头砌成的梯田。近年村人虽然不以种地为生，村边的这些梯田却没有荒废，种着花生、红薯、玉米等作物。20 世纪 90 年代，村中打了深井，解决了吃水问题，这些旱池完成了为石头村人畜供水的使命，池中蓄积的雨水却可以用来浇灌农田。

随着村中人口增多，之前的旱池已经不够使用，各户便开始自找地方打旱井、修水窖。场边、院内、河沟、路旁、山上、山下、田间、地头，到处都有井窖池，形成了一个罕见的井窖池网络。现在村中共有700多眼旱井，200多口蓄水窖。

郝雪端说，石头村一带蓄水设施全用石块砌成，这些石块含有丰富的矿物质，雨水蓄积在井窖内数月不坏，入口甘甜。

现在的石头村民俗博物馆院子里就有一眼旱井。井台、井口均用石头砌成，打开井盖，井水清澈，凉气扑面。井口竖有一块大石头，为早前安装辘轳所在。

石头村分新村、老村两部分，20世纪90年代，村里打了机井，彻底解决了村民饮水问题，新村还通了自来水，为了保护老村原貌，自来水没有通到老村。老村的这些旱井依然蓄积着饮用水。所不同的是人们不用再为吃水发愁，如果老天不下雨，可以把水管拉过来，将井水抽出来蓄进旱井。

郝雪端说："水不缺了，但是没人浪费水，缺过水的石头村人知道节水的重要性，祖祖辈辈养成了节水的习惯，而且节水是于氏宗族的族规，也是石头村的村规。"

河北省拥有丰富的乡村制度文化即乡村社会文化，如河北省晋州市北捏盘村的"垃圾革命"，在村中集中修建了标准垃圾填埋场，修建的填埋场都经过了防渗漏处理，三合土、塑料布、油毡、水泥……在专家的指导下，填埋场筑起了层层安全墙。村里统一为村民在家门口修建了小型垃圾池，还组建了垃圾清扫队与清运队。清扫队负责村中大街公共区域的卫生，每天早晨，清运队必须把每家每户门口垃圾池的垃圾及时清走。村里鼓励村民自扫门前垃圾，共同维护村中卫生。垃圾没有了，街道宽阔了，各家各户门前都种上了花草树木。各户负责这些花草树木的看管和浇水,损坏之后还得负责补栽补种。北捏盘村从柿子树、核桃树,到槐树、柳树、枣树、石榴树……应有尽有,加上那些花草,就像一个小公园。

乡村行为文化指的是乡村成员在日常生活中慢慢发展起来的民风民俗和风俗文化习惯,包括民间传统节日、民间杂技、乡村民俗表演等。乡村行为文化有利于聚集乡村人气,是树立文明乡风的法宝。乡村行为文化主要是通过实践活动进行展现的,如乡村传统节日,清晰地记载了中华民族丰富多彩的乡村社会文化生活,传承中华民族精神文化。对乡村行为文化的遵循是体现师范生对乡土文化认同的最直接和外在表现。

燕赵大地,自古人杰地灵,英雄辈出,民族民俗文化也是星光灿烂。邢台学院在地化服务结合多种邢台地方传统文化进行教学,增加职前教师对邢台地区的认同,书中着重介绍邢台梅花拳和邢窑白瓷。

①邢台梅花拳。邢台梅花拳,流行于冀南邢台广宗、平乡和威县一带的汉族传统武术拳种,国家级非物质文化遗产。邢台梅花拳多以口传身授形式授徒,基本内容包括文理和武功两大类:一是文理"未学艺,先知理"。梅花拳的文理吸收了佛、道、儒三教的思想理论,融合了周易、八卦、阴阳五行等精义妙法,讲究修心养性,炼神炼气,要求练功者身心并练文武兼备,方可知"进退之中有妙招,趋避之内有利害","如天之无不覆,地之无不载"。二是武功。梅花拳的练习,首先要从基本功练起,主要有拳法、腿法、腰法、步法等。武功锻炼的层次和形式分为架子、成拳、拧拳、器械四部分。梅花拳还以文养武、以武济文,其指导思想和套路均遵循中国传统文化"五行、八卦、九宫、太极、无极"原理,因此梅花拳又被誉为"文化拳"。邢台梅花拳不单有一套完整拳术、套路和习练,还有一套系统的武术理论,这在中国武术史上是独一无二的,对弘扬中华武术精神和加强社会主义精神文明建设大有意义。

邢台学院学生社团建立"梅花拳协会",将梅花拳纳入社团成员早操,受到广大师生的喜爱与支持,使邢台学院师生感受邢台地区传统文化的博大精深,激发对邢台地区的依恋之情。邢台学院梅花拳协会"以优秀的梅花拳文化，来获得身与心的强健”的社团理念，成就了独特的社团文化，渐渐受到邢台学院学子的关注，梅香邢院，香满四方。图为邢院梅花拳协会练习梅花拳照片。

邢台学院体育学院将邢台梅花拳列入体育选修课程，传承邢台地区特色传统文化，加强社会主义精神文明建设，满足体育职前教师的精神需求。邢台学院不仅培养职前职后乡村体育教师的武术精神，还将我国的武术精神发扬光大，传播到海峡两岸。2018 年 8 月，邢台学院梅花拳团队受邢台市委统战部委托，由校宣传部和体育学院组织承办，应邀参加第二届海峡两岸武术交流会，以武会友、以武融情、以武结缘。团队参加了集体梅花拳五势拳法、稀有器械、软器械、常规器械、单练、对练、群练等项目，在赛场上个个精气神十足，套路娴熟、拳腿并用、刀光剑影，赢得了全场观众的阵阵掌声。通过队员的努力拼搏，在第二届海峡两岸武术交流会共获得金牌 9 枚、银牌 27 枚、铜牌 1 枚的成绩。为本次交流会促进了海峡两岸武术人同根同脉、同宗同祖的深厚友谊做出了贡献。

②邢窑白瓷。邢窑是中国白瓷的发祥地，也是中国古代最早的官窑之一。内丘在唐代属于邢州，故史称邢窑。河北内丘邢窑遗址被评为2012年度全国十大考古新发现。邢窑古代窑址位于今邢台市内丘县与临城县一带。邢窑是中国最早的白瓷窑址，邢白瓷的发明与制作，打破了自商代以来青瓷一统天下的局面，形成南方以浙江慈溪越窑为代表的青瓷和北方以河北内丘邢窑为代表的白瓷并驾齐驱、平分秋色，“南青北白”的格局。邢窑白瓷胎质坚实细腻、釉色纯白光亮：“类银、类雪”，如茶圣陆羽在《茶经》中记载“邢瓷类银似雪”；唐代大诗人元稹在《元氏长庆集·饮致神曲酒三十韵》中写道“雕镌荆玉盏，烘透内丘瓶”，均称赞邢瓷釉色滋润，质美如玉；唐代诗人皮日休《茶瓯诗》记载“邢客与越人皆能造瓷器”，“圆似月魂堕，轻如云魄起”，称赞邢瓷的造型规整如月，质地轻薄如烟。

邢台学院通过在地化服务将邢窑传统文化融入职前职后乡村教师核心素养培育中，弘扬邢台人民的创新精神和艰苦奋斗精神，培育职前职后乡村教师的创新精神、奉献精神、劳动精神等。2016年，邢台学院开设国家级非物质文化遗产“邢窑陶瓷烧制技艺”课程，聘请非遗代表性传承人作为授课老师，学生通过学习邢窑陶瓷烧制技艺，感受传统陶瓷艺术的魅力。下图为非遗代表性传承人张志忠为大学生演示邢窑白釉罐制作技艺。

为了更好地传承地方传统文化，邢台学院积极申报传统文化项目。自2020年邢台学院邢窑白瓷项目获批中华优秀传统文化传承基地以来，为了发扬光大邢台地区传统文化，邢台学院紧紧围绕课程建设、社团建设、工作坊建设、科学研究、辐射带动、展示交流等方面进行建设发展，积极开展邢窑白瓷文化进课堂、进社团、进学校、进社区活动，提升邢窑白瓷文化和传承技艺在校园的传播和推广力度，让更多乡村职前职后教师和学生了解中国传统文化，热爱中国传统文化，发挥优秀传统文化育人作用，增强师生文化自信，提高师生核心素养。2023年，邢台学院开展邢窑白瓷文化薪火相传活动，邀请邢台中华路小学的30名学生走进邢台学院邢窑白瓷中华优秀传统文化传承基地，体验邢窑白瓷文化魅力。师生们参观了邢窑白瓷文化艺术街区，讲解员向他们讲解了陶瓷制作工艺、陶瓷烧制工艺及邢窑白瓷的文化历史；非物质文化遗产项目“邢窑陶瓷烧制技艺”国家级代表性传承人、正高级工艺美术大师张志忠演示了陶土拉坯的过程，并指导孩子们进行陶艺制作。此次活动增强了学生对地方文化的认识，了解了地方文化的精神内涵，有利于培育师生的核心素养。

③丰宁剪纸。丰宁剪纸,河北省丰宁满族自治县传统美术,国家级非物质文化遗产。丰宁满族自治县地处塞北,民间流传的丰宁满族剪纸始于清代康熙年间,它以阳刻为主,阴刻为辅,批毛纤长,剪工精细。清末民初丰宁满族剪纸进入鼎盛时期。丰宁满族剪纸从内容上可分为吉祥剪纸、花鸟鱼虫剪纸、山水风光剪纸以及人物、盆篮碟盘瓶、瓜果、动物、花字剪纸等类。从表现形式看,包括单色剪纸、点染剪纸、填色剪纸、复色组合剪纸等品种。丰宁剪

纸彰显了河北劳动者的追求和创新精神，乡村人民都成了剪纸艺术家，剪纸窗花已成为丰宁人的生活必需品和精神寄托。

乡村文化的精髓是乡村精神文化，它是乡村文化资源的集中反映，是乡村社区这一群体中乡民们所共有形成的心理结构和情感模式，表现为乡村村民的价值观念、情感态度、思维方式、生存观念等。乡村精神文化潜存于物质文化里，它是隐性的，是乡村社区成员在共同的生产生活过程中逐渐形成的价值观念，包括家族文化、家风、宗教文化、孝道文化、乡村审美等。乡村文化的振兴主要是弘扬乡村的优秀传统文化，如家风、地方红色文化、孝道文化、宗族文化等，为社会主义核心价值观注入新的活力。乡村精神文化也是乡村文化认同的重要内生动力。

邢台学院鼓励学校教师将河北省地方红色文化资源融入学校思政课程和课程思政当中，推动河北省高校思想政治教育工作及立德树人教育目标的实现，凝聚青年力量，培养合格的社会主义建设者和接班人。梳理河北省地方红色文化资源，形成河北省红色文化资源发展史，如义和团运动（赵三多）、五四运动（李大钊）、长征精神（董振堂、赵博生、季振同等）、抗战精神

(邓小平、刘伯承、聂荣臻、杨秀峰等老一辈无产阶级革命家领导的晋冀鲁豫、晋察冀等抗日根据地,抗日军政大学、狼牙山五壮士、马本斋等)、解放战争(西柏坡精神)、抗美援朝(杨春增等)、劳模精神(吕玉兰)、改革开放精神(任仲夷、马胜利)、塞罕坝精神、李保国精神。还有脱贫攻坚精神,以及抗震、抗洪、抗疫精神等。革命精神的宣传弘扬,有利于凝聚地方人民的磅礴伟力,为职前教师思想政治工作提供生动的课题资源,以翔实的史料滋养职前教师,以精神的力量引领职前教师,培养职前教师深厚的家国情怀,坚定的国家认同、政治意识和政治信仰,提高职前教师的核心素养。

鼓励乡村职前职后教师树立良好的好学之风、反省之风和节俭之风,为乡村教师核心素养培育奠定基础。“家是最小国,国是千万家”,家风家教是一个家庭最宝贵的财富,更是关系到国家发展命脉、前景和未来的软实力,是国之大事。良好的家风家教是乡村教师应有的必备品格,需要不断被传承、不断被发扬,告诫世人,孕育后人。《围炉夜话》中说:“察德泽之浅深,可以知门祚之久暂。”看一家人的德行和恩泽的深浅,就能知道这个家庭传承得是否长久。乡村教师要身体力行,树立良好的好学之风、反省之风和节俭之风。

好学之风。北宋欧阳修有言:“立身以立学为先,立学以读书为本。”孔子年幼时家境贫寒,受父母影响,他一直保持着一颗好学之心。少年时进入太庙协助礼仪,他谦虚好学,几乎每件事都要向相关人员请教;壮年时,他更是四处求学,唯恐学之不及。《论语》有言:“吾尝终日不食,终夜不寝,以思,无益,不如学也。”孔子的勤学不倦,不仅让自己成为明耀千古的圣人,也使得孔氏一门传承千年而不衰。忠厚传家久,诗书继世长。一个家族久盛不衰的根源,并非用之不尽的物质财富,而是修身养性、求知好学的精神承袭。“步步前行,日日不止,自有到期,不必计算远近而徒长吁短叹也。”乡村教师作为乡村文化的传播者和传承者,应该以身作则,建立好学家庭家风。乡村教师应树立让读书成为家庭的重要习惯意识,积极为自己和家庭购买课外读物,订阅期刊杂志,培养热爱阅读的氛围和热爱阅读的习惯,将培养孩子的阅读习惯作为养育孩子的重要内容。让每一次阅读都成为乡村老师和孩子的美好时光,在培养孩子好行为习惯的过程中使孩子有机会去打开童书世界的大门,看到世界的异彩纷呈,美轮美奂。例如,读了《安的种子》而领悟到静待时机恰有所为的道理,读了《孩子你的名字叫幸福》而懂得幸福是一种身处变幻莫测命运之中的信念,读了《失落的一角》了解了人与人的契合在于假以时日的磨合与相互适应,读了《田鼠阿佛》知道了生活除了眼前的苟且还有诗和远方。在书的世界里乡村教师体验到全家人其乐融融的美好时光,为提升乡村教师的核心素养奠定基础。

反省之风。心理学家荣格曾言:“往外张望的人在做梦,向内审视的人才清醒。”懂得“反省”,才不会在错误的航道上越走越远。南北朝时期,家中父母对颜之推管得很严。他的一举一动都在父母的督促下进行,这让他很苦恼。父母去世后,颜之推缺了管束,便开始随心所欲,任性而行。此时的他尚未意识到自己的堕落,只是沉醉在纵情恣意的快感中。直到十八九岁,他整日无所事事,时常遭到别人的不屑,这才幡然领悟到父母的一片苦心。颜之推常常后悔叹息道:“夜觉晓非,今悔昨失,自怜无救。”已经犯下的错误,没有及时改正;可能犯下的错误,没有提前预防。于是,他开始每日三省吾身,不断磨炼自己的品性、改正自己的过失,经年累月,终成了名闻天下的学者,为颜氏一族的崛起打下了坚实基础。人非圣贤,孰能无过,只有时常反省,才能认清自己。以己为镜,修身正己,体现着一个人的工作方法、工作作风、人品修养,是促进一个人成长进步的有效途径和成功的“催化剂”,也是解决困惑和难题的“钥匙”。乡村教师不仅在教学中应具有教学反思,在家庭生活中也应形成反省之风,反省自己对家庭成员的态度、反省自己对孩子的态度、反省自己的思想观念,做到反省自己,改正自己的不良情绪和行为,建立和谐和健康的家庭环境。

节俭之风。李商隐在《咏史》中说:“历览前贤国与家,成由勤俭破由奢。”国家如此,于人亦然。一个家庭的福气是由节俭滋养而来,勤俭持家才能福泽绵长。左宗棠从小家境清寒,父亲教育他要崇俭。担任陕甘总督时,薪水已经不低,但他依然节俭。因为经常伏案写作、批改文书,衣袖被磨破都没有换新衣服,而是加一层“袖套”继续穿。在写给儿女的家书中,他常常劝导:“子弟欲其成人,总要从寒苦艰难中做起,多酝酿一代多延久一代也。”左氏家族也因此英杰辈出。乡村教师只有坦然面对简单的生活,才不会为物欲所困,乡村教师唯有内在的学识与精神上的富有,才会感觉自己是最富有的精神富翁。人生最好的状态,莫过于物质俭朴,精神却饱满有余。物质上节俭,可以修养身心。精神上至盈,方能世事通达。

二、构建乡村教师学习共同体

(一)教师学习共同体

专业学习共同体又称为“专业学习社群”,是指共同体成员要在不同的环境中针对专业领域的知识和专业发展进行集体反思和持续学习。共同体强调群体和个体之间的互动,个体自愿参与群体活动,并共享自己的教学经验和教学理念等。茹荣芳认为专业学习共同体的最终目的是达到有意义的学习,为教师教育实践活动构建一个平等多元的具有丰富生命力的文化生态系统。① 徐胜阳指出专业学习共同体是在教师的共同愿景和责任的前提下,为每位参与的教师专业发展提供自由、开放、有序的发展氛围,以此来激发教师的变革精神和创新精神,通过教师的变革,最终带动学校甚至教育领域的变革。②

教师学习共同体是在专业学习共同体基础上发展起来的。教师学习共同体(Professional Learing Communities ,简称为 PLC)是在 1997 年由雪莉·霍德(Shirley M. Hord)首次提出的。PLC 是指教师们具有共同信念、共同目标

① 茹荣芳,曹雪梅.专业学习共同体:走向文化生态的教师教育实践[J].河北师范大学学报(教育科学版),2014,16(4):26-29.

② 徐胜阳.教师专业学习共同体的内涵、功能及其限度——基于教育变革的视角[J].教师教育论坛,2016,29(8):29-33.

和共同愿景，以知识分享、协作探究和协作交流为基本原则，以促进教师和学生共同发展为目的，自愿形成的具有专业性和研究性的教师群体的学习组织形式。PLC 能够提升教师学习专业化，提升教师核心素养的关键能力，是实现教师“深度学习”的关键，也是提升学校教育教学质量的有效措施。

（二）构建乡村教师学习共同体的必要性

随着城乡教育一体化的不断深化发展，我国基础教育教师的学历从总体上得到了提升，城乡教师的学历在较大幅度上有了缩小。但是，由于乡村学校的教学情景的复杂性和乡村条件的不便利性，城乡教师的教学质量和核心素养总体水平仍存在一定的差距。乡村教师学习共同体为实现城乡教育良性互动打下基础，为乡村学校发展注入了新鲜血液，是激活乡村学校发展的内生力。建构乡村教师学习共同体，有利于提升乡村教师的专业发展和总体素养，是乡村教师成长的内在动力，是推进城乡教育公平发展的关键举措。

首先，乡村教师学习共同体可以为乡村教师核心素养发展营造合作氛围，在乡村教师核心素养发展方面具有重要的作用。“独学而无友，孤陋而寡闻。”乡村教师的核心素养培育不是通过乡村教师个人的孤军作战完成的，而是需要乡村教师集体、城市教师，甚至社会群体的支持与合作共同培育。传统的教师培训模式是“获得模式”，是专家将“实践知识”通过讲授等灌输的方式传递给教师，这种传统的教师培育模式不利于教师的核心素养培养，如不利于教师在面临具体的乡村复杂情境下，根据具体情形采取最恰当的策略，不利于教师择宜素养的培育。由大学教师教育者、学科教学法专家、市县域教研员、顶岗实习生、本土教师共同组建乡村教师学习共同体，实现不同文化视域的融合，为跨界实现多元主体学习提供专业组织保障。构建乡村教师学习共同体，教师们通过合作、交流和知识与经验共享等形式，弥补乡村教师情感上的失落缺失，有利于乡村教师知识的融合，实现乡村教师从个体发展逐渐向教师群体发展的深入，有利于提升乡村教师的整体素养，提升乡村教育整体质量水平。

其次,构建乡村教师学习共同体符合终身学习理论和群体动力学理论。教师是人类知识、发明的继承者和传播者。过去人们常说:“要给学生一碗水,自己必须要有一桶水。”而现在我们不能只有一桶水,而必须是一眼泉。知识的日新月异要求教师必须树立终身学习的观念。乡村教师学习共同体通过交流和分享,不断创新理念。群体动力学理论是美国心理学家勒温(K. lewin)在研究群体影响个人态度时提出的理论。勒温把个人在群体中的活动分为两种,即主动型和被动型。主动型的人积极参与群体的各项活动,参与群体规范的制定,主动自觉地遵守群体的各项规范和要求;而被动型的人服从权威,听从别人的安排,遵守群体的规范和要求。乡村教师学习共同体中,积极主动的教师,通过分享个体的经验和个体遇到的困惑,进行反思和提升;群体中被动的教师,会在教师的分享下获得许多的实践经验,潜移默化中也会提高被动发展教师的积极性。

最后,构建乡村教师学习共同体是回应时代发展现实,培养高素质的“乡村卓越担当型教师”,最终提升乡村教育质量。教师这一职业兼具着专业性与实践性,教育教学、科研管理等工作需要深刻的理论性和丰富的实践性。“乡村卓越担当型教师”这一培养目标的实现既是每一位教师存在着巨大潜力的所在,也是符合新时代国家对乡村教师期待,满足社会期待和教育公平的所在。乡村教师在学习共同体中可以充分整合学校优质教育教学资源,发挥资源优势,通过同伴互助和分享等学习方式,提升教师的专业发展和素养水平,促进乡村教师学习共同体的可持续发展,最终提高乡村教育质量。

三、构建乡村教师学习共同体的途径

“教师学习共同体”概念源自“人类命运共同体”,是其在教育领域和教学现场的一种具体化,通过共同的教育价值追求和专业发展愿景把参与者们汇聚在一起。陈德收认为在学校层面对“教师学习共同体”理念进行校本化落地,使教师学习共同体从理念到内涵,都内化为学校发展的一种生态,就要厘清参与主体、愿景设定与制度保障这三个要素,保证教师学习共同体的构建与运行。[①] “教师学习共同体”要做到覆盖多元群体，凝聚发展共识。组建教师学习共同体的重点组织形式在于“共同体”，因此需要覆盖不同年龄、性别、学科、学段、岗位和发展阶段的教师甚至行政管理者。加入学习共同体的教师需要有主动学习、提升和分享的意愿和共识。多维度、多元化的教师群体的共同体，有助于知识的多样化和经验的汇聚、传承与转化，能够促进教育知识的生成与建构。心理学大师马斯洛曾说：“杰出团队的显著特征，便是拥有共同的愿景与目的。”教师学习共同体只有基于平等的、全面的对话沟通，并且由传统的单向式、自上而下式的传递转变为双向的互动式沟通，才能在协商的基础上设定共同愿景。而这种共识性的愿景，才符合教师专业发展的自发性和主动性，符合多元教师群体的不同发展需求，才会形成较强的组织归属感和文化认同感，提供教师持续改变的动力。在教师学习共同体运行发展过程中，学校要主动搭建平台，提供应有的制度保障，以保证共同体中日常教学教研活动的有效开展。

杨苏圆认为构建乡村教师学习共同体需要提高教师专业发展认知水平，创建教师团队合作文化，塑造教师“带头人”身份和提供完善的机制保障。[②] 教师专业发展不是教师的个体行为，而是学校教师群体的共生行为。杨苏圆认为城乡联动的教师学习共同体，应采用“政府主导、多校参与、以城带乡、以乡促城、城乡相互融合”的形式。乡村教师可以充分运用城乡教育资源互动和共享等形式，学习城市教师优秀的教育理念和教学方法，弥补自己专业发展的不足，制定个人专业发展规划，建立清晰的专业发展自觉，从“要我发展”蜕变为“我要发展”，获得个人专业发展的持久动力。乡村教师要认识到专业自主学习与共同体学习的辩证关系，认识到共同体学习的开放性和包容性对教师专业的个体发展是十分有益的。教师发展的复杂性和乡村教师知识结构的复杂性给共同体的学习带来一定的挑战，所以提高乡村教师专业发

---

① 构建教师学习共同体　培育卓越担当型教师——聚焦北京一零一中教师发展中心[EB/OL]，http://www.rmlt.com.cn/2021/0604/615635.shtml.

② 杨苏圆，柳军.城乡教育一体化背景下乡村教师学习共同体构建研究[J].上海教育评估研究，2019，8(5)：15-19+39.

展的认知水平，有利于为乡村教师学习共同体奠定良好基础。团队合作文化在乡村教师学习共同体中发挥着重要作用。城乡教师间良好的合作关系，有利于乡村教师学习共同体的稳定发展，同时，在共同的交流和分享活动中，也有利于实现城乡教师的自身价值。城乡教师之间的合作交流可以通过城乡教师混合编队、周末流动学校和城乡帮扶等形式发展，通过教育资源和教育文化的流动和共享，城乡教师结为学习伙伴，塑造合作、共享的文化氛围，促进乡村教师学习共同体健康、稳定地发展。团体的良好运行离不开“带头人”的专业引领，乡村教师学习共同体应塑造教师“带头人”，带领乡村教师共同学习，共同发展。遴选乡村教师学习共同体“带头人”，不仅要注重外在条件（职称、年龄、学历等），还要注重内在条件（性格、感召力、创造力和奉献精神等）。考虑到乡村教育的复杂性和特殊性，构建共同体学习时应注重构建不同形式的乡村教师“带头人”学习共同体。如构建城乡名师工作室、乡村首席教师“带头人”、城乡教师课题组，让乡村教师成为主动参与的一个学习群体，让乡村教师学习共同体变成一个充满活力的学习组织。团队要想良好持续的发展，还需要具有完善的机制保障系统。首先，乡村教师学习共同体应该具有完善的资源保障机制。城乡学校要为乡村教师学习共同体的成立提供多样化的学习条件和学习资源，学校可以建设城乡教育资源共享区，借助专业学习网站，集中优质教学资源，实现资源融合、共享。城乡学校要为乡村教师学习共同体的发展准备优秀的师资力量，可以是城市教育名家、学科带头人和专业名师，也可以是乡村优秀校长和乡村首席教师。具有了足够的优秀师资力量，城乡学校可以通过结对的方式，为每位乡村教师配备一名优秀的指导教师，手把手地提升乡村教师的专业水平和核心素养。其次，乡村教师学习共同体应具有明确的激励评价机制。科学健全的激励机制是乡村教师学习共同体持续发展的保障。城乡学校领导层面应因地制宜，制定科学的城乡融合发展的激励评价制度，激发城乡教师参与共同体发展的动力，提高城乡教师积极主动参与共同体活动的热情。可以为乡村教师学习共同体的学科带头人和首席教师制定细化的物质和精神并存的奖励机制，发挥激励评价的实效性,提高学科带头人参与共同体学习的积极性。可以对共同体成员采用积分等级评价,依据教师在共同体活动中的贡献对应一定的积分奖励,增强城乡教师的积极参与感,加强城乡教师的有效互动。

(四)乡村教师学习共同体的实践案例

面临乡村教师培育的各种实际困难,宁波市高度重视乡村教师的队伍建设和培育工作。2016 年,宁波市教育局颁发了《宁波市乡村教师专业发展支持计划实施方案》,采用“学习共同体”的理念,完善了乡村教师专业培训体系,提高了乡村教师核心素养培训效益。① 宁波市教育局通过遴选一批师德素养良好、择宜素养优异和具有关键信息化教学能力的优秀教师作为学习共同的“带头人”,对具有专业发展愿望和终身学习意识的乡村教师进行培训和帮扶,通过形式多样的学习共同体活动,帮助乡村教师或团队实现专业发展,提升核心素养。宁波市教育局主要通过实体学习共同体、虚拟学习共同体和短时学习共同体构建乡村教师培训学习共同体。

第一,实体学习共同体。乡村教师的成长需要领导的提携、同事的帮助,更需要名师的指点。为了发挥名师和骨干教师对乡村教师的示范引领作用,宁波市组建了乡村教师培训实体学习共同体,遴选 47 名市级名师和骨干教师与同学段和同学科的乡村教师结成对子,每位名师或骨干教师各带 3 名左右参训的乡村教师,启动“名师骨干带徒”项目。名师通过“传帮带”、挂职观摩,与乡村教师共同研讨和开展教科研项目,做乡村教师的学习好友。名师通过对乡村教师的多元指导,给乡村教师成长搭建了更为宽广的学习平台,拓展了乡村教师专业成长空间,提高了乡村教师的专业发展水平和核心素养能力。

第二,虚拟学习共同体。虚拟学习共同体是以现代化信息技术为中介,跨越地理空间开展的活动项目。虚拟学习共同体打破了实体学习共同体在

① 周波. 基于“学习共同体”的乡村教师培训的实践与探索——以宁波地区为例[J]. 宁波教育学院学报,2018,20(6):28-30+39.

资源、地方和人数等方面的限制，提供有效的培训学习方式，能方便有效开展乡村教师培训。有利于激发乡村教师的成长的内驱力。例如，“乡村教师访名校”活动，通过带领乡村教师参观广州中小学校，乡村教师通过观摩体验优秀教师示范课进行教学反思和实践反思，提升其综合素养。还可以与高校教育专家、一线名师和学生进行交流互动，了解最新教育前沿知识。乡村教师培训虚拟学习共同体，一方面，有利于帮助乡村教师亲身体验不同区域文化下的教育观念和不同学校的特色文化、课程建设和师德素养等；另一方面，可以使不同区域的教育培训及机构建立长期合作关系，通过虚拟的形式帮助不发达地区乡村教师的“体验式”反思发展，开阔乡村教师的教育视野，反思自己的教育实践经验，提升个体专业能力和核心素养。

第三，短时学习共同体。对同一地区的教育教学资源进行共享是短时学习共同体，短时学习共同体的最大特征是在有限的时间内对最优资源的全景式供给。如送教下乡培训带动校本研修活动。怎么才能促进乡村学校校本研修？一方面，可以通过送教下乡培训，建构乡村学校的学习文化，把乡村学校建设成为一乐学习型的学校；另一方面，推动参培学校积极建立校本研修制度，保障校本研修质量，增强乡村教师自身的“造血”功能，引导乡村学校教师的自主发展。送教下乡，发挥名师和骨干教师的引领和示范作用，还有利于促进区域教育资源均衡发展。送教下乡还能在下乡互动过程中生成一批教学资源，为乡村学校教学资源的建设提供经验和方法，有助于乡村学校在后续的管理中组织参培教师生成本校的教学教研资源。送教下乡能促进送培团队与乡村学校、相邻片区乡村学校产生深度融合，互相交流管理经验，协同互助，协同互赢。

北京一零一中学将“教师学习共同体”理念逐渐内化到学校教育教学的过程。学校采用“链式培养”来促进教师间相互关联、共同成长。不断迭代的“链式培养”机制，将不同发展阶段的教师结成一条相互关联、实时互动的“链锁”。其核心在于形成前辈哺育后辈、同辈互哺、后辈反哺前辈的校本研修氛围。目前，北京一零一中学教师“链式培养”机制 3.0 版在人员结构上更突出开放性，主要体现在横向上跨越年龄、学段、学科壁垒，纵向上打通教师个体到教师组织的层层壁垒，为每位教师实现个性化、差异化的专业发展赋能。在内容研究上，“链式培养”突出跨界性，一方面强调教师实践与研究的联结性，另一方面强调跨学科性。在活动组织上，突出灵活性，打破时空局限，除办公室外，“四宜书屋”“少年湖畔”“澄心台”等学校非正式活动场所都可进行，线上网络亦可。①

北京一零一中学校本培训“五大工程”建立教师专业发展通道，通过专业自主与发展互助实现教师领导力与职业发展。其中“博雅工程”和“领航工程”更具校本特色。“博雅工程”是对学校具有博士学位的青年教师进行培养，在调研其基本需求的前提下组建学习共同体，以学科教研“六能”、学科教学“六问题”以及业务提升“八能”三方面内容建设课程，并围绕课程内容设计，通过配备教育教学双师傅和专家同行、开展高级别课题与项目研究等多种方式，为博士教师提供发展平台。“领航工程”是为学校专家型教师的培养而设立，学校通过建立学术委员会、成立名师工作室、配备高层次专家导师、自主开展课题和项目研究等方式，给予有力的制度保障，激励名师自主发展。

北京一零一中学将全体教师的整体性进步和个性化发展作为师资建设的重要目标，并给予有力的制度支持与资源供给。设置专业支持机构，打造“教师发展学院”的同时下设多所研究所，为教师的教育、教学、科研、学研、管理和自我成长提供专业系统支持。搭建高端资源平台，学校通过邀请名家引领指导、给予多方位制度及搭建多方位交流平台等机会助力教师多层次、高水平发展。探索科学评价方法，学校在管理中坚持以人为本、重过程、重实效的评价理念，破除局限于终结性成绩、成就、称号等指标的传统评价误区，修订职称评定方案。同时不断探索“线上—移动—线下”深度结合的评价制

① 构建教师学习共同体　培育卓越担当型教师——聚焦北京一零一中教师发展中心[EB/OL]，http://www.rmlt.com.cn/2021/0604/615635.shtml.

度体系,优化教师专业发展的管理、引领、指导与评价工作。①

北京一零一中学通过多年的行动研究,经过对全校教师的调查反馈发现:参与“教师学习共同体”项目能够解决教育教学中的困惑、知道如何做科研、能够改变学生学习方式、优化自己的教育教学方式、提高教科研能力的教师人数大大提高。教师通过自主学习和研究解决日常教学中实际问题的同时,培养了广大教师的“卓越担当意识”,提升了学校教师的专业归属感、文化认同感和职业幸福感,提升了教师的核心素养。

三、发扬“顶岗置换”培训模式,构建教师教育共同体,推动乡村基础教育发展的多赢效应

(一)顶岗置换

20 世纪 90 年代,英国构建了以“中小学校为基础”的乡村教师培育模式,注重高校与中小学校的合作,增强师范生的教育实践能力,最终提高基础教育师资质量。纵观国外教育史的发展,可以看出职前职后教师的培训高度重视理论与实践的相结合、高等教育与基础教育的互动,将教师培训向教、学、思、研、辩、行整体化方向发展。2007 年 7 月 5 日,教育部印发《关于大力推进师范生实习支教工作的意见》,明确提出师范生要到中小学进行不少于一个学期的教育实习,并要求将师范生教育实习与加强农村教师队伍建设结合起来,通过师范生的教育实习,帮助农村提高师资水平,支持农村教师职业改革发展,由此“顶岗实习”作为提高职前教师教学质量评价的手段受到高等教育和基础教育等部门的广泛重视。2016 年,教育部发布《关于加强师范生教育实践的意见》,明确指出要切实落实教育实习不少于一个学期的实习制度,建立师范生教育实习档案袋管理制度,掀起了我国“顶岗实习”的理论

① 构建教师学习共同体 培育卓越担当型教师——聚焦北京一零一中教师发展中心[EB/OL],http://www.rmlt.com.cn/2021/0604/615635.shtml.

和实践相互融合的探索。师范生的“顶岗实习”有三种模式,“结合就业的定岗实习”“扶贫支教的定岗实习”和“置换培训的顶岗实习”。“置换培训的顶岗实习”是培养职前职后乡村教师核心素养的重要途径,能够解决乡村教师、队伍薄弱和高校师范生人才培养质量下滑的问题具有显著的双赢价值。

“置换培训的顶岗实习”也即“顶岗置换”,就是“顶岗实习,置换培训”的简称,高等师范院校遴选优秀师范生进入乡村中小学顶替原来的乡村中小学教师的教学工作进行实习,被置换出的乡村中小学教师被安排进入师范院校进行脱产学习。赵京波认为这种学习方法一方面提升了乡村教师的专业能力和核心素养,另一方面为师范生提供真实的教育实践场所,有利于提升师范生的乡村教育情怀和择宜素养。[①]

(二)顶岗置换培育模式的理论基础

顶岗置换培育模式的理论基础主要有建构主义理论、“教学做”合一理论和教师专业发展理论。建构主义理论强调社会环境对学习者知识建构的影响,认为个体的素养发展不仅与个人的经验有关系,也与周围环境有一定的关系,个体将随着对实践环境认识的深入而不断改革、深化,最终产生新的认识。建构主义认为在学习过程中,教师、学生、环境和任务是知识、能力和素养习得的四大要素,学生作为学习的主体最为重要,教师要为学生提供真实的学习环境,帮助学生在真实的教学情境中实现新旧知识的融合,注重培养学生的综合素养和解决问题的能力。“顶岗置换”为师范生提供了“准教师”的教育环境,为师范生提供了真实的建构个体知识的教育情景,体现了以“个体为中心”的建构主义理论观。“教学做”合一理论来源于我国教育学家陶行知先生的《中国师范教育建设论》,强调教师要怎么做就要怎么学,教师想怎么学教要怎么教,教师想怎么教就要怎么培育教师,强调教法、学法、和做法的统一,强调社会和行业的实际需求。“顶岗置换”符合“教学做合

---

① 赵京波,刘少杰,刘琛婉.置换培训:乡村教师专业能力提升的有效性研究[J].教师教育论坛,2022,35(12):83-86.

一”教学理念,为“准教师”和被置换出来的乡村教师在“做中学和学中做”提供真实的教学情景,让“准教师”和“置换教师”都能够边学边做、边做边学,实现乡村教师核心素养的螺旋上升,提升乡村教师队伍的整体质量水平。教师专业发展是教师不断成长的过程,强调教师是“教学反思的实践者”,教师要拥有强烈的专业发展意识,通过不同手段提升自身专业发展。对于职前教师来说,“顶岗置换”让通过真实的教学操练,认识当前教育形势的发展状况,对自己查漏补缺,养成优良的专业素养和核心素养。对于被置换出来的乡村教师,通过高校系统的学习,可以了解国家教育的新形势,认识教育的新方法和更新教育的新理念,实现专业化发展,提升其核心素养。

(三)顶岗置换培育模式的价值

“顶岗置换”培育模式是我国精准扶贫背景下,提高乡村教师核心素养、为乡村培育卓越教师、提高乡村教师队伍建设的特色路径,是对传统教育实习和教师培训的重大改革和创新,解决了职前教师教育实习的难题,为乡村中小学教师核心素养的培训开辟了新的特色模式。

第一,“顶岗实习”推动了教师教育一体化进程,为乡村教师核心素养的优化培育奠定了基础。

教师教育一体化是在终身教育理念的指导下,以教师专业发展为目的,对教师职前职后培育和在职教育进行整体规划,建立各个阶段教师教育相互衔接又各有侧重点的教师教育体系。[①] 我国的教师教育一体化建设不仅需要在体制上统筹考虑,还需要在机制上保持协调统一。“顶岗置换”能从两方面推动教师教育一体化建设。一是有利于城乡教育资源共享,并进行优化配置。例如,职前教师在实习过程中,通过与在职乡村教师建立导师制,形成相互贯通的培养模式,有利于“准教师”了解乡村教育的真实情景,有利于城乡教育资源的优化配置及利用。此外,“顶岗置换”为高校教师、职前教师和职后教师搭建了良好的教育教学交流平台,不同的教学主导者之间相互交

---

① 吴琼.“顶岗实习、置换培训”模式的多赢效应[J].现代教育管理,2010(12):88-90.

流,不断完善自身的知识、能力和素养。二是促进教师专业发展。“顶岗置换”将职前教师教育和职后教师培训有机融合起来,打破了原有分割管理的教师培育体系,建立了地方政府协调,高校和乡村中小学协同培育教师的管理体系,有助于教师专业化的发展,为乡村教师核心素养的养成奠定了基础。“顶岗置换”教师培育模式注重理论与实践相统一,帮助职前职后教师实现不同阶段的教师专业化发展,也体现了终身学习理念下核心素养的养成观念。

第二,“顶岗置换”培育模式能够提高师范院校人才培养质量,有利于提高乡村教师的核心素养。

“双一流”建设背景下,高校人才培养质量成为国家和社会关注的重点,“顶岗置换”成为提升高校师范生培养质量的重要途径。“顶岗置换”注重强化师范生实践性知识的习得。师范生的知识体系包括学科专业知识、通识文化知识和教育实践知识。专业知识和通识知识可以通过课堂教学获得,教育实践知识属于隐性知识,教育实践知识的习得不仅需要理论的指导,更需要通过切实体验的方式才能真正掌握。自从高等教育大众化后,师范生的教学实践知识开始下滑,教学实践能力变得匮乏,师范生开始不能胜任或者不了解乡村教师工作。造成这种现象的主要原因是师范生缺乏科学有效的教学实践指导,师范生的教学实习变得流于形式,不能提高师范生的教育实践能力。“顶岗置换”对师范生的教育实践有科学和详细的规划,时间长,还有一定的乡村学校指标名额,有利于学生真正融入乡村,了解乡村,认识乡村复杂的教学情景,真正提高乡村职前教师的实践能力。“顶岗置换”可以帮助职前教师树立崇高的师德意识。“顶岗置换”教育实习模式让职前教师在长达半年的顶岗实习过程中,体验作为教师的乐趣和责任,能够增强职前教师对乡村教育价值的认同和乡村教师的责任感,有助于提升职前教师的师德意识。

第三,“顶岗置换”教育实习模式能够促进乡村基础教育的均衡发展,整体上提升乡村教师的核心素养,实现教育公平。

城乡区域的基础教育办学水平和教学质量存在一定的差异,随着我国矛盾的转化,乡村人民对高质量的教育机会的需求已经成为乡村教育需要解决的重要问题。"顶岗置换"能为乡村人民提供优质的教育机会。"顶岗置换"的师范生也在师范高校接受了先进的教育理念和教学方法,为顶岗的乡村学校带去前沿的教育理念。他们深入偏远的乡村学校,将在高校学习的新知识、新技能和新观念带到顶岗的乡村学校,为乡村学校教育质量的提高注入新的生命力。"顶岗置换"为乡村教师提供培训机会,有助于提高乡村教师的整体水平,提升乡村教师的核心素养。众多乡村中小学面临校经费不足、师资匮乏和教学任务繁重等问题,教师培训机会较少,教师整体素养水平较弱。"顶岗置换"教育实习模式给乡村教师提供了机会,使乡村教师前往师范大学接受为期半年的培训,感受师范大学教学和科研的学习氛围,提升其素养水平。

(四)"顶岗置换"教育实习的优化策略

"顶岗置换"由师范生的"顶岗实习"和乡村教师的"置换培训"两大部分组成,均对提升乡村职前职后教师的核心素养有重要的培育作用。黄赛俐认为应从"顶岗实习""置换培训"和"顶岗置换"保障体系三方面进行改进,提升乡村教师职前职后核心素养培育方法。①

"顶岗实习"作为师范生实践内容的重要形式,能够培育师范生的乡村教师的乡村教育情怀、师德素养、择宜素养和关键能力等核心素养,可以从三方面改进师范生的"顶岗实习"。一是确定适宜的教育实习时间安排。职前教师进行顶岗实习,接替原有乡村教师的日常教学工作,这就要求职前教师具备扎实的专业知识和教育实践知识。根据师范院校师范生的课程安排,专业核心课程和教师教育类课程一般在大三下学期完成,所以师范本科生的教育实习安排在大四上学期最为合适。这时,师范生既有了专业知识的储备,又具有了教师教育知识的引导,在具体的乡村教学情景中,只要灵活面对,善

---

① 黄赛俐."顶岗置换"模式的若干思考[J].洛阳师范学院学报,2017,36(5):81-84.

于反思,就能很好地面临复杂多变的乡村教育教学工作。二是师范生的教育实习应选择合适的实习基地。师范生实习基地的选取要考虑国家振兴乡村教育、为乡村培育卓越教师的宏观战略需求,要考虑学校师范生人才培养定位要求,需要考虑实习学校和师范生的实际需求,还需要考虑学校优秀教育实习教师的数量和教师的需求。在进行师范生教育实践基地的建设时,教务处教育实习管理部分可以根据主体不同的需求做些调查统计工作,为师范生的顶岗实习作充分的准备。三是师范生在顶岗实习过程中要全面承担教育实习任务。顶岗实习中,师范生接替原有教师的日常教学工作,要全面承担该教师的所有教学任务。师范生在实习过程中要完成听课、备课、授课、课后辅导作业、学生的心理和生活疏导、教学科研工作等实践环节,从整体上增强师范生的实践性知识,提高师范生的素养水平。

“置换培训”是将置换出的乡村教师送到师范大学或师范院校进行一学期的系统培训工作,“置换培训”工作的前提是不影响正常的乡村教育教学工作,“置换培训”的目的是提高现有乡村教师的教学理念知识和教学方法,了解国家教育发展的前沿理论和国家政策,帮助提升乡村教师的政治意识、师德素养和数字素养。“置换培训”时,需要考虑三个问题。一是合理设置置换对象。在选取乡村置换培训教师时,应根据学校发展的需要、学校特色建设的需要和教师的自身需求进行人员遴选,可以按照教师年龄梯形队伍选择教师,使乡村教师的发展实现可持续发展;在开始时还可以选择自学能力强的教师,培育学校种子教师,为学校后续校本课程的发展储备教学师资力量;后期,乡村学校还需要制定出具体的置换方案,使学校骨干教师和普通教师都能够参与置换,获取培训机会。在确定置换培训教师数量时,要根据学校的实际情况,一般情况下职前教师与乡村教师的数量存在一定的不同,职前教师任务就是学习,在职教师不仅要不断参加培训,还要保证学校正常的教学工作开展,所以职前教师和在职教师按照 1∶1 置换不符合乡村学校的实际情况。在置换教师的数量安排上可以参考南京晓庄学校的做法,按照 2∶1 的关系进行置换,即两位职前教师置换出一位乡村教师参加培训,也可以根据学校的实际情况和职前教师的数量,选择适应的置换比例进行教师置换。二是置换培训方案“接地气”。目前,乡村教师的培训存在注重理论、培训过程流于形式的现象,很大程度上降低了乡村教师培训的效度和积极性。“置换培训”要精心设计培训内容,为乡村教师提供“接地气”的培训内容和选择合适的培训方法,提高乡村教师培训效度,为自己学校职前教师的顶岗实习顺利开展奠定基础,有利于促进双方共赢效应。高校在制定乡村教师“置换培训”方案时,要注重乡村教师的培训需求,如乡村教师的成长之路、乡村教育发展的最新国家战略和乡村实际教学问题的解决等,还需要根据信息化时代的发展和知识社会的需求,注重乡村教师数字化素养的培育,使乡村教师认识数字化对未来教育的影响作用,使乡村教师具有积极主动运用数字资源进行教学和教学改革的意识,使乡村教师能够认识到在数字化时代,应坚守内心的职业道德,维护数字化的职业道德,最终提高乡村教师抵抗未来教育的风险能力。对乡村教师进行培育时,应以问题为导向,选择以“学生为中心”的教学方法,围绕“接地气”的培训内容,采取案例教学、教学叙事、专题分析、说课评课或课题研究等教学方法,使参与培训的乡村教师发挥主体作用,通过团队合作,主动探究问题和构建符合自己的教师成长路径。三是注重“置换培训”讲师的选拔。随着高校应用型办学定位的发展,师范生的培养也是一种应用型发展,培养的师范生要能够适应人才培养职业定位的需求。从乡村置换出的培训教师,一方面需要提高理论水平和教学方法,另一方面需要着重解决乡村教育情景问题和乡村教师发展问题,所以师范大学或师范院校在选择培训讲师时要选择“双师型”教师,这类培训讲师不仅具有较高的理论知识水平,还具有行业发展所需要的技能水平,如教师职业指导师、心理咨询师或家庭教育指导师。总之,选拔的培训讲师既要有高超的理论水平,又要具有行业技术能力。

“顶岗置换”是一项庞大又系统的工程,需要政府、高校和中小学校紧密合作,搭建强有力的保障体系。一是强化政府、高校和中小学校对“顶岗置换”教师教育一体化建设的重要认识。地方教育部门、师范院校和乡村中小学校要认识到“顶岗置换”教育实习模式是教师教育一体化建设的重要举措，对师范大学或师范院校的人才培养质量提升，对偏远乡村中小学教师队伍的建设和地方基础教育的均衡发展具有重要意义。各参与培训和服务的主体要树立开放思想、责任意识，发挥自身优势力量，积极主动参与到“顶岗置换”教师教育一体化建设中来。二是分清管理职责，理顺管理部门，成立专门机构负责“顶岗置换”教师教育培育工作。建立以县为主的“顶岗置换”管理体制，将各个乡村学校置换培训开展工作纳入年度绩效考核评价体系。建立以政府为引领、高校为主体、乡村中小学校为基础的“顶岗置换”协同培育管理体制，实现乡村教师核心素养职前职后一体化培育体系。政府负责协调、组织和引导教师教育一体化建设，高校负责对置换出的乡村中小学教师进行培训，乡村中小学负责为高校师范实习生提供实习岗位，并选派在职教师作为第二指导教师进行全方位教学工作指导。三是完善制度。地方政府部门要建立专项的经费保障制度，督促并协调“顶岗置换”双方签订协议，明确双方各自职责，沟通协调双方制度，加强对“顶岗置换”双方职责的监管。师范大学或师范院校要完善师范生教育实习管理制度、指定培训讲师遴选制度和管理制度、制定参训教师教学制度和管理制度等，常态化地对师范生实习质量和参训教师的培训质量进行检查。乡村中小学校要建立参训教师遴选制度、管理制度和考核制度，师范生实习校内指导教师指导制度，师范生实习考评制度等，合理安排校内教师轮岗培训，切实做好师范生教学实践指导，提升“顶岗置换”整体质量，为乡村培育卓越教师奠定基础。

（五）“顶岗置换”的实践案例

云南师范大学从“和平演变”的重大国际问题出发，深入思考教师教育应该为谁培养人才？培养什么样的人才？走什么样的道理？坚定师范大学或师范院校应培养有理想、有文化、有道德、有纪律的新青年。这些新青年的政治素养、师德素养、业务素养将影响着我国的未来，关系到我国是否坚持社会主义道路和反对“和平演变”等重大问题。①

教育实习是师范大学或师范学院一项重要实践内容,是锻炼和检验师范生政治素养、业务素养和师德素养的重要途径,是推动师范生将理论运用到实践教学中的催化剂,最终引导师范生了解乡村学校的实际情况,了解我国乡村的实际国情,服务国家教育发展。1988 年,云南师范大学从云南省的实际情况出发,在学校党委和行政部门的领导下,在对教育实践的改革中,找到了培育师范生健康成长的特色实习方式“顶岗置换”。这种教育实习的主要做法是:针对我国教育改革的发展和广大农村地区教育发展的实际情况,把师范生的教育实习时间改为第七学期的一整个学期,将师范生的教育实习服务重心向下,让师范生到县、乡、镇的中小学校挂职兼任日常教学工作和班主任工作,把乡村中小学校急需提高整体素养的教师(包含学科骨干教师),通过遴选,选派到云南师大对口专业培训一整个学期(由地、县教委决定)。云南师范大学的“顶岗置换”教育实习模式将师范生下基层锻炼实习和农村教师培训结合起来,把乡村职前职后教师培养和培训结合起来,将师范生的实习工作和为社会,为乡村教育服务结合起来,调动了乡村中小学校接受师范生实习工作的积极性,有利于师范生更好地成长。云南师范大学的“顶岗置换”教育实习模式也是教师教育一体化体系的雏形,开展了地方政府、高校和乡村中小学校协同合作,协同共赢的教师教育局面,调动了三方教育利益相关主体共同为社会服务的内部动力。云南师范大学运用“基础—实践—提高”的师范生培养模式,即用三年时间完成本科生培养规划课程,然后组织师范生到县、乡、镇中小学校进行一整个学期的顶岗实习教学实践,最后用一个学期进行分析和反思,最终提升师范生的政治素养、师德素养、业务素养等整体能力。

2006 年,南京晓庄学院小学教育专业开展了为期三周的“顶岗置换”短期实习模式,让小学教育专业大三本科学生到乡村小学进行三周的短期实

① 佘壮怀. 试论“顶岗置换”实习改革的教育教学意义——云南师大试行培养培训相结合育人新法实践四年[J]. 云南师范大学学报(哲学社会科学版),1992(1):93-96+47.

习,被置换出的乡村小学教师到南京晓庄学院进行三周的免费脱产培训。[①]南京晓庄学院的短期"顶岗置换"培育模式中,实习的师范生和乡村教师培训教师按照 2 ∶ 1 的比例进行置换,即培养了师范生的教学实践能力,也提升了乡村教师的教学科研能力和素养水平,同时也没有影响乡村学校的正常教学工作。南京晓庄学院的这种"顶岗实习,置换培训"的人才培养教师教育一体化模式得到了江苏省教育部门的认可和肯定。

南京晓庄学院与南京江宁、六合的十所乡村学校进行合作,将小学教育专业 40 名本科生安排到实习单位进行顶岗实习,从实习单位置换出 20 名乡村教师送到南京晓庄学校进行免费培训。对于顶岗实习的实习生来说,通过师徒结对,使其将理论知识应用到实际教学中,在顶岗实习获得终身有用的知识。例如,通过顶岗实习,师范生对教育的本职工作有了深刻的认识,对乡村教育有了清晰的理解,能够树立正确的教师观和学生观,培养师范生的平等精神和民主意识;通过顶岗实习,师范生能够从优秀的指导教师身上感受到乡村教育的重要性,当师范生看到乡村教师对乡村教师事业的奉献和付出时,能够增加师范生的乡村教育情怀,树立为社会服务和为乡村教育服务的责任感和奉献精神;通过顶岗实习,师范生需要教一定的课和管理班级,提高了师范生的业务素养。对置换出的乡村教师按照成人培训的特点,采用"自主学习,专家引导"的培训方式,注重知识、能力和素养的融合培训。主要通过专题讲座、专题研讨、读书指导、实践研讨和科研指导等方式对乡村教师进行培训。南京晓庄学院这种按需施教、更新观念、改变态度、发展能力、提高素养的培训得到了乡村参训教师的好评和认可。

2015 年,南京晓庄学院开展"顶岗实习　置换研修"十年纪实活动,南京晓庄学院本着"早接触、不断线、全程化、系统化、主体化"的发展思路,不断构建实践教学科技城体系。小学教育开展的"顶岗实习　置换研修"活动,累计有 1404 名小教专业本科生和 205 所乡村小学的七百多名教师受益,为

---

① 戴孝悌. 顶岗实习,置换培训:一种双赢模式[J]. 上海教育科研,2006(11):15.

乡村教师职前职后的培养和培训解决了后顾之忧。十年来,南京晓庄学院坚持“教学做合一”的办学理念,开拓的“顶岗实习　置换研修”项目有效提升了乡村职前职后教师的实践素养、政治素养、师德素养和业务素养,缩短了师范生的入职适应期。乡南京晓庄学院开拓的“顶岗实习　置换研修”项目,使得乡村中小学校不仅成为师范生教学实践的教学基地,也变成了高校教师实践调研的平台,更为乡村中小学教师培训开拓了新的路径,打造了乡村基础教育到高等院校教师教育发展的教学链条,实现了基础教育和高等院校教师教育的有效对接。①

第四节　构建县域教师培育“协同体”

朱旭东曾认为“国培计划”具有国有国家公共价值、教师专业发展价值和社会价值,认为当时主要考虑了“国培计划”宏观层面的价值,而忽视了“国培计划”在最低层面教师教育体系的价值。近几年,随着国家教师教育改革的发展和义务教育优质资源均衡发展的呼唤,朱旭东带领团队进行区县教师教育新体系的建设和教师教育者能力提升的公益项目,认识到“国培计划”在区县教师教育培训方面存在局限性和有限性。朱旭东认为提升区县教师质量最有效的途径还需要寄托于“国培计划”,尤其是贫困地区和教育扶贫等重点区县。需要重新审视“国培计划”价值:要实现不让每一个教师掉队的教师培训机会,要把教师培养成终身学习者,要确保低等教师教育体系成为教师教育质量发展的基础,要发挥区县教师专业发展中心的地方龙头作用。朱旭东认为要解决乡村教师培训机会不均等、教师教学质量不高等问题,关键是构建县域教师教育体系。县域教育体系主要由区县教师发展中心、校本教师发展中心、教师专业发展学校和名师工作室四个机构组成,其

---

①　【江苏教育发布】南京晓庄学院“顶岗实习　置换研修”十年纪实(njxzc. edu. cn)。

中，区县教师发展中心起到龙头作用。[①]

冯建军认为义务教育优质资源要得到均衡发展，必须从外延发展向内涵发展转变，乡村中小学校可以从被动发展转向自身自主发展，核心就是提升乡村教师的教学质量和核心素养，依靠乡村教师自我“造血”，立足增强本校教师对区域文化和学校文化的认同，“扎根”区域发展和学校发展。[②] 张茂聪和刘信阳认为基于内发发展理论，应发挥地方政府和高校的优势力量与乡村中小学校建立横向、纵向发展共同体，促进乡村中小学校自主能力发展，实现区域义务教育资源均衡发展。[③]

雷励和彭光明认为“国培计划”仅能满足部分教师的需求，国培“种子教师”在校本培训中不能保证培训“不走样，不变形”，针对这种情况，雷励提出构建县域教师培育“协同体”，促进义务教育乡村教师全员培育，提升乡村教师整体素养水平。雷励认为提高乡村中小学教师队伍整体素养主要有两条途径：一是开展师资供给侧结构性改革，加强本土化教师培养，建构县域教师培养“协同体”，培育高素质教育教学人才；二是加强对入职和职后乡村教师培训，主要通过在专家名师引领下开展校本教研，建构县域教师培训“协同体”。[④]

一、县域教师教育“协同体”的理论基础

张茂聪、刘信阳认为从内发发展理论视角出发，运用内发发展理论的自发性、协调性和整体性等特质，利用好区域资源，可以帮助乡村教育从形式到

---

① 朱旭东. 论“国培计划”的价值重估——以构建区县教师教育新体系为目标[J]. 云南师范大学学报(哲学社会科学版)，2019，51(3)：93-99.

② 冯建军. 义务教育优质均衡发展的理论研究[J]. 全球教育展望，2013(1)：84-94+61.

③ 张茂聪，刘信阳. 县域义务教育优质均衡发展：基于内发发展理论的构想[J]. 教育研究，2015(12)：67-72.

④ 雷励，彭光明. 县域教师培养培训“协同体”构建策略与路径探究[J]. 贵州工程应用技术学院学报，2022，40(4)：80-88.

实质上实现高水平的均衡发展。

1988年联合国教科文编写的《内源发展战略》提出了“内发发展”(Endogenous Development)理论，该理论的主要含义是“尊重文化的同一性与各国人民文化的特殊性”，并认为“所谓的发展是基于各国文化特色从自身内部产生的，是为国际或各国服务的”。也有研究者认为发展要强调人、文化、环境和生态协调，发展具有内发发展之意。Van der Ploeg认为内发发展是一种本地社会成员的动员过程，是将不同主体的利益结合起来，构建符合本地域发展意愿的战略规划和资源分配机制，最终实现提高本地域发展效益的目的。① 涂人猛认为内发发展是地区充分发挥自主权，使地区内的资金、资源和力量都朝向有利于本地域发展的方向聚拢，使贫困地区能够自主形成“造血”机制的过程。② 徐辉指出“内发发展”理论与我国教育现代化结合起来，能够建构独立自主、自力更生、有中国特色的中国教育现代化。③ 总的来说，“内发发展”理论视角下的内发式发展是根据一个国家或区域的自我发展意识，以本地域的人们为发展的主体，通过对本地域资源、文化和技术的融合和聚拢，通过制度创新、技术进步和人文发展等措施提升本地域的发展效益。内发式发展能够避免同质化的压力，能够将区域发展的治理从“外部治理”转向“内部自治”，强调多元主体利益共同参与，共同发展，协同共赢，立足地方文化、自然和历史背景，创新实践发展，实现切实而有特色的区域发展。

二、县域教师教育“协同体”发展的必要性

县域义务教育资源的均衡发展目标和县域教师教育“协同体”的建立符合“内发发展”理论的机理，聚集区域发展资源和力量，开展统一均衡的发展行动，能够推动区域的全面发展和实现多元主体的共同利益。

---

① VAN DER PLOEG J D, LONG A. Born from Within: Practice and Perspectives of Endogenous Rural Development[M]. Assen, the Netherlands: Uitgeverij Van Gorcum, 1994. 1-6.

② 涂人猛. 内源式乡村发展理论的渊源及发展[J]. 经济评论, 1993(4).

③ 徐辉. 内源发展与中国教育现代化[J]. 教育科学, 1998(1).

根据“内发发展”理论,以区域人们的教育需求为目的,全面提高区域教育质量水平,最终使学生获得优质的教育机会和权利。教师质量的提升与人的全面发展具有重要的关系,乡村地区教育质量的全面提升最终促进了本区域人们的全面发展。根据“内发发展”理论,构建县域教师教育“协同体”,聚集区域教育资源,创新区域资源利用方式,能够提高区域资源的利用效率,为提高区域教师教育质量和人的全面发展提供充分条件,保障区域教育有特色、可持续发展。减少资源浪费,关注本地域教育资源的开发和保护,增进区域资源的整体性、适切性和协调性,在提高教育公平和实现教育高效率的同时,保障环境效益、经济效益和社会效益等整体效益的统一。“内生发展”理论下县域教师教育“协同体”能够充分利用区域资源、提高区域教育质量和实现区域综合效益,实现三大主体的效益,最终促进人的全面发展。人的全面发展是整个县域教师教育“协同体”循环系统里面的动力因素,人的全面发展是提升区域教师教育质量提升的内驱力,同时也能够实现资源的综合效益。

三、县域教师教育“协同体”发展的主要内容

在“内发发展”理论视角下,首先,县域教师教育“协同体”的发展要考虑调动县域多元利益主体相关者的积极性,形成聚焦性的组织向心力和发展的内驱力;其次,要看考虑如何科学而又充分利用本地教育资源,发扬本地传统文化精神,体现区域发展特色;,再次,还要考虑如何提高区域教师的教学质量和素养水平;最后,要考虑如何在均衡发展过程中实现公平和效率的统一,实现区域发展与教育发展的统一,实现人的发展和社会发展的统一。

首先,县域教师教育“协同体”的发展离不开区域各级政府教育主管部门、地方师范院校、县域内乡村中小学校等多元利益主体的支持。县域教师教育“协同体”要想大力发展就需要多元利益主体形成对均衡发展的共同观念,增强共同发展的凝聚力和向心力,还需要培植和挖掘多元利益主体的发

展实力，提高他们的发展领导力，同时制定可行的方案，朝向正确的发展方向共同努力。同时需要加强协同体的内部管理，使利益相关方各司其职、各尽其能，协同发展，协同共赢。

其次，县域教师教育“协同体”要利用本地教育资源，发扬本地传统文化精神，注重乡村教师培育的本土化。县域教师教育“协同体”一方面要科学利用区域内的自然、文化和技术，依托本地域资源优势，传承和发扬本地域传统文化，加强本土教育资源开发，实现本地域教育发展的内涵性和多样性，最终培育本地域乡村教师对地域文化的认同和地域发展的奉献力；另一方面要了解本地与乡村学校教师的状况，为了为乡村培育适应本土文化，同时又留得下和教的好乡村教师，乡村教师的培养可以通过定向招生、定向培养，为乡村学校定向单位培养特定需求的师资力量。张松祥认为，教师本土化培养是培养卓越乡村教师的重要渠道。西方许多国家也将本土化培养作为乡村学校师资培养的主要方式。乡村教师的本土化培养的目的是培养适应和熟悉本土文化，同时，能够留得下、教得好的乡村教师是推进县域教育资源优质又公平的主要举措。

再次，要提高区域乡村教师的教学质量和素养水平。“内生发展”理论强调多元主体的主动性，强调乡村教师核心素养的培育应从被动发展转向主动发展，要从“输血”观念转向倒是“造血”观念，所以乡村中小学校要充分利用高校名师资源和地域文化资源积极开展校本研修课程。教师的学习具有成人学习特点，所以乡村教师的校本研修课程要以问题为导向，结合自身经验和已有的知识，主动合作分析问题和创造性解决问题。乡村教师的任务有时比较重，乡村中小学可以利用“校本研修”的方式，形成“教在身边、学在日常、实践中学”的校本学习共同体。县级政府部门要完善乡村教师研修培训制度，进行经费支持和考核评估。地方师范院校要给乡村教师“校本研修”提供智力支持和名师引领。县域教师教育“协同体”还要注重乡村教师教学科研一体化培训，培育乡村教师教学反思和教学创新能力。县域教师教育“协同体”还要注重乡村教师信息化教学能力，培育乡村教师参与数字化教学的意识和数字化教学改革的精神，提高乡村教师面临未来教育的风险规避能力。

最后，通过县域教师教育“协同体”实现县域义务教育优质资源的公平，实现区域发展与教育发展的统一，实现人的发展和社会发展的统一。县域教师教育“协同体”通过名师引领和校本研修等方式，整体上提高乡村教师的教学质量水平和素养水平，有利于实现县域义务教育优质资源的公平。通过乡村教师的本土化培养和区域文化特色的宣传，提升乡村儿童就业的机会，开发本地区域资源宣传和传统文化的传承，实现区域发展与教育发展的统一。通过提高乡村教师的教育教学水平和素养水平，为乡村儿童的全面发展提供机会，乡村儿童健康的全面发展，有利于乡村振兴的发展，最终实现人的发展和社会发展的统一。

四、县域教师教育“协同体”发展途径

构建县域教师培育“协同体”可以从以下几方面入手。

一是完善制度，构建教育人才培养良好生态链条。地方师范院校会同教育行政部门、乡村中小学校等各方教育力量，推进人才培养模式改革，聘请中小学优秀教师进行授课，培养适应地域乡村中小学校校情和地方文化的教育人才。县级教育行政部门应根据区域教师编制和生师比情况，经过各部门协同，确定每年定向培养免费师范生名额，共建教育实习实训基地等。

二是拓宽渠道，打造地方院校教育培训基地。地方师范院校在服务地方基础教育过程中，可以借助高水平师范院校师资对本校教师进行教学质量提升，共建优质培训课程，建设好地方院校师范教育培训基地，开展县域中小学短期集中研修项目。

三是优化资源，共建县级教师发展中心平台。第一，地方院校与县级教发中心共建信息化教学资源科和培育学习资源科，向区域内中小学校开放。第二，建设县域内教师成长档案信息库，开展教师培训“学分银行”，促进教

师终身学习。第三,县域教师发展中心与示范学校相衔接,为乡村中小学教师搭建直播课堂,开展一系列教学比赛活动。第四,组建教研员与教育专家深入乡村中小学开展教研活动,指导乡村中小学教师开展教学研究课题,提高乡村中小学教师的创新能力和反思能力。

四是树立典范。县域教育行政部门可以遴选区域内资源配置优良、教学质量优异、教师素质水平高,且富有活力和拥有创新精神的乡村学校作为示范学校。县域教育行政部门制定经费制度和规则;地方院校要提供智力支持,进行名师引导;优异的乡村中小学校要反复磨练校内教师的教学能力,提高教师的教学科研能力,提升教师的综合素养水平,培养一批能够构建卓越课堂、进行全面育人的乡村典范学校。并将这些乡村典范学校作为乡村“影子教师”的重要培训基地,定期与高校名师生开展互动研讨活动,引领乡村区域中小学教师的整体发展,提高乡村教育水平。

附 录

附录 1 乡村教师核心素养访谈提纲

访谈目的:了解乡村教师的核心素养

采访对象:乡村教师、乡村

采访时间:2022 年 12 月

采访方式:电话访谈

被访者基本信息

年龄:____________________教龄:________________________

职称:____________________胜任学科:____________________

第一学历所属专业:______________________(师范或非师范)

最高学历所属专业:______________________(师范或非师范)

访谈内容:

1. 您认为乡村教师的核心素养都有哪些?

2. 请您具体阐述下乡村教师核心素养都表现在哪些方面?

3. 请问乡村教师的核心素养是否需要对应《义务教育课程方案和课程标准(2022 年版)》核心素养的正确价值观、必备品格和关键能力?请具体阐述下。

4. 您认为新时代乡村教师核心素养具有什么特点？

附录 2　乡村教师核心素养调查问卷

尊敬的老师：

您好，首先非常感谢您参与此次问卷的填答，这是一份关于乡村教师核心素养的调查问卷，共两部分。问卷采用匿名方式，没有对错之分，请您不要有任何顾虑，请您不要漏填或重复填写。您的客观、真实的填答对本研究的完整性非常重要。非常感谢您的回答，对您的回答结果我们将严格保密。请您仔细阅读以下的每一道题，根据自己的真实情况独立作答。再次感谢您的帮助与参与，敬祝您幸福健康！

第一部分：个人基本情况

1. 您的性别是：

○男　○女

2. 年龄

○ 30 岁以下　○ 31-40 岁　○ 41-50 岁　○ 51 岁以上

3. 教育情况

○专科　○本科　○硕士　○博士及在读

4. 婚姻情况

○已婚　○未婚

5. 专业

○英语　○语文　○数学　○物理　○化学　○其他

6. 从教年限

○1-5 年　○6-10 年　○11-15 年　○15 年以上

第二部分：教师核心素养调查

分量表一：师德素养维度

1. 政治意识

1. 能够认识到教师应该为党育人、为国育才、为社会服务。

A. 完全符合　B. 不太符合　C. 一般　D. 比较符合　E. 完全符合

2. 能够及时了解国家政治教育方面的文件和思想。

A. 完全符合　B. 不太符合　C. 一般　D. 比较符合　E. 完全符合

3. 处理事情能够坚持正确的政治方向，具有正向的政治态度。

A. 完全符合　B. 不太符合　C. 一般　D. 比较符合　E. 完全符合

4. 支持中国共产党的领导，赞同国家的教育方针和政治思想。

A. 完全符合　B. 不太符合　C. 一般　D. 比较符合　E. 完全符合

5. 对国家领袖、英雄和教育楷模要有敬仰之情。

A. 完全符合　B. 不太符合　C. 一般　D. 比较符合　E. 完全符合

6. 热爱祖国，积极拥护中国共产党的领导。

A. 完全符合　B. 不太符合　C. 一般　D. 比较符合　E. 完全符合

7. 复杂多变的形势下，始终保持清醒头脑，具有敏锐的观察力、鉴别力、判断力和政治定力。

A. 完全符合　B. 不太符合　C. 一般　D. 比较符合　E. 完全符合

8. 在教育教学过程中坚守政治底线，引导学生形成正确的价值观。

A. 完全符合　B. 不太符合　C. 一般　D. 比较符合　E. 完全符合

2. 政治信仰

9. 坚信中国化的马克思主义思想。

A. 完全符合 B. 不太符合 C. 一般 D. 比较符合 E. 完全符合

10. 信服和尊崇中国特色社会主义理论。

A. 完全符合 B. 不太符合 C. 一般 D. 比较符合 E. 完全符合

11. 信中国特色社会主义道路。

A. 完全符合 B. 不太符合 C. 一般 D. 比较符合 E. 完全符合

12. 具有坚定的祖国认同、政治认同和文化认同。

A. 完全符合 B. 不太符合 C. 一般 D. 比较符合 E. 完全符合

13. 具有社会担当,有为祖国建设奉献的信仰。

A. 完全符合 B. 不太符合 C. 一般 D. 比较符合 E. 完全符合

3. 乡村教育情怀

14. 对乡土文化有深刻的认识。

A. 完全符合 B. 不太符合 C. 一般 D. 比较符合 E. 完全符合

15. 能够认识所在区域的文化精神和内涵。

A. 完全符合 B. 不太符合 C. 一般 D. 比较符合 E. 完全符合

16. 能够把区域文化精神融入教育教学中。

A. 完全符合 B. 不太符合 C. 一般 D. 比较符合 E. 完全符合

17. 能够引领乡村文化走向积极正向的发展方向。

A. 完全符合 B. 不太符合 C. 一般 D. 比较符合 E. 完全符合

18. 具有服务乡村教育的坚定的思想政治素质和高尚的道德品质。

A. 完全符合 B. 不太符合 C. 一般 D. 比较符合 E. 完全符合

19. 能够认同乡村教育的价值和乡村民风民俗的教育作用。

A. 完全符合 B. 不太符合 C. 一般 D. 比较符合 E. 完全符合

20. 喜欢乡村良好的民风民俗。

A. 完全符合 B. 不太符合 C. 一般 D. 比较符合 E. 完全符合

21. 喜欢乡村安静纯真的自然环境。

A. 完全符合　B. 不太符合　C. 一般　D. 比较符合　E. 完全符合

4. 职业认同

22. 对乡村教师职业具有正面的认识。

A. 完全符合　B. 不太符合　C. 一般　D. 比较符合　E. 完全符合

23. 对乡村教师职业有强烈的热爱。

A. 完全符合　B. 不太符合　C. 一般　D. 比较符合　E. 完全符合

24. 具有坚定的乡村教师职业理想。

A. 完全符合　B. 不太符合　C. 一般　D. 比较符合　E. 完全符合

25. 能够在乡村教育教学工作中获得教师的成就感和责任感。

A. 完全符合　B. 不太符合　C. 一般　D. 比较符合　E. 完全符合

26. 认识到乡村教师职业具有重要价值和非凡意义。

A. 完全符合　B. 不太符合　C. 一般　D. 比较符合　E. 完全符合

27. 对乡村教育教学工作充满热情和自信。

A. 完全符合　B. 不太符合　C. 一般　D. 比较符合　E. 完全符合

28. 具有高尚的师德意识和师德行为。

A. 完全符合　B. 不太符合　C. 一般　D. 比较符合　E. 完全符合

29. 认同乡村教师在学生培育上具有重要的育人作用。

A. 完全符合　B. 不太符合　C. 一般　D. 比较符合　E. 完全符合

30. 遵守教师职业道德情操。

A. 完全符合　B. 不太符合　C. 一般　D. 比较符合　E. 完全符合

5. 人格魅力

31. 具有渊博的知识储备。

A. 完全符合　B. 不太符合　C. 一般　D. 比较符合　E. 完全符合

32. 具有完善的个性和健康的心理。

A. 完全符合　B. 不太符合　C. 一般　D. 比较符合　E. 完全符合

33. 具有完美的自身形象，仪表端庄、谈吐幽默、举止大方。

A. 完全符合　B. 不太符合　C. 一般　D. 比较符合　E. 完全符合

34. 能够自我成长，自我实现和自我完善。

A. 完全符合　B. 不太符合　C. 一般　D. 比较符合　E. 完全符合

35. 具有精湛的教学水平。

A. 完全符合　B. 不太符合　C. 一般　D. 比较符合　E. 完全符合

36. 具有平和宽容的心理观念。

A. 完全符合　B. 不太符合　C. 一般　D. 比较符合　E. 完全符合

37. 具有敬业爱生的工作作风。

A. 完全符合　B. 不太符合　C. 一般　D. 比较符合　E. 完全符合

38. 具有自谦愉快的生活态度。

A. 完全符合　B. 不太符合　C. 一般　D. 比较符合　E. 完全符合

分量表二：择宜素养维度

1. 审辩式思维能力

39. 在解决复杂教育问题时具有理性判断能力。

A. 完全符合　B. 不太符合　C. 一般　D. 比较符合　E. 完全符合

40. 在解决复杂教育问题时具有独立分析能力。

A. 完全符合　B. 不太符合　C. 一般　D. 比较符合　E. 完全符合

41. 对教育问题能够不懈质疑。

A. 完全符合　B. 不太符合　C. 一般　D. 比较符合　E. 完全符合

42. 对待教育的不同见解能够包容异见。

A. 完全符合　B. 不太符合　C. 一般　D. 比较符合　E. 完全符合

43. 对待教育问题能够力行担责。

A. 完全符合　B. 不太符合　C. 一般　D. 比较符合　E. 完全符合

2. 创新能力

44. 在教育教学中能够勤于思考、善于思考。

A. 完全符合 B. 不太符合 C. 一般 D. 比较符合 E. 完全符合

45. 面临一些挫折和困难，要保持恒心，坚定信心，不怕挫折，克服困难。

A. 完全符合 B. 不太符合 C. 一般 D. 比较符合 E. 完全符合

46. 面临复杂的教育问题时，能够结合教育规律和学生特点帮助学生解决问题。

A. 完全符合 B. 不太符合 C. 一般 D. 比较符合 E. 完全符合

47. 在教育场景中，能够在知识传递过程中将知识向能力、情感、品德与实践等方面进行迁移。

A. 完全符合 B. 不太符合 C. 一般 D. 比较符合 E. 完全符合

48. 在教育教学过程中，能够将外在文化、观点和规范等知识转化为个体的内在精神。

A. 完全符合 B. 不太符合 C. 一般 D. 比较符合 E. 完全符合

3. 沟通合作能力

49. 能够分认识到情商的重要性。

A. 完全符合 B. 不太符合 C. 一般 D. 比较符合 E. 完全符合

50. 在努力学习专业知识的同时，也会培养自己的情商。

A. 完全符合 B. 不太符合 C. 一般 D. 比较符合 E. 完全符合

51. 能够学会与家长和学生沟通，营造良好的师生关系。

A. 完全符合 B. 不太符合 C. 一般 D. 比较符合 E. 完全符合

52. 能够站在别人的立场或从别人的视角考虑问题。

A. 完全符合 B. 不太符合 C. 一般 D. 比较符合 E. 完全符合

53. 在压力或冲动来临时能够提醒自己“三思而后行”。

A. 完全符合 B. 不太符合 C. 一般 D. 比较符合 E. 完全符合

54. 具有人际交往的技巧与能力。

A. 完全符合 B. 不太符合 C. 一般 D. 比较符合 E. 完全符合

55. 在人际交往过程中,遵循“以诚待人,平等交往”的根本原则。

A. 完全符合　B. 不太符合　C. 一般　D. 比较符合　E. 完全符合

4. 管理能力

56. 能够遵循“善”的原则,正确处理好与学生的关系。

A. 完全符合　B. 不太符合　C. 一般　D. 比较符合　E. 完全符合

57. 具有班级课堂教学管理能力。

A. 完全符合　B. 不太符合　C. 一般　D. 比较符合　E. 完全符合

58. 能够遵循“善”的原则,正确处理好与任课教师的关系。

A. 完全符合　B. 不太符合　C. 一般　D. 比较符合　E. 完全符合

59. 具有终身学习的能力。

A. 完全符合　B. 不太符合　C. 一般　D. 比较符合　E. 完全符合

60. 具有自我反思能力。

A. 完全符合　B. 不太符合　C. 一般　D. 比较符合　E. 完全符合

61. 具有虚心听取建议,提升教学能力的意识。

A. 完全符合　B. 不太符合　C. 一般　D. 比较符合　E. 完全符合

5. 化解冲突的能力

62. 具有妥善处理学生突发事件的能力。

A. 完全符合　B. 不太符合　C. 一般　D. 比较符合　E. 完全符合

63. 具有妥善处理学生冲突的能力。

A. 完全符合　B. 不太符合　C. 一般　D. 比较符合　E. 完全符合

64. 在处理学生冲突时,能够保证头脑冷静、情绪平和,智慧地解决学生间的矛盾。

A. 完全符合　B. 不太符合　C. 一般　D. 比较符合　E. 完全符合

65. 具有妥善处理师生冲突的能力。

A. 完全符合　B. 不太符合　C. 一般　D. 比较符合　E. 完全符合

66. 在处理师生冲突时能够坚持师生平等和尊重学生。

A. 完全符合　B. 不太符合　C. 一般　D. 比较符合　E. 完全符合

分量表三：数字素养维度

1. 数字化意识

67. 能认识到数字化技术推动教育创作发展。

A. 完全符合　B. 不太符合　C. 一般　D. 比较符合　E. 完全符合

68. 能认识到数字化技术可能会导致道德伦理方面的问题。

A. 完全符合　B. 不太符合　C. 一般　D. 比较符合　E. 完全符合

69. 具有主动了解数字技术资源的愿望。

A. 完全符合　B. 不太符合　C. 一般　D. 比较符合　E. 完全符合

70. 具有主动实施数字技术与教育教学改革融合的主动性。

A. 完全符合　B. 不太符合　C. 一般　D. 比较符合　E. 完全符合

71. 愿意运用数字化技术进行教学创新实践。

A. 完全符合　B. 不太符合　C. 一般　D. 比较符合　E. 完全符合

72. 能够战胜教育教学中面临数字化技术资源使用和方法创新的困难。

A. 完全符合　B. 不太符合　C. 一般　D. 比较符合　E. 完全符合

2. 数字技术知识和技能

73. 能够了解数字技术的内涵。

A. 完全符合　B. 不太符合　C. 一般　D. 比较符合　E. 完全符合

74. 能够知道多媒体、虚拟现实、大数据等数字技术解决问题的程序和方法。

A. 完全符合　B. 不太符合　C. 一般　D. 比较符合　E. 完全符合

75. 能够在教育教学中选择数字化软件和平台。

A. 完全符合　B. 不太符合　C. 一般　D. 比较符合　E. 完全符合

76. 能够熟练使用数字化软件和平台解决常见问题。

A. 完全符合　B. 不太符合　C. 一般　D. 比较符合　E. 完全符合

3. 数字化应用

77. 能够运用数字评价工具对学生的学习情况进行分析。

A. 完全符合　B. 不太符合　C. 一般　D. 比较符合　E. 完全符合

78. 能够多渠道收集，并根据教学需求选择、管理、制作数字教育资源。

A. 完全符合　B. 不太符合　C. 一般　D. 比较符合　E. 完全符合

79. 能够依据教学目标，设计融合数字技术资源的教学活动。

A. 完全符合　B. 不太符合　C. 一般　D. 比较符合　E. 完全符合

80. 能够利用数字技术资源有序组织学生教学活动

A. 完全符合　B. 不太符合　C. 一般　D. 比较符合　E. 完全符合

81. 能够使用数字工具实时收集学生反馈，改进教学行为，优化教学环节。

A. 完全符合　B. 不太符合　C. 一般　D. 比较符合　E. 完全符合

82. 能够利用数字技术资源拓宽德育途径，创新德育模式。

A. 完全符合　B. 不太符合　C. 一般　D. 比较符合　E. 完全符合

83. 能够利用数字技术资源实现学校与家庭协同育人，拓展育人途径。

A. 完全符合　B. 不太符合　C. 一般　D. 比较符合　E. 完全符合

4. 数字社会责任

84. 能够遵守互联网法律法规，自觉规范各项上网行为。

A. 完全符合　B. 不太符合　C. 一般　D. 比较符合　E. 完全符合

85. 遵循正当必要、知情同意、安全保障的原则使用数字产品和服务，尊重知识产权，注重学生身心健康。

A. 完全符合　B. 不太符合　C. 一般　D. 比较符合　E. 完全符合

86. 遵守网络传播秩序，利用网络传播正能量。

A. 完全符合　B. 不太符合　C. 一般　D. 比较符合　E. 完全符合

87. 能够做好个人信息和隐私数据的管理与保护。

A. 完全符合　B. 不太符合　C. 一般　D. 比较符合　E. 完全符合

88. 在工作中对学生、家长及其他人的数据进行收集、存储和使用时要注重数据安全维护。

A. 完全符合　B. 不太符合　C. 一般　D. 比较符合　E. 完全符合

5. 数字专业发展

89. 能够根据个人发展需要，利用数字资源开展学习。

A. 完全符合　B. 不太符合　C. 一般　D. 比较符合　E. 完全符合

90. 能够利用数字资源对个人教学实践进行分析，及时进行教学反思与改进。

A. 完全符合　B. 不太符合　C. 一般　D. 比较符合　E. 完全符合

91. 参与或主持网络研修共同体，共同学习，分享经验，寻求帮助，解决问题。

A. 完全符合　B. 不太符合　C. 一般　D. 比较符合　E. 完全符合

92. 面临数字化教学问题，能够利用数字技术资源支持教学研究活动。

A. 完全符合　B. 不太符合　C. 一般　D. 比较符合　E. 完全符合

93. 能够利用数字技术资源不断创新教学模式、改进教学活动、转变学生学习方式。

A. 完全符合　B. 不太符合　C. 一般　D. 比较符合　E. 完全符合

附录 3　乡村教师核心素养存在的问题及影响因素访谈提纲

访谈目的：了解乡村教师核心素养存在的问题及影响因素。

采访对象：乡村中小学教师。

采访时间：2023 年 2 月。

采访方式：电话访谈、微信访谈。

被访者基本信息

年龄：________________ 教龄：____________________

职称：________________ 胜任学科：_________________

第一学历所属专业：___________________（师范或非师范）

最高学历所属专业：___________________（师范或非师范）

访谈内容：

1. 乡村教师核心素养的三个维度师德素养对应正确价值观、择宜素养对应必备品格、数字素养对应关键能力，这三个维度“师德素养”“择宜素养”“数字素养”，请您按照重要性程度从高到低排序并说明理由。

2. “师德素养”“择宜素养”“数字素养”三个维度方面，您在哪个方面做得做好？请举例说明。

3. 您认为影响乡村教师核心素养的因素主要有哪些？（国家、学校、教师自身等多个维度）

4. 在“师德素养”维度，您认为存在的主要问题是什么？请说明理由。您认为影响“师德素养”的影响因素有哪些？请具体说明。

5. 在“择宜素养”维度，您认为存在的主要问题是什么？请说明理由。您认为影响“择宜素养”的影响因素有哪些？请具体说明。

6. 在“数字素养”维度，您认为存在的主要问题是什么？请说明理由。您认为影响“数字素养”的影响因素有哪些？请具体说明。

7. 您认为应该如何提升乡村教师的核心素养？

参考文献

[1]李琼,孙晓红,赵江山.百年来中国共产党领导教师教育发展的逻辑与经验[J].教育研究,2021,42(9):4-13.

[2]唐玉光.试论我国高等师范教育体制改革[J].高等教育研究,1988(1):92-94+98.

[3]杨移贻.国际师范教育改革趋向及我们的对策[J].教育论丛,1989(3):27-32.

[4]庄明水.师范教育发展的规律性现象[J].高等师范教育研究,1989(4):21-27.

[5]国家教育发展研究中心.中国教育绿皮书(2003)[M].北京:教育科学山版社,2003:32.

[6]中华人民共和国重要教育文献(1998—2002)[M].海南:海南出版社,2003:887-891.

[7]地方高等师范院校的转型与发展[M],北京:中国社会科学出版社,2008:233-293.

[8]徐建华.从封闭走向开放——历史视野下的中国教师教育改革研究(1978—2008)[D].浙江师范大学,2009.

[9]中共中央、国务院关于全面深化新时代教师队伍建设改革的意见[EB/OL],http://www.gov.cn/zhengce/2018-01/31/content_5262659.htm.

[10]教育部等八部门印发《新时代基础教育强师计划》[EB/OL],http://www.moe.gov.cn/srcsite/A10/s7034/202204/t20220413_616644.html.

[11]朱华琴. 基于“U-G-S”模式的教师教育协同育人实践探索——以肇庆学院为例[J]. 大学教育,2019(11):200-203.

[12]中共中央关于制定国民经济和社会发展第十四个五年规划和二〇三五年远景目标的建议[EB/OL],http://www.gov.cn/zhengce/2020-11/03/content_5556991.htm.

[13]教育部办公厅关于实施师范教育协同提质计划的通知[EB/OL],http://www.moe.gov.cn/srcsite/A10/s7011/202202/t20220222_601227.html.

[14]朱培源. 政策法制与实践视角下的农村义务教育公平性研究[D]. 华中师范大学,2021.

[15]范先佐. 乡村教育发展的根本问题[J]. 华中师范大学学报(人文社会科学版),2015,54(5):146-154

[16]唐松林. 中国农村教师发展研究[M]. 杭州:浙江大学出版社,2005:178.

[17]张华. 论核心素养的内涵[J]. 全球教育展望,2016,45(4):10-24.

[18]潘超. 应用型高校教师核心素养结构探索[J]. 内江师范学院学报,2022,37(12):98-105.

[19]张泊平,王晓静,吴国玺. 新时期教师核心素养:内涵、框架与培育路径[J]. 高教学刊,2022,8(36):166-168+172.

[20]王潇晨,张善超. 教师核心素养的框架、内涵与特征[J]. 教学与管理,2022(3)8-11.

[21]王光明,张楠,李健,等. 教师核心素养和能力的结构体系及发展建议[J]. 中国教育学刊,2019(3):81-88.

[22]赵思林,潘超. 中学数学教师核心素养及构成要素[J]. 数学教育学报,2021,30(2):48-54.

[23]刘梅,WUBBELS T. 教师素养标准的“理想”与“现实”——以荷兰“七大素养标准”的研制与实施为例[J]. 外国教育研究,2022,49(1):32-46.

[24]王海霞,唐智松. 教师核心素养教育胜任力研究[J]. 课程·教材·

教法,2020,40(2):132-138.

[25]郑云,翁建新,杨卫华. 教育信息化背景下教师核心素养的重构[J]. 继续教育研究,2022(11):47-51.

[26]惠中. 基于“标准”的小学教师核心素养的培育[J]. 中国德育,2017(5):48-53.

[27]高芳祎. 研究型课程实施与教师专业成长——一位专家教师个案研究[J]. 全球教育展望,2010,39(1):57-62.

[28]陈纯槿. 国际视域下的教师专业发展及其影响因素——基于 TALIS 数据的实证研究[J]. 比较教育研究,2013,9(6):84-92.

[29]戴水姣. 小学英语教师专业发展及其相关因素的调查研究[J]. 教育研究与实验,2013(3):67-70.

[30]苏鹏举,王海福. 新时代乡村卓越教师核心素养及其培育[J]. 教学与管理,2021(36):53-56.

[31]张嫚嫚,周安. 乡村卓越教师核心素养的培育[J]. 阜阳职业技术学院学报,2021,32(3):45-47.

[32]周超英. 基于核心素养导向的卓越农村教师培养路径分析[J]. 江西电力职业技术学院学报,2021,34(10):109-110.

[33]王安银,彭光明,龚晓林. 乡村振兴视域下重塑乡村教师核心素养探究[J]. 兴义民族师范学院学报,2022(4):44-46+54.

[34]于洋. 核心素养背景下初中语文教师评价素养及其培养研究[D]. 西南大学,2018.

[35]何思颖,何光全. 终身教育百年:从终身教育到终身学习[J]. 现代远程教育研究,2019(1):66-77+86.

[36]陈萍. 在学习中塑造完整的人生:终身学习的必然性[J]. 中国科教创新导刊,2009(3):178.

[37]季诚钧,陈于清. 我国教师专业发展研究综述[J]. 课程·教材·教法,2004(12):68-71.

[38]赵冬臣.教师专业发展的六个原理[J].教师教育学报,2019,6(4):17-21.

[39]教育部.关于全面深化课程改革落实立德树人根本任务的意见[EB/OL],http://www.moe.gov.cn/srcsite/A26/jcj_kcjcgh/201404/t20140408_167226.html.

[40]新版义务教育课程方案:让核心素养落地[EB/OL],https://edu.china.com/sytt/13004143/20220424/42096357_3.html

[41]教育部,教师教育课程标准(试行)[EB/OL],https://baike.so.com/doc/6925285-7147395.html.

[42]国务院办公厅关于印发乡村教师支持计划(2015—2020年)的通知[EB/OL],http://www.gov.cn/zhengce/content/2015-06/08/content_9833.htm.

[43]教育部关于实施卓越教师培养计划2.0的意见[EB/OL],http://www.moe.gov.cn/srcsite/A10/s7011/201810/t20181010_350998.html.

[44]教育部关于发布《教师数字素养》教育行业标准的通知[EB/OL].[2022-11-30].http://www.moe.gov.cn/srcsite/A16/s3342/202302/t20230214_1044634.html.

[45]李玉梅,武爱萍.应用信息技术实施项目导向教学模式的教学效果评价[J].中国市场,2016(1):170-171.

[46]孙淼.性别差异对信息技术课程教学效果影响问题研究[D].长春师范大学,2017.